U0126706

陳鴻森 著

清代學術史叢考（上）

臺灣學生書局印行

序

黃愛平*

《清代學術史叢考》一書，是臺灣中央研究院歷史語言研究所研究員陳鴻森先生從數十年讀書治學撰寫發表的論文中精選編成的清代學術史論集。所收錄之十五篇論文，據其研究內容和性質，大體可分為四類。

其一，訂正史傳及工具書訛謬者。若〈《清史稿·儒林傳》舉正〉、〈《清史列傳·儒林傳》考證〉二篇，分別訂正《清史稿·儒林傳》和《清史列傳·儒林傳》所載學人傳記中有關生平行跡、生卒年月疏誤之處，前者考訂二十八事，涉及學者二十八人，後者則涉及二十九人；〈《清史列傳》汪憲、朱文藻傳訂誤〉，則專門訂正《清史列傳》所載汪憲、朱文藻傳訛舛之處。他若〈清代學者疑年考——姜亮夫《歷代人物年里碑傳綜表》訂訛〉，為姜亮夫所撰工具書《歷代人物年里碑傳綜表》中有關清人生卒年歲補充疏略，辨正是非，所

* 中國人民大學清史研究所教授

訂補者計六十人；〈《清代人物生卒年表》訂補〉，則為江慶柏《清代人物生卒年表》訂訛補缺，所訂補者凡八十人。

其二，考辨學者生平行跡者。計〈錢坫事跡考證〉、〈陳鱣事跡辨正〉、〈馬宗璉行年考〉三篇，分別考辨錢坫、陳鱣和馬宗璉生平事跡、學行著述等問題，或補史傳之缺，或糾前賢之誤，以為研究者知人論世提供更為翔實可信的資料。

其三，考訂學人著述者。包括〈錢大昕《養新餘錄》考辨〉、〈「記洞過水」非段玉裁所作辨〉、〈錢大昕、陳鱣詩稿二種辨偽〉、〈阮元與王引之書九通考釋〉四篇，分別考訂《養新餘錄》、〈記洞過水〉，錢大昕、陳鱣詩稿及阮元致王引之書札等學人著述，以辨正前賢時哲之誤，並連帶述及清代學術之相關問題。

其四，論述學人學術者。計〈段玉裁《說文注》成書的另一側面——段氏學術的光與影〉、〈強項無欲武虛谷——清代中州樸學第一名宿武億學術述要〉、〈被遮蔽的學者——朱文藻其人其學述要〉三篇，分別論述段玉裁、武億、朱文藻諸學者之學術，藉以揭示清代學術歷來為人所忽視的另一形態和意象。

全書所收論文，數量雖然不多，分量卻很重。筆者費數十日之力，拜讀一過，深為先生讀書之多、用功之巨、考證之精、論辨之確所折服。竊以為先生對清代學術有關問題的考辨和研究，最值得吾人推許者，厥有數端。

一為廣博的文獻基礎。先生研治清代學術，無論是訂正史傳及工具書訛謬，抑或考辨學者生平、著述，乃至論述學人學術，無不建立在廣博深厚的文獻基礎之上。讀先生之文，深歎其涉獵之廣，積澱之厚，凡論一人，考一書，辨一事，小至勘正生卒年歲之誤，大至討論清代學術生態，均廣徵博引古今各種文獻資料，以為立說之依據。即以〈《清史稿・儒林傳》舉正〉、〈《清史列傳・儒林傳》考證〉二篇觀之，所考訂辨正史傳紀事、年月之誤者合計五十七人，引據的文獻資料竟至三百餘種（篇），注釋多達三百七十六條。再就〈清代學者疑年考——姜亮夫《歷代人物年里碑傳綜表》訂訛〉、〈《清代人物生卒年表》訂補〉二篇而言，訂補兩部工具書所載清人生卒年歲之訛缺者凡一百四十人，引據的文獻資料近五百種（篇），注釋更多至四百九十六條。清儒阮元為錢大昕《十駕齋養新錄》作序，盛稱錢氏學術之難能，學養之深厚，有言：「凡此所著，皆精確中正之論，即瑣言剩義，非貫通原本者不能，譬之折杖一枝，非鄧林之大不能有也。」（錢大昕《十駕齋養新錄》卷首）以此觀先生之學，洵亦足當之。

二為精深的考據功夫。清代主流學術，本以考據之方法為其最大特色，亦以考據之成就最受學界推崇。先生秉承乾嘉樸學遺緒，讀書極認真，心思極細密，尤善體察精微，辨析毫芒，拾遺補缺，糾謬正訛。其考辨所得，大多卓有見地，確鑿不易。以錢大昕《養新餘錄》為例。據其子錢東塾跋稱，是書係《十駕齋養新錄》付刻之後，「續有所得，別記一編，名曰《養新餘錄》」；因恐先人著述「有遺珠之憾」，故為之「繕錄清本，分為三卷」（《十駕齋養新餘錄》卷末），付梓刊刻。其曾孫錢慶曾纂《竹汀居士年譜續編》，亦謂錢大昕于嘉慶八年十二月刊刻《十駕齋養新錄》手定本，「後所得為《養新餘錄》三卷」（《竹汀居士年譜續編》嘉慶八年條）。錢氏後人既言之鑿鑿，歷來學者亦無異辭。然先生細讀錢大昕之書，卻發現此說頗有疑點，遂爬梳文獻，廣蒐證據，逐一予以考證：其一，《養新錄》雖編定于嘉慶四年，但其後仍續有增益，最晚有撰于嘉慶八年五月者，可知錢大昕續有所得者已增入其中；其二，《養新錄》付刻在嘉慶八年十二月，次年十月錢大昕即謝世，其間相距僅十閱月，錢大昕年高體衰，目眊耳聵，蓋已無心力別撰續錄；其三，《養新餘錄》所載諸條，不但罕有發明，反而間有訛誤，甚至與《養新錄》相互抵牾，以錢氏治學之嚴謹，學風之矜慎，不當有疏失、違戾如此者。先生由此得出結論：《養新餘錄》實為錢大昕纂次《養新錄》時所芟去者，而非如錢氏後人所言，乃錢大昕於《養新錄》付刻後所續得者。他如考證〈記洞過水〉一文非段玉裁所作，辨析錢大昕、陳鱣詩稿之真偽，考訂阮元致王引之書札所涉相關學林故實，考辨錢坫、陳鱣、馬宗璉諸學人生平行跡等，均原原本本，確有據依，既抉人所未發，又極具說服力。清學素重考據，其考證之精，識見之卓，時人已有定評，阮元致王引之書，即稱其經訓「條條精確不磨，銳見卓識，不勝贊歎」（羅振玉輯《昭代經師手簡二編》），而今拜讀先生之文，益信其考據之功，足以立於不敗之地也。

三為平實的治學態度。先生為學，重視讀書，崇尚考據，所撰著者，亦多糾謬補缺、辨正是非之作。然先生從不以此矜勝自傲，無論對前賢時哲，抑或學界成果，始終抱持一種「護惜」的真情，一種平實的態度。姜亮夫《歷代人物年里碑傳綜表》，詳載歷代人物姓氏籍貫、生卒年歲及相關碑傳資料；江慶柏《清代人物生卒年表》，專載清代人物生卒年、字號、籍貫及資料出處，二者均為研究清學之重要參考書，先生亦高度評價二書乃學者「涉津之筏，案頭必不可少之書也」。然積多年讀書治學之心得，先生深知「古人年歲，碑誌、傳記所載時有出入；科舉、任官履歷，復有官年、實齡之差」，二書「收錄人物既多，間有微失，固所不免」，因不憚繁難，廣徵博引，為之補充疏略，辨正是非。王念孫、王引之父子同為乾嘉學術巨擘，當時著名學者段玉裁、孫星衍、阮元等多有與之往來論學書札，後羅振玉輯為《昭代經師手簡》，影印行世，誠為研究王氏父子及乾嘉學術之重要資料。王國維考論王氏著述，劉盼遂撰《高郵王氏父子年譜》，均多有取資。然各通書札多未署年月，以故研究利用頗為不便，甚有誤判者。先生乃取其中阮元致王引之書札九通，逐一為之考釋，既證實各札之寫作年代，又闡明其中所涉之學林故實，並訂正前賢論說繫年之訛誤。凡此諸篇，先生均秉持「去其一非，成其百是」之溫情與敬意，孜孜矻矻，實事求是，致力於為前賢時哲訂訛補闕。清儒錢大昕有言：「學問乃千秋事，訂訛規過，非以訾毀前人，實以嘉惠後學。」（《潛研堂文集》卷三十五〈答王西莊書〉）先生追蹤乾嘉、尚友昔賢之苦心孤詣，於此可見一斑。

四為獨特的研究視角。先生研治清代學術，不僅有廣博的文獻基礎，精深的考據功夫，平實的治學態度，尤具獨特的研究視角。長期以來，中國古代的學術史、思想史研究，大多集中于少數精英學者和經典著作，而有意無意地忽略了更為龐大的知識群體和數量更多的流散於天地間若存若亡的文獻資料。清代亦復如此，學界一般多關注顧炎武、黃宗羲、王夫之、戴震、章學誠等少數名家大師，而那些共同建構有清一代學術生態並為清學發展作出重要貢獻的眾多學人，卻大多處在為人所遺忘的角落。有鑑於此，先生尤為致力於發掘一些重要而長期被學界所忽略的學者，蒐羅其遺聞軼事，鉤稽其散佚著述，排纂其學行事跡，並藉由這些學者生涯史的發掘，逐漸發現一些學術史湮失的斷面，進而揭示出清代學術歷來鮮為人知的另一形態和意象。以朱文藻為例，朱氏出身寒微，蹉跎科場，長期以代人校書、編書、撰述，維持生計。然而，就是這樣一個下層文人，先生通過經年累月的爬梳鉤稽，從其已刊、未刊之《朗齋先生遺集》、《碧谿詩話》、《校訂存疑》等著述，同時代學者之詩文，以及筆記、書目、詩話、方志、族譜等文獻資料中，一一還原出其學術活動與生命軌跡：館于杭州著名藏書家汪氏振綺堂之時，不僅為之編纂《振綺堂書錄》十冊，還鈔錄編校當時學者厲鶚所著《遼史拾遺》、《東城雜記》，杭世駿所著《三國志補注》、《榕城詩話》，嚴誠所著《鐵橋全集》等書，又曾參訂、校勘鮑廷博所刻《知不足齋叢書》，協助吳顥纂輯《國朝杭郡詩輯》；後隨浙江學政王杰入京，佐校《四庫全書》及《續三通》諸書，並為其編纂《葆醇堂藏書錄》；南歸後，先後助王昶重修《西湖志》，佐邵晉涵重訂《杭州府志》，為陶元藻增補《全浙詩話》，為黃易代撰《濟寧金石志》，又應阮元之邀，參與分纂《山左金石志》、《兩浙輶軒錄》，還為王昶編訂《金石萃編》，等等。然因其一介寒士，為人代工，所參與編纂、校訂、撰述各書，多未署名，即或有列名或言及者，亦語焉不詳，甚至其自撰之《說文繫傳考異》，亦被誤為他人之作，以故後世聲名不彰，史傳所載，頗多疏誤。有賴先生闡幽發微，既為史傳之文訂訛正誤，又全面呈現出其學術生涯，不僅使其生平行跡彰顯於世，而且還由此揭示出「清代下層知識人普遍的生存困境，研究者長期忽略的著述代工現象，以及清代社會某種上下掠食而又相互依存的學術生態鏈」。他如對錢坫、陳鱣、馬宗璉等生平行跡的考訂補正，均眼光向下，關注到清代一般知識學人之生涯史；對段玉裁《說文解字注》的研究，亦獨闢蹊徑，討論是書之成與當時江南學術圈的關係。誠如先生所言，作為清學這座大山的登山家，先生窮數十年之功，日夕寢饋其中，不辭辛苦地「攀巖、闢鑿、探勘、篳路藍縷」，所見山之形態和意象，自然與一般走馬觀花、浮光掠影者大異其趣。甚矣！先生之研究，不僅豐富了吾人對清代學術的認知，而且為清學研究的深入發展，提供了極具啟發意義的新視角。

事實上，先生多年潛心治學，厚積薄發，其所造之境遠不止此。據悉，先生即將問世的大著還有《漢唐經學研究》、《清代經學史研究》、《乾嘉名宿年譜彙編》，另有《西莊遺文輯存》、《潛研堂遺文輯存》、《擘經室遺文輯存》、《乾嘉群賢遺文輯存初編》等為清代學者拾遺補缺之作即將出版。真可謂桑榆未晚，霞光滿天，其沾溉學界者，固可待也。

余與先生相識于上世紀九十年代中葉臺灣中央研究院文哲所舉辦的「明代經學研討會」。彼時兩岸學術交流剛剛起步，吾人甫知海外學術會議論文發表尚有評議之環節，而先生即為拙文之評議人。論年齒，先生略長余數歲，論學問，余乃弗逮遠甚，且先生在臺灣學界，素以功底扎實，學風謹嚴，言辭犀利著稱，以故私心不免惴惴。然蒙先生不棄，對拙文獎掖有加，又于會後邀請余並余之導師王俊義教授至其別墅汐止山居做客，到臺北最好的飯店用餐。期間頻頻討論學術，相談甚歡。自此而後，余與王俊義教授多次赴臺，均蒙先生熱情接待，而先生有機會到北京，吾輩也得以略盡地主之誼。再之後，余之博士生因研究需要先後赴臺，或查閱圖書資料，或參加會議研討，凡有拜託先生之處，先生無不傾力為之，於學術上悉心指導，生活上多方關照。余感念之際，于先生學問人品，愈加欽佩。

二〇一七年末，先生來京參加北京大學中文系舉辦的中國古典學學術研討會，因得以有機會與先生見面暢談。言及清代學術，先生謂其多年讀書治學，間有心得，筆之為文，陸續發表，擬將其中關涉清代學人行跡、學術考據者，結集出版，定名為《清代學術史叢考》，並囑余為之作序。乍聞之下，余深為惶恐不安，以後學晚輩淺薄之資，何能序先生大作！因逡巡遷延，未敢動筆。二〇一八歲杪，先生再度來京，晤談之際，不以余譾陋，再加囑託。余卻之不恭，憶及先生多次言及，當年其以一介本科畢業之青年學子，得歷史語言研究所耆宿陳槃院士、王叔岷教授賞識，許以「讀書種子」之稱，並聯名推薦入所任職。多年來，無時不以此刻苦自勵，爬梳文獻，沉潛學問，思以乾嘉樸學之法，研治乾嘉學術，庶不負學界碩儒之期許。然時光流逝，風尚漸變，前輩大家多已故去，傳統學術乏人問津，新一代學人崇尚新奇，惟傾心于歐風美雨，文獻不復講求，考據更鮮功夫，因之一己之學術追求，愈益與當今學界趨向枘鑿不合，以致被戲稱為「乾嘉餘孽」，目之為「史語所最後一位舊學殘壘」。每語至此，先生輒有落落寡合，同道難覓，知音甚鮮之感。余忝為學界中人，亦涉乾嘉學術，雖資質駑鈍，根底淺薄，然深知「讀書種子」不可斷絕，學術命脈必當延續，故于先生其學其人，欽佩而外，更頗有惺惺相惜之意，因略述先生治學特色與學術旨趣及與先生交往之顛末于此，冀治清學者或有助益焉。是為序。

己亥年初春

于北京中國人民大學

清代學術史叢考

目　錄

【上冊】

【下　冊】

《清史稿·儒林傳》舉正

嘉慶十四年，陳壽祺任國史館總纂，修〈儒林〉、〈文苑〉兩傳，翌年丁憂去職。[1]時阮元任翰林院侍講，十月，「自願兼國史館總輯，輯〈儒林傳〉」；十七年秋，阮氏授漕運總督，八月「二十日，將纂辦粗畢之〈儒林傳〉稿本交付國史館，其〈文苑傳〉創稿未就。」[2]則阮元去史職時，〈儒林傳〉已纂有成稿。另據阮氏〈擬儒林傳序〉言：「自順治至嘉慶之初，得百數十人。」[3]其稿纂例，「凡各儒傳語，皆採之載籍，接續成文，雙注各句之下，以記來歷，不敢杜撰一字。且必其學行兼優，方登此傳，是以多所褒許，以見我朝文治之

---

1 陳壽祺〈與方彥聞令君書〉云：「壽祺先於嘉慶十有四年充國史館總纂，專刱〈儒林〉、〈文苑〉兩傳，尋以憂歸。明年宮保儀徵公適在京師，當事延之獨纂〈儒林傳〉。」（陳壽祺《左海文集》，《續修四庫全書》本，卷五，頁七十四）按《揅經室二集》卷五，阮元為壽祺之父鶴書撰〈墓誌銘〉，云：「嘉慶十五年七月干支辛，年六十五。」（《續修四庫全書》本，卷五，頁二十一—二十二）則陳壽祺任國史館總纂在十四年，翌年七月丁父憂去職。

2 張鑑等纂《阮元年譜》，一九九五年，北京：中華書局黃愛平點校本，頁九十七，又頁一〇二。

3 阮元《揅經室一集》，《續修四庫全書》本，卷二，頁三。

盛。至於著述醇疵互見者，亦直加貶辭」。[4]清國史館所修〈儒林傳〉，即以阮氏擬傳為底本，因革損益。其為史館刪汰之稿，已非官書，阮元輯為〈集傳錄存〉，收於《揅經室續集》卷二，[5]尚可藉以推見阮氏擬傳原貌也。阮元《擬儒林傳稿》，後經史臣歷次增修改訂，今臺北故宮博物院尚存此館檔。

民國三年，北洋政府特設清史館，以趙爾巽為館長，纂修《清史》，延遜清遺老深於學者，就國史館原纂〈紀〉、〈志〉、〈表〉、〈傳〉，重加刪訂，歷時十四年，成《清史稿》一書。其書刊布後，一時物論四起，頗議其失。其〈儒林傳〉四卷由繆荃孫主纂，繆氏原官國史館纂修、總纂，歸田後，歷主南菁、濼源、鍾山、龍城等書院。長於金石、目錄之學，而一代藝林故實，尤洞悉原委。詎所傳〈儒林〉，則紕繆迭見，因知良史固不易覯也。向讀是書，於其紀事、年月有誤者，輒別紙疏記。今擇錄二十八事，以就正於並世大雅方家云。

二〇〇八年五月。

4 阮元〈擬儒林傳稿凡例〉，《揅經室續集》，《續修四庫全書》本，卷二，頁四。

5 阮元《揅經室續集》，卷二，頁五—三十六。

目次

一、陳祖范傳

陳祖范，字亦韓，常熟人。雍正元年舉人，其秋，禮部中式，以病不與殿試。……〔乾隆十五年〕薦舉經學，祖范裒然居首，以年老不任職，賜司業銜。十八年，卒於家，年七十有九。所撰述有《經咫》一卷，膺薦時錄呈御覽；《文集》四卷、《詩集》四卷、《掌錄》二卷。（頁一三一五〇）

森按：此傳謂祖范乾隆十八年（一七五三）卒，年七十九，則生於康熙十四年（一六七五），《清史列傳》卷六十八本傳同。[6] 惟錢大昕〈陳先生祖范傳〉則言：

乾隆十五年，……薦舉經明行修之士，於是雅知先生者交章列薦。明年，上命閣部大臣於所舉中核其名實允孚者，得四人，先生裒然居首，其三人則無錫顧棟高、金匱吳鼎、介休梁錫璵也。得旨，皆授國子監司業。……又三年，卒於家，年七十有九。[7]

依此，則祖范卒於乾隆十九年。按《掌錄》卷首邵齊燾〈序〉云：「今歲次甲申（二十

6 《清史列傳》，一九八七年，北京：中華書局點校本，頁五四七七。

7 錢大昕《潛研堂集》，一九八九年，上海古籍出版社呂友仁點校本，頁六八四。

九年）月建癸酉，剞劂告竣，實公歿後之十年也」；[8]顧棟高為祖范《經咫》撰序，亦言：「乾隆歲甲戌（十九年），海虞陳見復先生（祖范）年七十九，以疾卒。」[9]並與錢〈傳〉合。據此，則祖范生於康熙十五年。江慶柏《清代人物生卒年表》本史傳，[10]姜亮夫《歷代人物年里碑傳綜表》則依錢〈傳〉。[11]今據陳祖范《司業文集》卷四〈自序〉云：「予以康熙丙辰（十五）年五月二十日生」，[12]則祖范年歲當以錢〈傳〉為是。此云乾隆十八年卒者，誤也。

二、萬斯大傳

萬斯大，字充宗，鄞縣人。……其為學尤精《春秋》、《三禮》。……所著有《學春秋隨筆》十卷、《學禮質疑》二卷、《儀禮商》三卷、《禮記偶箋》三卷、《周官辨非》二卷。康熙二十二年卒，年六十。（頁一三一七一—一三一七二）

森按：此傳謂萬斯大康熙二十二年（一六八三）卒，年六十，則生於天命九年（一六二四）。

---

8 陳祖范《掌錄》，《廣雅叢書》本，卷首，頁一。

9 陳祖范《經咫》，《廣雅叢書》本，卷首，頁一。錢大昕撰〈傳〉云：「陳先生祖范，字亦韓，自號見復。」

10 江慶柏編《清代人物生卒年表》，二〇〇五年，北京：人民文學出版社，頁四五七。

11 姜亮夫纂《歷代人物年里碑傳綜表》，一九五九年，北京：中華書局，頁五六六。

12 陳祖范《司業文集》，乾隆二十九年，《陳司業全集》本，卷四，頁三十二。

今據黃宗羲〈萬君斯大墓誌銘〉言：「崇禎癸酉（六年，一六三三）六月六日，其生也；康熙癸亥（二十二年）七月二十六日，其卒也。」[13]則斯大享年止五十一。萬氏昆仲皆從黃宗羲遊，各名一家，黃氏〈墓誌〉當本其家傳狀，所記生卒年歲當不誤。《清史列傳》卷六十八本傳云「康熙二十二年卒，年五十一」，[14]《國朝耆獻類徵初編》卷四百十三載「國史館本傳」同，[15]則史傳原不誤。《清史稿》此傳文字與《清史列傳》並同，此獨作「卒年六十」者，蓋史臣粗疏，誤鈔乃父萬泰卒年為斯大耳。

三、惠棟傳

棟，字定宇，元和學生員。……作《九經古義》二十二卷。尤邃於《易》，……其撰《周易述》二十三卷，以荀爽、虞翻為主，而參以鄭康成、宋咸、干寶之說，約其旨為注，演其說為疏。書垂成而疾革，遂闕〈革〉至〈未濟〉十五卦及〈序卦〉、〈雜卦〉兩傳。（頁一三一八〇）

---

13 錢儀吉《碑傳集》，《清代傳記叢刊》本，卷一百三十，頁十七。

14 《清史列傳》，頁五四六四。

15 李桓《國朝耆獻類徵初編》，《清代傳記叢刊》本，卷四百十三，頁二十六。

森按：惠棟《周易述》本書實有〈革卦〉，[16] 此傳云「闕〈革〉至〈未濟〉十五卦」者，蓋沿錢大昕〈惠先生棟傳〉之誤耳。[17] 江藩《國朝漢學師承記》惠氏本傳云：「書垂成而疾革，遂闕〈鼎〉至〈未濟〉十五卦，及〈序卦〉、〈雜卦〉二篇。」[18] 此說為是。《清史列傳》卷六十八〈惠棟傳〉誤與此同；[19] 而〈江藩傳〉則言：「惠棟作《周易述》，未竟而卒，闕自〈鼎〉至〈未濟〉十五卦，〈序卦〉、〈雜卦〉二傳。藩乃著《周易述補》五卷，羽翼惠氏。」[20] 此獨不誤。同一〈儒林傳〉，兩傳歧互，史臣前後失於檢照也。

又按：錢大昕〈傳〉謂《周易述》「專宗虞仲翔，參以荀、鄭諸家之義」，江藩《漢學師承記》同，蓋李鼎祚《周易集解》引述虞翻之說獨詳，故惠氏據以為宗。此傳改易其文，謂惠書「以荀爽、虞翻為主，而參以鄭康成、宋咸、干寶之說」，《清史列傳》同。按宋咸字貫之，北宋建陽人，天聖二年進士，著《易訓》三卷、《易補注》十卷，《經義考》並云佚。[21] 惠氏《周易述》專主漢《易》，豈肯參用宋人之說？且宋咸之書久亡，惠氏何從采摭？此傳「宋咸」當為「宋衷」之誤，〈隋志〉著錄「梁有漢荊州五

---

16 惠棟《周易述》革卦，見阮元編《清經解》，道光九年，廣東學海堂刊本，卷三三六，頁六—八。

17 錢大昕〈惠先生棟傳〉，《潛研堂集》，頁六九九。廖名春等撰《周易研究史》亦沿此誤（一九九一年，長沙：湖南出版社，頁三八一）。

18 江藩《國朝漢學師承記》，一九八三年，北京：中華書局點校本，頁二十四。

19 《清史列傳》，頁五四六九。

20 同上注，頁五六一〇。

21 朱彝尊《經義考》，民國二十五年，上海：中華書局《四部備要》本，卷十六，頁七。

業從事宋忠（衷）注《周易》十卷，亡。」[22]李鼎祚《集解》載錄其說凡四十餘事，蓋即惠氏所本。

四、臧庸傳

庸，本名鏞堂，字在東，與弟禮堂俱事錢塘盧文弨。沈默樸厚，學術精審，續其高祖將絕之學，擬《經義雜記》為《拜經日記》八卷，高郵王念孫亟稱之。……又著《拜經文集》四卷。……其《詩考異》，大旨如王伯厚，但逐條必自考輯，不依循王本。……

禮堂，字和貴。事親孝，……母遘危疾，刲股合藥，私禱於神，減歲以延親壽。（頁一三一八三）

森按：此傳所載臧庸著作，悉本阮元〈別傳〉。[23]《拜經日記》，此傳云八卷，《拜經堂叢書》本實作十二卷；又《拜經堂文集》，此傳四卷，今本實為五卷。《詩考異》一書，其書未刊。按劉逢祿〈五經考異敘〉言：擬為《五經考異》，「仿陸元朗《經典釋文》之例，采輯舊本經籍所引，旁稽近代名儒深通經學小學者之言，彙為一編。……奪於

22 《隋書》，一九七三年，北京：中華書局點校本，頁九〇九。

23 阮元〈臧拜經別傳〉，《揅經室二集》，卷六，頁二十—二十三。

他務，未暇為也。己巳（嘉慶十四年）之冬，乃與同里之學者臧庸、莊綬甲分經掇拾。二君以予向治《易》、《春秋》，屬纂次焉。臧君為《詩考》，幾成而逝；莊君為《尚書考》，將半而中輟。弟子潘準，夙慧嗜學，尤明《禮經》，獨與余窮數日之力，稿本㒵然。」[24]據此，則此書臧君與劉逢祿等相約分纂《五經考異》之一也。中國國家圖書館、北京大學圖書館各藏《詩考》清鈔本一帙，今比觀之，北大本內容為略，書寫年代當在前也。

另按臧庸《文集》卷五〈亡弟和貴割肱記〉，載其子臧相之言曰：「夏日叔父閉書室沐身，戶隙窺之，解臂間裹布滌於盆，血痕縷縷。」[25]則禮堂明係割肱，非刲股矣。臧文又言：「弟既卒，將歛，……相視弟左股肉朕長三四寸許，始各驚異痛哭，……而割肱事乃大白。」其「左股」二字當為「左肱」之譌。惟臧庸敘其事，間亦言「割股」，渠與王念孫書，乞文以誌其弟孝行，云：「母病，割股療之，對天請減己年，以延親壽」，[26]即其例也。然其文既名〈割肱記〉，則非割股可知也。

五、沈彤傳

24 劉逢祿《劉禮部集》，《續修四庫全書》本，卷九，頁七。
25 臧庸《拜經堂文集》，《續修四庫全書》本，卷五，頁三十四。
26 臧庸〈與王石臞先生書〉，羅振玉輯《昭代經師手簡》初編，民國七年，上虞羅氏影印本，頁二十四。

沈彤，字果堂，吳江人。……乾隆元年，薦舉博學鴻詞，報罷。與修《三禮》及《一統志》。書成，授九品官，以親老歸。（頁一三一八七）

森按：諸家傳記多言沈彤嘗與修《三禮義疏》，陳黃中〈沈徵君彤傳〉云：「中年兩抵京師，一預禮館編纂，一舉博學鴻詞科，以親老南歸，抵家而父已沒。」[27] 乾隆十九年冬，沈德潛撰〈傳〉云：

君總角能文，有聲庠序，屢入棘闈，不售。舉博學鴻詞，召試保和殿，不遇。薦修《一統志》、《三禮》。書成，授九品官，不就，以諸生終。[28]

此史傳所本，《清史列傳》卷六十八本傳同。[29] 江藩《國朝漢學師承記》卷二、錢林《文獻徵存錄》卷四〈沈彤傳〉，俱言彤受薦修《三禮》，書成，議敘得九品官。[30] 然乾隆十四年夏，沈德潛為《果堂集》撰序，言：

27 陳黃中《東莊遺集》，乾隆間大樹齋刻本，卷三，頁十三。

28 沈彤《果堂集》，乾隆間刊《果堂全集》本，卷末附沈德潛撰〈傳〉，頁一。

29 《清史列傳》，頁五四八七。

30 江藩撰〈傳〉云：「應博學鴻詞科，以奏賦至夜半，不及成詩，不入選。有人薦修《三禮》及《大清一統志》，議敘得九品官，恥不仕，遂歸吳江。」（《國朝漢學師承記》，頁三十）錢林〈沈彤傳〉云：「乾隆元年，舉博學鴻詞。其後修《三禮》及《一統志》，彤皆與焉。書成，授九品官，以親老乞歸。」（《文獻徵存錄》，《續修四庫全書》本，卷四，頁五十）

余嘗念冠雲抱此實學，而屢試場屋，一試保和殿，皆不遇。後以校勘《一統志》議敘，幾遇矣，粗官不稱，深為之惜。而冠雲淡然於懷，去而歸里。[31]

此第言彤「校勘《一統志》」，不言與修《三禮》。乾隆十五年冬，沈德潛復為沈彤《周官祿田考》撰序，云：

往歲三禮館之開，望谿嘗總其事，屢欲薦冠雲為纂修，會冠雲以省覲歸未果，故《周禮義疏》中無其案語。[32]

此言方苞數欲薦彤入三禮館修書，因渠南歸不果。然則沈彤是否預修《三禮義疏》，沈德潛一人之說已兩歧。沈廷芳為彤撰〈墓誌〉，則言：

雍正間至京師，望溪方公見其所疏三經，[33]謂得聖人精奥；讀其文，又謂氣格直似韓子。乾隆初元，方輯《三禮義疏》，遂薦入館，名動輦下。其為人，接之凝然以靜；久與處，溫然以和；叩其學，淵然以深。嗚呼！可稱粹美君子矣。客京師數載，惟與一二者儒商訂往籍，而不肯登貴人之門。召試博學宏詞，棲遲書局，

---

31 沈彤《果堂集》，卷首沈德潛〈序〉，頁一。

32 沈彤《周官祿田考》，《果堂全集》本，卷首沈德潛〈序〉，頁一。

33 按指《尚書小疏》、《儀禮小疏》、《春秋左傳小疏》，有《果堂全集》本。

終以不遇，其介節如此。後以親老歸。[34]

沈廷芳與彤「同族，同舉〔博學鴻詞〕，用學行相切劘者垂二十載」，然對沈彤是否曾入三禮館修書，語極含糊。檢《果堂集》卷四〈上內閣方學士書〉：

> 三禮館纂修，聞閣下以彤之所學能有當於是，而數在館稱之。近且昌言於眾，謂能勝其任者不使之與其事，實慙且歉。此古大臣所以待賢者能者之盛心也，彤何人而得此於閣下哉！……性本鈍拙，少時誦數未熟，遇其曲艱抵互，必省想累日夜而後有得。官書有程，時月迫促，烏能集事？此人所共知者，宜閣下言之再三，而終莫之與。……請閣下將勿復言，言不已，恐滋時俗之口實，適益之慙。閣下所以許彤之有當於纂修《三禮》者，無他焉，以彤所疏《儀禮》之〈士冠禮〉，為有契於聖人之心也。……學者訂一書、立一義，既幸為老師宿儒之所許，而不復矜奮求其有成，則為自棄。彤今而後，當益致其心力，循次撰述，稍闡聖人所以制是儀之意，而自成其書，則彤所以酬閣下今日之盛心也，惟閣下諒其志而察其誠。旋歸意決，而行期未定，待所與俱之人。〈士冠禮小疏〉想錄畢，冀即付還。[35]

繹此「閣下言之再三，而終莫之與」之語，則方苞以三禮館副總裁薦彤入館修書，其

34 沈廷芳〈皇清徵士文孝沈先生墓誌銘〉，沈彤《三經小疏》，《果堂全集》本，卷末附錄，頁一—二。

35 沈彤《果堂集》，卷四，頁四—五。

事未成。復據沈彤〈與望谿先生書〉云：「憶丁巳春正，蒙先生亟稱彤所為《儀禮》義，因上書先生，謂自今而後，當循次撰述，以成其書。」[36] 則前一信撰於乾隆二年正月明矣。是月十九日，彤父卒；二月晦日得家書，倉卒南歸，四月抵家。[37] 翌年秋，福建學政周學健任滿，奉召入三禮館修書，方苞囑其過蘇州時，邀彤偕行，以佐纂輯，彤復婉言辭之。[38] 四年五月十三日，方苞以結黨營私革職，專在三禮館修書。[39] 六年春，沈彤北上，[40] 無所遇合；其冬，別方苞南歸。[41] 七年三月，方苞纂《周禮義疏》成，以

36 同上注，卷四，頁九。

37 沈彤〈先考真崖府君述〉：「府君……乾隆二年正月十九日疾卒，享年八十。……彤以往年試大科，尚滯京師。……四叔父發書，惟告疾革。書遲留，得於二月之晦。彤展讀，驚悸惶恐，倉卒就道。及抵家，而府君卒七十餘日矣。」（《果堂集》，卷十一，頁十五）

38 沈彤〈上禮部方侍郎書〉：「閩學周力堂，以通曉《三禮》奉召入都。道經敝邑，屬其友過舍，聘彤偕行，助之纂修，謂由閣下之命，且出手書見示。以彤膚末小儒，乃為大人先生所禮重至此，自當感激承命；顧有未能安於心者，故已婉辭力堂，而復私布於左右。彤自去春辭閣下而歸，未及行，聞先考疾病，倉皇出都，馳至家，而先考已前卒。」（《果堂集》，卷四，頁七）據文末「去春辭閣下而歸」之語，則此信乾隆三年撰也。

39 《高宗實錄》，一九八六年，北京：中華書局影印本，卷九十二，頁十五—十六。

40 沈彤〈登泰山記〉：「乾隆六年孟春，又將走京師求食，而執友陳醇叔官濟南，家弟薰亦在蒙陰，遂取道沂州，並訪之。既過薰，即直趨濟南。」（《果堂集》，卷九，頁十一）

41 沈彤〈與望谿先生書〉：「彤之別先生於京師而歸也，在辛酉之冬。」（《果堂集》，卷四，頁九）

老病乞歸。[42]十一年三月，《三禮義疏》全書告成進呈。而沈彤則奔走衣食，《儀禮小疏》迄未及成；逮十一年春，方苞尚屬其子信芳詢問所著《儀禮》進展如何？沈彤答書云：

彤之別先生於京師而歸也，在辛酉（乾隆六年）之冬。其明年，館友人徐靈胎所。靈胎具經世才，不獲用，隱於醫。既館彤於家，……為著《氣穴考略》五卷、〈釋骨〉一篇示之，此壬戌春至甲子秋三年所為也。其冬，縣公丁一峰與震澤陳公又延彤編纂邑志，……乃偕同志數人亟為之，十四月而稿具。今獨加訂補之功，恐後此一二年又不遑他務矣。憶丁巳春正，蒙先生亟稱彤所為《儀禮》義，因上書先生，謂自今而後，當循次撰述，以成其書。乃辛酉之後無所為，其為於辛酉以前者尚寡；而上溯丁巳（乾隆二年）五年，下迨於今如之，誠自傷日月之易邁，而尤愧有言不踐，無以酬積累之盛心也。[43]

觀此，則沈彤乾隆二年南歸後，《儀禮小疏》迄無進展。綜其前後事歷，沈彤未入三禮館修書，固較然明白。

至沈彤預修《一統志》事，諸家傳記皆語焉不詳。按《果堂集》卷八〈題阿生齋

42 《高宗實錄》，卷一六三，頁六。
43 沈彤〈與望谿先生書〉，《果堂集》，卷四，頁九。

壁〉云：

吾居生齋八月耳，此八月中，生選入咸安宮學舍日復過半。每晨往暮歸，惟燕私必相與講論。……吾以匪才謬膺薦舉，及廷試，以病餘屬文，益不稱意；又燈下寫賦違式，難進呈，遂置餘二稿而出。……吾歸決矣，而桐城方公乃屬以《儀禮疏》刪其要；陳學士又延吾商搉《統志》，且復留。[44]

繹此，則陳學士（德華）延之「商搉《統志》」，當在乾隆元年秋博學鴻詞報罷之後、翌年三月父喪南歸以前。其時沈彤館於阿克敦家，課其子阿桂，則所謂「商搉《統志》」者，蓋為時未久。乾隆五年十一月，《一統志》告成；[45]翌年春，沈彤「走京師求食」，[46]或即因議敘事北上也；惟究以出力無多，故僅授九品卑官，前引沈德潛《果堂集・序》言：「後以校勘《一統志》議敘，幾遇矣，粗官不稱，……去而歸里」，蓋得其實也。

六、程瑤田傳

44 沈彤《果堂集》，卷八，頁十五。
45 《高宗實錄》，卷一三一，頁十。
46 見前引沈彤〈登泰山記〉。

瑤田，字易疇，歙人。讀書好深沈之思，學於江氏。乾隆三十五年舉人，選授太倉州學正。……嘉慶元年，舉孝廉方正。同時舉者，推錢大昭、江聲、陳鱣三人，阮元獨謂瑤田足以冠之。（頁一三一九〇）

森按：此傳紀事頗有誤者。據陳鱣《簡莊文鈔》卷五〈尚友圖記〉云：「嘉慶元年，孝廉方正之舉，陳東浦（奉茲）方伯告人曰：『有好古之學者，必有高世之行，如錢晦之（大昭）、胡雒君（虔）、陳仲魚（鱣），庶幾稱鼎足哉！』」[47] 又，謝啟昆〈三子說經圖〉詩，本注亦言：「東浦方伯每語人曰：『有好古之學者，必有高世之行，如可廬（大昭）、雒君、仲魚，可稱鼎足。』三君感其意，因繪此圖。」[48] 二者引江南布政使陳奉茲言，俱以錢大昭、胡虔、陳鱣三人並稱。另考阮元《定香亭筆談》卷二云：

海寧陳仲魚鱣，於經史百家靡不綜覽，嘗舉鄭司農《論語注》諸書而考證之，浙西諸生中經學最深者也。舉孝廉方正，江南陳方伯奉茲嘗謂：「所舉孝廉方正，江蘇錢可廬、安徽胡雒君、浙江陳仲魚三人，可概其餘。」余謂方伯之言誠能識拔宿儒，然安徽當以程易田（瑤田）為第一，而胡君亞之。[49]

---

47 陳鱣《簡莊文鈔》，《續修四庫全書》本，卷五，頁十二。

48 謝啟昆《樹經堂詩續集》，《續修四庫全書》本，卷一，頁十。

49 阮元《定香亭筆談》，《續修四庫全書》本，卷二，頁二十三。

此即史傳所本，其引陳奉茲說，亦以胡虔等三人並稱，蓋江蘇、安徽、浙江各舉其一；江聲則吳縣人，與錢大昭同為江蘇所舉薦，非復陳氏所云「鼎足」之意矣。然則此傳「江聲」當為「胡虔」之誤無疑。其誤一也。

復按阮元《筆談》之說，蓋謂安徽所舉孝廉方正，當以程瑤田為冠，其學視胡虔為愈也。史臣未檢覈原書，誤謂程瑤田之學足冠錢大昭三人，大失阮元本意矣。其誤二。

《皖志列傳稿》卷四本傳云：「瑤田九應鄉試，乾隆庚寅（三十五年）始登賢書，年已六十四，選嘉定教諭」。[50]按程氏嘉慶十九年（一八一四）卒，年九十，[51]則生於雍正三年（一七二五）；乾隆三十五年（一七七〇）庚寅恩科舉人中式，時年四十六。另據程氏〈戊申七月之官嘉定成廿八字留別都門諸君子〉詩：「都門延佇五回車，博得微官冷自華。」元注：「自辛卯計偕入都，七赴禮闈。」[52]則三十六年首度入都會試，前後七上春官不第；五十二年舉人大挑二等，翌年（一七八八）授嘉定縣教諭，時年六十四。五

---

50 金天翮《皖志列傳稿•程瑤田傳》，見《程瑤田全集》冊四《附錄》，二〇〇八年，合肥：黃山書社點校本，頁二一六。

51 夏炘〈程先生瑤田別傳〉，收於《景紫堂文集》，《景紫堂全書》本，卷十三，頁六—八。

52 程瑤田〈戊申七月之官嘉定成廿八字留別都門諸君子〉，收於《讓堂亦政錄》，《程瑤田全集》冊三，頁四二八。

十六年七月，以疾辭歸，[53]在官者凡三年，瑤田有《讓堂亦政錄》記司鐸嘉定始末。此傳謂瑤田官太倉州學正，其誤三。

七、顧廣圻傳

顧廣圻，字千里，元和人。……乾、嘉間以校讐名家，〔盧〕文弨及廣圻為最著云。……著有《思適齋文集》十八卷。道光十九年卒，年七十。（頁一三一九三）

森按：此傳言顧氏「道光十九年（一八三九）卒，年七十」，則生於乾隆三十五年（一七七〇），《清史列傳》卷六十八本傳同。[54]而李兆洛〈顧君墓誌銘〉言：「晚得類中症，臥牀笫者五年。道光十五年（一八三五）二月十九日卒，年七十。」[55]則生於乾隆三十一年（一七六六），二說歧互。今考顧廣圻跋《孫可之文集》云：

道光丁亥（七年），因有《文粹辨證》之役，徧搜唐賢遺集，得王濟之所刻《孫可

---

53 程瑤田《讓堂亦政錄・序》云：「余司教嘉定，乾隆戊申十月到官，辛亥七月解組。」（《程瑤田全集》冊三，頁四〇一）

54 《清史列傳》，頁五五二三。

55 顧廣圻《思適齋集》，《續修四庫全書》本，卷首附李兆洛〈顧君墓誌銘〉，頁三；又繆荃孫纂《續碑傳集》，《清代傳記叢刊》本，卷七十七，頁十二。

之》內閣本，復從長洲汪氏借宋槧勘正。

文末屬「時年六十有二」，[56]此出乎顧氏自言者，以道光七年（一八二七）年六十二推之，則生於乾隆三十一年，與李兆洛〈墓誌〉合。又嘉慶十三年（一八〇八）正月，顧氏〈刻《易林》序〉，言：「廣圻亦復行年四十有三，久見二毛矣。」[57]斯亦一證也。另據瞿中溶《自訂年譜》道光十五年條載：「三月，知顧澗薲作古，好學博洽之士日少，以後講求古學，更無可問途者，作二絕句輓之。」[58]則顧氏卒於道光十五年春，得年七十，與李兆洛〈墓誌〉正合。史傳作道光十九年卒者，誤也。

八、錢坫傳

坫，字獻之。……著《史記補注》百三十卷，詳於音訓及郡縣沿革、山川所在。陝甘總督松筠重其品學，親至臥榻問疾，索未刊著述，坫取付之，曰：「三十年精力，盡於此書矣。」（嘉慶）十一年卒，年六十六。（頁一三一九六）

森按：錢坫生卒年歲，向有二說。包世臣〈錢獻之傳〉云：「嘉慶十一年（一八〇六）十

56 王欣夫輯《思適齋書跋》，民國二十四年，王氏學禮齋《黃顧遺書》本，卷四，頁十。
57 顧廣圻〈刻《易林》序〉，焦延壽《易林》，嘉慶十三年，黃丕烈士禮居刊陸校宋本，卷首，頁一。
58 瞿中溶編《瞿木夫先生自訂年譜》，民國二年，吳興劉氏《嘉業堂叢書》本，頁六十九。

一月某日卒于吳寓，年六十有六。」[59]蓋此傳所本，《清史列傳》卷六十八、桂文燦《經學博采錄》卷二並從其說。[60]依此，則錢坫生乾隆六年（一七四一），姜亮夫《歷代人物年里碑傳綜表》、江慶柏《清代人物生卒年表》同，[61]此一說也。吳修《續疑年錄》卷四載錢坫嘉慶十一年卒，年六十三；潘奕雋〈陝西乾州州判錢獻之傳〉同。[62]光緒《嘉定縣志》卷十六錢氏本傳亦言：「嘉慶丙寅（十一年）卒，年六十三。」[63]依此，則生於乾隆九年（一七四四），此別一說。因錢坫並無詩文集行世，二者孰為是非，迄莫能定。余纂〈錢坫遺文小集〉，輯錄錢氏〈與楊蓉裳書〉，其一通云：

年將半百，俛仰多悲。乃以餘閒，纂成《史記注》百三十卷、《漢書地里志注》三十二卷。此生此世，僅此區區，倘得良友分囷，必欲及時付梓。然同志如足下，宇內不過數人，恐蔡中郎之墳素，不遇中宣；秦丞相之圖書，終歸一炬，已矣奈何！[64]

---

59 包世臣《藝舟雙楫》，道光二十六年，《安吳四種》本，卷十五，頁五。
60 《清史列傳》，頁五五〇二；桂文燦《經學博采錄》，《續修四庫全書》本，卷二，頁十五。
61 姜亮夫《歷代人物年里碑傳綜表》，頁六一八；江慶柏《清代人物生卒年表》，頁六二七。
62 吳修《續疑年錄》，《續修四庫全書》本，卷四，頁十六；潘奕雋《三松堂集》，《續修四庫全書》本，卷四，頁十九。
63 程其玨修，楊震福等纂《嘉定縣志》，光緒七年，尊經閣刊本，卷十六，頁五十三。
64 錢坫〈與楊蓉裳書一〉，楊芳燦《芙蓉山館師友尺牘》，光緒十三年，賜書堂活字印本，頁二十八。

此札末屬「壬歲十一月望日」，當為乾隆五十七年（一七九二）壬子。今以二說驗之，乾隆六年生，則壬子年五十二；九年生，則是年四十九歲，與「年將半百」之說合。

復考中國國家圖書館藏《黃小松友朋書札》十三冊，中有錢坫〈與黃小松書〉六通，其一札云：「僕年四十有一，與足下同歲生，而月在足下之先。」[65] 按潘庭筠譔〈山東兗州府運河同知錢唐黃君墓志銘〉，謂黃易「生乾隆九年十月十九日」，[66] 與錢坫正同歲生，斯亦一證也。據此，錢坫生卒年壽，當以吳修等作乾隆九年生，嘉慶十一年卒，年六十三為是。此傳作「卒年六十六」，誤也。

九、王鳴盛傳

王鳴盛，字鳳喈，嘉定人。……乾隆十九年，以一甲進士授翰林院編修。……充福建鄉試正考官，尋擢內閣學士，兼禮部侍郎。坐濫支驛馬，左遷光祿寺卿。

---

65 見拙輯〈錢坫遺文小集·與黃小松書一〉，二〇〇九年，《中國典籍與文化論叢》第十二輯，頁二七二。

66 潘庭筠〈墓志〉，見黃易《山水六開冊》卷末（浙江省博物館藏本），收於《中國古代書畫圖目》，一九九四年，北京：文物出版社，冊十一，頁一三一。拙作〈清代學者疑年考——姜亮夫《歷代人物年里碑傳綜表》訂訛〉，曾據乾隆五十七年翁方綱撰〈黃秋盦四十九歲像贊〉，推定黃易乾隆九年生；另據王宗敬《我暇編》載黃氏卒於嘉慶七年二月（《中華文史論叢》二〇〇七年第四輯，頁一七〇—一七一），與潘庭筠〈錢唐黃君墓志銘〉合。

（頁一三一九六）

森按：王鳴盛左遷光祿卿之故，錢大昕〈墓誌銘〉云：「充福建正考官，未蔵事，即有內閣學士兼禮部侍郎之命。……未幾，御史論其馳驛不謹，部議降二級。明年，授光祿寺卿。」[67]江藩《漢學師承記》卷三本傳同，[68]此史傳所本。王闓運纂光緒《湘潭縣志》，卷八〈羅典傳〉則言：「提學王鳴盛寵妾，其妻以年家誼愬典，典隱其事，假濫用夫馬劾之。鳴盛文學有盛名，坐降官，江南朝官皆不直典，典不自安，乞歸。」[69]二說不同，然所言俱非其實。

據《高宗實錄》卷六〇三：乾隆二十四年十二月甲午，「吏部議，御史羅典參奏內閣學士王鳴盛奉命典試，於路置妾。奉旨交部議處，應將王鳴盛照不應重律私罪降三級調用；有加一級准抵，仍降二級調用。從之。」[70]中央研究院歷史語言研究所藏內閣大庫檔案有此事吏部移文殘卷，今迻錄之：「議得內閣抄出江南道監察御史羅典奏稱：切人臣奉職（下殘）凡經出使，事竣之後，即應夙夜回京，以復恩命。詎內閣學士臣王鳴盛仰荷聖恩，典試閩省，復經給假回籍省親。該員昨于本月（下殘）命時，聞有

67　錢大昕〈西沚先生墓誌銘〉，《潛研堂集》，頁八三九。
68　江藩《國朝漢學師承記》，頁三十九。
69　王闓運纂光緒《湘潭縣志》，《續修四庫全書》本，卷八之四，頁一〇九。
70　《高宗實錄》，卷六〇三，頁十一—十一。

眷屬隨行。臣留心訪察，該員于蘇州逗遛（下殘）置買一妾，攜帶入京，聞者無不駭異。臣伏思典試（下殘）大典，攸關君言，不宿于家。該員身任閣學，詎不知之？乃于未經〔復〕命之先，輒行置妾，沿路自隨。臣訪聞既確，敢不〔奏〕聞等因。乾隆二十四年十一月二十九日奉旨，著王鳴盛明白回奏，欽此。又內閣學士王鳴盛奏稱（下殘）羅典奏臣買妾攜帶入京一摺，奉旨著王鳴盛明白回奏，欽此。臣跪讀之下，不勝惶悚。切臣（下殘）蒙皇上天恩，不次擢用。又於奉命典試之日，蒙恩賞假，省視父母。臣敢不恪謹奉公，仰圖報効！緣臣（下殘）子相繼痘殤，現存一子，尚在襁褓。臣父母年老，望孫（下殘）〔返〕家之前，預買一妾。臣起程後，陸續另僱船隻（下殘）來京。臣抵京復命之後，妾與僕婦隨後亦到，以致該御史訪聞入奏。臣身奉恩命，理應避嫌，乃並未阻止，寔屬糊塗，冒昧仰懇皇上將臣交部議處等因。乾隆二十四年十一月三十日奉旨著交部嚴察議奏，欽此。欽遵于本年十二月初一日抄出到（下殘）內閣學士王鳴盛蒙恩典試，理應恪恭將事，于省親後即星馳復命，乃買妾攜帶進京，寔屬不合，應將內閣學士王〔鳴盛照不應重律私罪降三級調〕用，有加一級應銷去。加一級，抵降一級，仍降二級調用等因。」[71]此述王鳴盛左遷始末甚詳。錢大昕「馳驛不謹」之說，蓋為

71 中央研究院歷史語言研究所內閣大庫檔案一八六七一四。

王氏諱耳，史傳沿仍其說，非實錄矣。[72]

十、段玉裁傳

段玉裁，字若膺，金壇人。……乾隆二十五年舉人，至京師，見休寧戴震，好其學，遂師事之。……著《說文解字注》三十卷。……外有《毛詩小學》三十卷、《汲古閣說文訂》六卷。……玉裁少震四歲，謙專執弟子禮，雖耄，或稱震，必垂手拱立，朔望必莊誦震手札一通。（頁一三二〇一—一三二〇三）

森按：此傳可商者數事。一、傳言「玉裁少震四歲」，其說蓋本陳奐《師友淵源記》。[73]按段氏《戴東原先生年譜》，戴震生於雍正元年（一七二三），[74]段玉裁則生於雍正十三

---

72 上引王闓運撰〈羅典傳〉，其說多傳聞失實，王鳴盛為福建鄉試正考官，非提學使，其誤一；「假濫用夫馬劾之」，與吏部移文所述不合，其誤二；其妻愬典云云，尤屬矯誣讕言。渠言羅典因劾王鳴盛案，意不自安，因而乞歸，此亦影響之談。按羅典後由御史晉工科給事中，轉吏科掌印給事中，擢鴻臚寺少卿。三十年九月，始出任外官，提督四川學政；三十三年任滿告養歸；王鳴盛則於二十八年夏丁憂還里，遂不復出。羅典辭歸時，王氏已居林下數年矣。

73 陳奐《師友淵源記》段玉裁條云：「休寧戴東原先生，師少先生四齡耳，謙焉執弟子禮，雖耄年，稱先生必垂手拱立，朔望莊誦先生手札一通。」（民國二十三年，《邃雅齋叢書》本，頁五）此即史傳所本。史文「謙專」二字，文不成義，當為「謙焉」之誤。

74 段玉裁《戴東原先生年譜》，《戴震集》，一九八〇年，上海古籍出版社湯志鈞點校本，頁四五三。

年（一七三五），[75]小戴震十二歲。此傳言「少震四歲」者，誤也。

二、段玉裁《戴東原先生年譜》乾隆二十八年條載：「是年春，先生入都會試，不第。……居新安會館，一二好學之士，若汪元亮、胡士震輩，皆從先生講學，玉裁與焉。」[76]又三十一年條云：「入都會試，不第，居新安會館。始玉裁癸未請業於先生，既先生南歸，玉裁以札問安，遂自稱弟子。先生是年至京，面辭之，復于札內辭之。直至己丑相謁，先生乃勉從之。」[77]據此兩文，則段玉裁識戴震在乾隆二十八年；而戴、段二人正式以師弟相稱，則遲至乾隆三十四年。

三、段氏《汲古閣說文訂》，書止一卷，有袁氏五硯樓刊本行世，此傳作六卷者，誤。又《毛詩小學》，當作《詩經小學》，其書非專以毛氏為主。

十一、劉台拱傳

劉台拱，字端臨，寶應人。……九歲作〈顏子頌〉，斐然成章，觀者稱為神童。中乾隆三十五年舉人，屢試禮部不第。……其於漢、宋諸儒之說，不專一家，而惟是之求。（頁一三二〇六）

75 劉盼遂《段玉裁先生年譜》，民國二十五年，北平：來薰閣書店《段王學五種》本，頁一。

76 段玉裁《戴東原先生年譜》，《戴震集》，頁四六四。

77 同上注，頁四六六。

森按：段玉裁〈劉端臨家傳〉云：「少穎悟，九歲作〈顏子贊〉，長老無所點定。」[78]阮元〈劉端臨先生墓表〉亦言「九歲作〈顏子贊〉」，[79]朱彬撰〈行狀〉：「九歲，作〈顏子贊〉，父兄長者皆憚驚。」[80]此傳作〈顏子頌〉者，誤，蓋頌、贊體製長短固異也。

又，段氏〈家傳〉云：「年二十一，與世父世讜同舉於鄉」；[81]阮元〈墓表〉亦言「二十一，中式舉人」。[82]按劉台拱生於乾隆十六年（一七五一）閏五月初二日，[83]年二十一，則是乾隆三十六年（一七七一）辛卯科舉人，非三十五年庚寅恩科。劉文興〈劉端臨先生年譜〉，載劉台拱辛卯科江南鄉試第八十九名。[84]此傳作乾隆三十五年舉人，誤；《清史列傳》卷六十八誤同。[85]

十二、王念孫傳

78 劉盼遂輯《經韵樓文集補編》，《段王學五種》本，卷上，頁十九。
79 阮元《揅經室二集》，卷二，頁二十七。
80 朱彬〈劉端臨先生行狀〉，《寶應劉氏集》，二〇〇六年，揚州：廣陵書社，頁三十七。按此本校勘未精，此文「父兄長者」下衍「經」字。
81 劉盼遂輯《經韵樓文集補編》，卷上，頁二十。
82 阮元《揅經室二集》，卷二，頁二十七。
83 同上注，卷二，頁二十九。
84 劉文興編《寶應劉氏叔姪年譜》，一九七五年，香港：崇文書店，頁十。
85 《清史列傳》，頁五五三〇。

王念孫，字懷祖，高郵州人。……八歲，讀十三經畢，旁涉史鑑。……手編《詩三百篇》、《九經》、《楚辭》之韻，分古音為二十一部。於支、脂、之三部之分，段玉裁《六書音均表》亦見及此；其分至、祭、盍、緝為四部，則段書所未及也。念孫以段書先出，遂輟作。又以邵晉涵先為《爾雅正義》，乃撰《廣雅疏證》，日三字為程，閱十年而書成，凡三十二卷。……引之因推廣庭訓，成《經義述聞》十五卷。（頁一三二一一—一三二一二）

森按：此傳頗有誤者。一、傳云「八歲讀十三經畢」，然據王引之〈石臞府君行狀〉言：「八歲而能屬文，學為制義，操觚即作全篇。十歲而十三經誦畢；旁涉史鑑，流觀往事，感慨激昂。」[86]《清史列傳》卷六十八本傳作「念孫八歲能屬文；十歲讀十三經畢，旁涉史鑑，有神童之目。」[87]二者皆作「十歲」，史臣隨意省改其文，致失其實。

二、王念孫古韻原分二十一部；道光元年，王氏與江有誥往復辨論，後從江氏之說，依孔廣森《詩聲類》分析東、冬為二，[88]王氏〈與丁大令若士書〉云：

弟向所酌定古韻凡二十二部，說與大著略同。惟質、術分為二部，且質部有去聲

86 王引之〈石臞府君行狀〉，《高郵王氏六葉傳狀碑誌集》，羅振玉輯《高郵王氏遺書》本，卷四，頁二。

87 《清史列傳》，頁五五三四。

88 詳拙作〈阮元刊刻《古韻廿一部》相關故實辨正——兼論《經義述聞》作者疑案〉，二〇〇五年，《中央研究院歷史語言研究所集刊》七十六本第三分，頁四二七—四六六。

而無平上聲；緝、盍二部則並無去聲；又〈周頌〉中無韻之處，不敢強為之韻，此其與大著不同者。[89]

丁履恆答書亦言：「尊恉分二十二部，祭月別出，發耑先生，幸得承教。其于鄙見十九部中，復出至質一部，緝、盍二部，履恆尚心知其是，顧尚未重加蒐討，未敢強為苟同。」[90] 此王氏後來改分廿二部之確證也。

王念孫古韻原分二十一部，纂有《韻譜》之屬若干種，其中《毛詩群經楚辭古韻譜》，羅振玉已載入《高郵王氏遺書》；另《周秦諸子韻譜》等六種，稿本現藏北京大學圖書館。道光元年，王氏重定古韻為二十二部，更以垂暮之年，偏枯之身，鉤稽群籍，別纂《毛詩群經楚辭合韻譜》等九種，稿本亦藏北京大學圖書館。[91] 阮元〈王石臞先生墓誌銘〉，乃謂王氏韻學之書，「因段書先出，遂輟作」，[92] 其說非是，史傳沿其誤耳。

三、王氏《廣雅疏證》經始於乾隆五十三年八月，成於嘉慶元年，全書歷時七、

89 劉盼遂輯《王石臞文集補編》，《段王學五種》本，頁十六。

90 羅振玉輯《昭代經師手簡》初編，頁二十三。

91 說詳陸宗達〈王石臞先生《韻譜》、《合韻譜》遺稿跋〉、〈王石臞先生《韻譜》、《合韻譜》遺稿後記〉兩文，收於《陸宗達語言學論文集》。（一九九六年，北京師範大學出版社，頁一—十；頁十一—四十四）

92 阮元《揅經室續二集》，卷二下，頁四。

八載。[93]《疏證》依今本《廣雅》分十卷，每卷各分上下，共二十卷。此傳言《廣雅疏證》「凡三十二卷」，誤也。

四、王氏《經義述聞》前後凡三刻，初刻本刊於嘉慶二年，不分卷，亦無頁碼，蓋隨就所得增刻補入。二刻本嘉慶二十二年刊於江西南昌，為書十五卷，視初刻本增多二百餘條。三刻本道光七年冬刻於京師，道光十年告成，凡三十二卷，即今通行之本。此傳言《述聞》十五卷，《清史列傳》同，[94]豈繆氏竟未見《述聞》三刻三十二卷本歟？

十三、江德量傳

德量，字量殊，江都人。……乾隆四十四年一甲進士，授翰林院編修，改江西道御史。……著有《古泉志》三十卷。五十八年卒，年四十二。（頁一三二一六）

森按：《漢學師承記》卷七德量本傳云：「己亥舉人，庚子汪如洋榜第二人及第。」[95]則

93 拙作〈阮元刊刻《古韻廿一部》相關故實辨正——兼論《經義述聞》作者疑案〉，注一〇八有考，茲不具論。劉盼遂《高郵王氏父子年譜》謂經始於乾隆五十二年八月，六十年成書（《段王學五種》本，頁十四—十六），誤。

94 《清史列傳》，頁五五三五。

95 江藩《國朝漢學師承記》，頁一一二。

江氏乾隆四十四年舉人，翌年一甲二名進士及第。法式善《清秘述聞》卷七乾隆四十五年庚子恩科會試條：「狀元汪如洋，字潤民，浙江秀水人。榜眼江德量，字成嘉，江南儀徵人。探花程昌期，字階平，江南歙縣人。」[96]《清朝進士題名錄》同。[97]此傳作「乾隆四十四年一甲進士」，非是；《清史列傳》卷六十八誤同。[98]

十四、戚學標傳

戚學標，字鶴泉，太平人。幼從天台齊召南遊，稱高第。……乾隆四十五年成進士，官河南涉縣知縣。……精考證，著《漢學諧聲》二十三卷、〈總論〉一卷。……又有《毛詩證讀》若干卷，《諧聲辨定陰陽譜》四卷，《四書偶談》四卷，《內外篇》二卷。（頁一三二一九—一三二二〇）

森按：此傳可商者數事。一、《台州府志》卷一〇五〈儒林傳〉，據姜文衡撰〈傳〉，載戚氏乾隆四十六年進士；[99]此傳作四十五年庚子恩科，二說不同。檢《清朝進士題名

96 法式善《清秘述聞》，頁二五九。
97 江慶柏編《清朝進士題名錄》，二〇〇七年，北京：中華書局，頁六二〇。
98 《清史列傳》，頁五五三九。
99 喻長霖等纂《台州府志》，民國二十五年排印本，卷一〇五，頁八。

錄》，戚學標乃四十六年辛丑科進士，名列三甲七十九名。[100] 此作四十五年者，誤也；《清史列傳》卷六十八誤同。[101]

二、姜文衡撰〈傳〉云：「學標幼有異稟，讀書目數行下。年十七，為諸生。既冠，從齊召南於萬松書院，時內外生百餘人，推學標為高第弟子。」則戚學標從齊氏受學在既冠之後。《清史列傳》刪省其文作「幼有異稟；從天台齊召南遊」，此傳徑改其文作「幼從天台齊召南遊」，失其實矣。

三、戚氏《四書偶談》二卷，內外編各一卷。據〈自序〉云「分別其說之有醇有駁者為正續內外編」，[102] 則其書以純駁分內外，非更有《內外篇》之書也。《偶談》有嘉慶六年涉縣署刊本，蓋戚氏官河南涉縣令時所刻。晚年復著《續談》四卷，內外編各二卷，嘉慶二十四年四明青照樓刊本；其後復有內外編補各一卷，《續修四庫全書》有影印本。此傳著錄作「《偶談》四卷、《內外篇》二卷」，蓋失細核。又《毛詩證讀》五卷，有涉縣署刊本；《清史列傳》謂「《毛詩證讀》不分卷」，[103] 非是。

100 江慶柏編《清朝進士題名錄》，頁六三三。
101 《清史列傳》，頁五五四五。按閔爾昌《碑傳集補》卷三十九載繆荃孫撰〈戚學標傳〉（《清代傳記叢刊》本，頁十九—二十一），與《清史列傳》文字悉同，知此傳出自繆氏手筆。繆〈傳〉亦言「乾隆四十五年成進士」，則此誤由繆氏肇之。
102 戚學標《四書偶談》，《續修四庫全書》本，卷首，頁二。
103 《清史列傳》，頁五五四六。

十五、江有誥傳

江有誥，字晉三，歙縣人。通音韻之學，得顧炎武、江永兩家書，嗜之忘寢食，謂江書能補顧所未及，而分部仍多罅漏，乃析江氏十三部為二十一，與戴震、孔廣森多暗合。書成，寄示段玉裁，玉裁深重之。（頁一三三二〇）

森按：此傳敘江有誥古韻分部事，未盡得實。《詩經韻讀》卷首載嘉慶壬申（十七年）三月江氏〈寄段茂堂先生書〉，云：「去之祭泰夬廢，入之月曷末鎋薛，《表》中并入脂部（按指段氏《六書音均表》）。有誥考此九韻古人每獨用，不與脂通，……則此九韻當別為一部無疑也。……當以緝合為一部，盍葉以下為一部。……如此增立三部，合先生之所分，共二十部。有誥據此，撰為《詩經韻讀》、《群經韻讀》、《楚辭韻讀》、《先秦韻讀》、《古韻譜》等書。」[104] 知江氏古韻原分二十部。江氏自言：「拙著既成後，始得見曲阜孔氏《詩聲類》，因依孔氏畫分東、冬為二，得廿一部。」[105] 則此傳謂江有誥分二十一部，與孔廣森暗合者，誤也。復據《經韵樓集》卷六〈答江晉三論韻〉，段氏極稱孔廣森分東、冬為二部之精：「核之《三百篇》、群經、《楚辭》、《太玄》無不合。以東類配侯類，以冬類配尤類，如此而後侯、尤平入各分二部者，合此而完密無間。此孔氏卓

104 江有誥〈寄段茂堂先生書〉，《詩經韻讀》（收於《江氏音學十書》，《續修四庫全書》本），卷首，頁二—三。
105 江有誥《江氏音學十書・凡例》。

識勝於前四人（森按：指顧炎武、江永、戴震、段玉裁）處。……僕書久欲改正而未暇；足下未能見及此，宜及今從其說補正之。」[106] 則江有誥改分東、冬為二部，實承段氏之教。段玉裁撰〈江氏音學序〉，曾述江有誥所分二十一部，「其入聲十，宵、尤之分，尤、侯之分，藥、鐸之分，真、文、元三者之分，支、脂、之平入之分，侵、談之分，皆述顧氏、江氏及余說也。其脂部去入出祭泰夬廢月曷末鎋薛別為一部，其獨見與戴氏適合者也；屋、沃之分，其獨見與孔氏適合者也。東、冬之分，則又近日見孔氏說而有取焉者也。」[107] 段氏分析江有誥古韻分部原委，語極詳悉。此傳述江氏分部所本，僅言顧炎武、江永兩家，不及段氏《六書音均表》，疏矣。

十六、王聘珍傳

王聘珍，字貞吾，南城人。自幼以力學聞，乾隆五十四年，學使翁方綱拔貢成均。為謝啟昆、阮元參訂古籍。……治經確守後鄭之學，著《大戴禮記解詁》十三卷、〈目錄〉一卷。……他著《經義考補》、《九經學》。（頁一三二二七—一三二二八）

106 段玉裁《經韻樓集》，《續修四庫全書》本，卷六，頁二十六。
107 同上注，卷六，頁十四。

森按：王聘珍，一字實齋。翁方綱與謝啟昆佚札，有云：「南城門人王實齋在此相助，校出《經義考補正》諸條，已〔成〕一十二卷，今以印樣奉寄。」[108]此傳所言《經義考補》，即翁方綱《經義考補正》也。據翁方綱〈丁小疋傳〉云：「乾隆戊戌、己亥數年間，無日不相過從，共几展卷，審正罅漏，如對古人。嘗相約補正秀水朱氏《經義考》序尾年月。……予時在四庫館，日鈔數條，歸以語君；君亦博采見聞，以相證合。」[109]又《經義考補正・序》云：「丙申（乾隆四十一年）春，與丁小疋晨夕過從，相質諸經說。見所校竹垞先生《經義考》積數十條，因錄存於篋。後十二年秋，在南昌使院重校是書，欲彙成一帙而未暇也。又後三年，方綱按試曹沂諸郡，門人王實齋來相助，重加校勘，因錄所補正凡一千八十八條，為一十二卷。」[110]據此二文，知《經義考補正》一書，丁杰實首發之；其後，翁、丁二人相約共成此書，各有補益。乾隆末，王聘珍入翁方綱山東學政幕，佐之校勘，其書乃寫定，翁〈序〉述其始末甚詳。此傳乃以《補正》為王聘珍一家之書，誤矣。錢泰吉《曝書雜記》卷一「翁氏《經義考補正》」條云：「乾

---

108 翁氏與謝君書，見沈津所輯《翁方綱題跋手札集錄》，二〇〇二年，桂林：廣西師範大學出版社，頁四八三。沈書但題〈致友人書〉，今據信內相與討論《西魏書》撰序事，知受信人當為謝啟昆。此信撰於乾隆五十七年，拙文〈《翁方綱年譜》補正〉有考（二〇〇四年，中央研究院文哲所《中國文哲研究集刊》第二十五期，頁二八七—三四八）。

109 翁方綱《復初齋文集》，《續修四庫全書》本，卷十三，頁四—五。

110 翁方綱《經義考補正》，一九九七年，北京出版社《四庫未收書輯刊》影印乾隆間刻本，卷首，頁三；又翁氏《復初齋文集》，卷一，頁十一。

隆五十七年，（翁氏）為山東學使時，與歸安丁杰小疋、南城王聘珍實齋共成之。」[111]此以丁杰、王聘珍二人同時共事，其說尤非。[112]復據翁方綱〈翰林院侍讀學士抱經先生盧公墓志銘〉，云：「秀水朱氏《經義考》，公所補正，手書草稿以寄方綱，出於方綱所補正千餘條之外者，此尚皆未刊行者也。」[113]則盧文弨續有補正，惜其稿翁氏未及付刻，今亡佚莫睹矣。

又按：王氏《九經學》，今僅存《周禮學》二卷、《儀禮學》一卷，有《清經解續編》本。[114]

十七、馬瑞辰傳

瑞辰，字元伯。嘉慶十五年進士，選翰林院庶吉士。散館，改工部營繕司主事。……歷主江西白鹿洞、山東嶧山、安徽廬陽書院講席。髮逆陷桐城，眾驚

111 錢泰吉《曝書雜記》，《續修四庫全書》本，卷一，頁十三。

112 尚小明《清代士人游幕表》，列乾隆五十七年丁杰入翁方綱山東學政幕（二〇〇五年，北京：中華書局，頁一一四），即沿錢氏之誤也。實則乾隆五十七年丁杰在南昌，主白鷺洲書院講席，詳拙作〈丁杰行實輯考〉（上海社會科學院《傳統中國研究集刊》第六輯，二〇〇九年，上海人民出版社，頁二七四—三〇七）。

113 翁方綱《復初齋文集》，卷十四，頁二。

114 二書收於王先謙編《清經解續編》，光緒十四年，南菁書院刊本，卷五三六—五三八。

走，賊脅之降，瑞辰大言曰：「吾前翰林院庶吉士、工部都水司員外郎馬瑞辰也！吾命二子團練鄉兵，今仲子死，少子從軍，吾豈降賊者耶？」賊執其髮，爇其背而擁之行。行數里，罵愈厲，遂死，年七十九。（頁一三二四〇—一三二四一）

森按：馬瑞辰登第之年，此傳作嘉慶十五年，《清史列傳》卷六十九本傳云「嘉慶十年進士」，[115]《清儒學案》卷一一一則言「嘉慶癸亥（八年）進士」，[116]三說不同。檢《清朝進士題名錄》，馬瑞辰嘉慶十年乙丑科二甲十八名進士，[117]馬其昶〈贈道銜原任工部員外郎馬公墓表〉亦言：「乙丑，公成進士」，[118]二者正合，則《清史列傳》所記為是也。《清史稿》此傳文字即刪彼傳而成，不知繆氏何以誤之？

馬瑞辰生卒年壽，諸說參差。此傳未記其遇害之年，據《清史列傳》本傳云：「咸豐三年冬，髮逆陷桐城。……賊爇其背而擁之行，行數里，罵愈厲，遂死，年七十九。」方宗誠撰〈記馬元伯先生死事〉一文，敘其遇害始末甚詳，[119]蓋史傳所本。今考其卒

115 《清史列傳》，頁五五八二。
116 徐世昌纂《清儒學案》，民國二十七年，天津徐氏刊本，卷一一一，頁十二。
117 江慶柏編《清朝進士題名錄》，頁七一五。
118 馬其昶《抱潤軒文集》，《續修四庫全書》本，卷六，頁二。
119 方宗誠〈記馬元伯先生死事〉，見繆荃孫纂《續碑傳集》，卷七十三，頁十九—二十。

在咸豐三年（一八五三）十月，[120]以史傳卒年七十九逆推之，則生於乾隆四十年（一七七五），此一說也。姜亮夫《歷代人物年里碑傳綜表》則作乾隆四十七年（一七八二）生，咸豐三年卒，年七十二；[121]今人治清代《詩經》學者多從此說，二也。馬其昶撰元伯〈墓表〉，不記生卒年，但云「春秋七十有七」，[122]以咸豐三年卒逆推之，則生於乾隆四十二年（一七七七），此又一說也。因馬瑞辰並無詩文集行世，三者孰為是非，迄無定說。檢陳喬樅《三家詩遺說考》卷首，有馬瑞辰與陳君書三通，第二書云：

弟前為庶常時，曾主講鹿洞兩次，徧遊廬山，五老七賢皆為舊識。今年七十有五，家居已逾十稔，久不作浪漫之遊。[123]

此信明記「咸豐元年九月十九日」撰，時年七十五，則生於乾隆四十二年，此出乎馬氏自言者，元伯生年當以此為定。日本東洋文庫藏馬其昶《桐城扶風馬氏族譜》，譜載馬瑞辰「乾隆丁酉四十二年六月初六日生」，卒於咸豐三年十月廿二日，年七十七。[124]史

---

120 《清史稿》卷二十〈文宗本紀〉載咸豐三年冬十月「癸巳，賊陷桐城」（一九七七年，北京：中華書局點校本，頁七二七）；方宗誠〈記〉言：「咸豐三年冬，余避亂柏堂，有趙君者過余。問所自來，則陷賊中甫得脫，告余曰：子知馬元伯水部之所以死乎」云云，二者正合，則馬瑞辰死於咸豐三年十月。

121 姜亮夫《歷代人物年里碑傳綜表》，頁六六五。

122 馬其昶《抱潤軒文集》，卷六，頁三。

123 陳喬樅《三家詩遺說考》，道光末《小嫏嬛館叢書》本，卷一〈書〉，頁二。

124 馬其昶《桐城扶風馬氏族譜》，民國十八年，桐城扶風馬氏家印本，卷三，頁四十二。

傳作卒年七十九者，誤也；《清儒學案》誤同。

十八、郝懿行傳

郝懿行，字恂九，棲霞人。嘉慶四年進士。……道光三年卒，年六十九。……懿行之於《爾雅》，用力最久，稿凡數易，垂歿而後成。於古訓同異，名物疑似，必詳加辨論，疏通證明，故所造較晉涵為深。高郵王念孫為之點閱，寄徵阮元刊行。（頁一三二四五）

森按：此傳可商者二事。一、郝氏卒年，據胡培翬〈郝蘭皋先生墓表〉云「道光乙酉卒於官」，[125]則卒於道光五年。許維遹〈郝蘭皋夫婦年譜〉道光五年條引《曬書堂支譜》，載郝氏「二月初六日卯刻卒於京邸」，[126]距丁丑（乾隆二十二年）七月初六日午刻生，[127]享年六十九。此傳作「道光三年卒」，誤也；《清史列傳》卷六十九誤同。[128]

二、史傳謂郝氏《爾雅義疏》所造較邵晉涵《正義》為深，此說尚非公論。梁啟

125 胡培翬《研六室文鈔》，《續修四庫全書》本，卷十，頁二十。
126 許維遹〈郝蘭皋夫婦年譜〉，民國二十四年，《清華學報》十卷第一期，頁二一六。
127 同上注，頁一八六。
128 《清史列傳》，頁五五七二。

超先生嘗論：「郝氏《義疏》成於道光乙酉，後邵書且四十年。近人多謂郝優於邵；然郝自述所以異於邵者不過兩點，一則『於字借、聲轉處詞繁不殺』，二則『釋草木蟲魚異舊說者，皆由目驗』。……因前人成書增益補苴較為精密，此中才以下盡人而可能。郝氏於義例絕無新發明，其內容亦襲邵氏之舊者十六七，實不應別撰一書。《義疏》之作，剿說掠美，百辭莫辯。」[129] 按郝氏頗以音聲之學自詡，胡培翬為撰〈墓表〉，曾引郝氏之說曰：

先生嘗曰：「《爾雅》邵氏《正義》蒐輯較廣，然聲音訓詁之原尚多壅閡，故鮮發明。今余作《義疏》，於字借、聲轉處，詞繁不殺，殆欲明其所以然。」[130]

郝氏蓋欲學步王念孫「就古音以求古義，引申觸類」之方，以推求詞源語義孳乳之原。無如渠於音學所涉未深，蕭璋撰〈王石臞刪定《爾雅義疏》聲韻謬誤述補〉一文，分韻部之誤、聲紐之誤、妄評經籍舊音三端，詳論郝《疏》言音聲假借之失：「郝氏既不明古韻分部、聲紐清濁，五音大界時為淆混；而於六朝隋唐之音，亦屬懵懵。」[131] 孫

129 梁啟超《中國近三百年學術史》，二〇〇三年，北京：東方出版社，頁二一八。
130 胡培翬《研六室文鈔》，卷十，頁十九。
131 蕭璋〈王石臞刪定《爾雅義疏》聲韻謬誤述補〉，民國三十七年，《浙江學報》二卷第一期，頁十七—四十六。其文收入蕭氏《文字訓詁論集》，一九九四年，北京：語文出版社。

玄常〈王念孫《爾雅郝注刊誤》札記〉一文，亦頗論郝氏聲韻之疏。[132]郝氏卒後，阮元擬刻其書收入《清經解》，請王念孫審閱，王氏為刪正百十餘事，羅福頤輯為《爾雅郝注刊誤》一卷，[133]可覆按也。〈釋草〉「蘥，雀麥」條，郝《疏》駁議邵氏《正義》，[134]然王念孫《刊誤》則辨郝說之非，且云：「是書用邵說者十之五六，皆不載其名。而駁邵說者獨載其名，殆於不可，況所駁又不確乎！」[135]此通人之說也，邵、郝二家高下，得此一言，可為定論矣。

十九、呂飛鵬傳

呂飛鵬，字雲里，旌德人。從寧國淩廷堪治禮，廷堪器之，以為能傳其學。……成《周禮補注》六卷。……又著《周禮古今文義證》六卷。……道光二十九年卒，年七十三。（頁一三二五二）

132 孫玄常〈王念孫《爾雅郝注刊誤》札記〉，收於吳文祺主編《語言文字研究專輯》下冊，一九八六年，上海古籍出版社，頁三七一—三八二。

133 王念孫《爾雅郝注刊誤》，收於羅氏《殷禮在斯堂叢書》，民國十七年，東方學會排印本。按郝氏之書為疏，非注，羅氏題名未審。

134 郝懿行《爾雅義疏》，同治四—五年，郝氏家刻本，卷下之一，頁十一。

135 王念孫《爾雅郝注刊誤》，頁二十。

森按：此傳載呂氏卒年有誤。據梅曾亮〈贈翰林院編修呂府君墓誌銘〉云：「道光二十三年（一八四三）十二月二十六日，旌德贈君呂雲里先生卒於京師。」又言：卒既逾月，將歸葬，其子賢基持狀來請銘云云，[136]則梅〈誌〉所云道光二十三年歲杪卒者，乃本其家傳狀。梅〈誌〉言「君卒時年七十三」，則生於乾隆三十六年（一七七一），呂飛鵬生卒年當以此為正。《清史列傳》卷六十九不誤。[137]

二十、李超孫傳

超孫，字引樹。嘉慶六年舉人，官會稽縣教諭。剖析經義，尤深於《詩》。……因取詩人之氏族名字，博考經史、諸子及近儒所著述，並列國之世次，洎其人之行事，搜羅薈集為《詩氏族考》六卷。（頁一三二六一）

森按：此傳謂李超孫嘉慶六年舉人，《清史列傳》卷六十九本傳亦言「嘉慶六年恩科舉人」。[138]然據其弟李富孫所纂《梅里志》卷九本傳云：「乾隆乙卯舉人。任會稽教諭，

136 閔爾昌纂《碑傳集補》，卷四十，頁十二。
137 《清史列傳》，頁五五六七。
138 同上注，頁五五九六。

在學數年，訓誘後進，多所成就。」[139]光緒《嘉興府志》卷五十本傳亦言「乾隆乙卯舉於鄉」，[140]則李超孫乃乾隆六十年乙卯舉人。李富孫《校經叟自訂年譜》嘉慶元年條載：「伯兄（超孫）公車北行，應禮部試」云云，[141]蓋乾隆六十年中式舉人，明年赴京會試也。此傳作「嘉慶六年舉人」，誤也；《清儒學案》卷一四四云「乾隆戊午（三年）舉人」，[142]尤誤。

二一、胡秉虔傳

胡秉虔，字伯敬，績溪人。嘉慶四年進士，官刑部主事，改甘肅靈臺縣知縣；升丹噶爾同知，卒於官。……著《古韻論》三卷，……《說文管見》三卷。……他著有《周易、尚書、論語・小識》各八卷，《卦本圖考》一卷、《尚書序錄》一卷、《漢西京博士考》二卷、《甘州明季成仁錄》四卷、《河州景忠錄》三卷。（頁一三二六三—一三二六四）

139 楊謙纂，李富孫補輯，余楙續補《梅里志》，《續修四庫全書》本，卷九，頁十七。
140 許瑤光修，吳仰賢等纂，《嘉興府志》，光緒五年刊本，卷五十，頁七十二。
141 李富孫《校經叟自訂年譜》，道光二十四年刊本，頁七。
142 徐世昌纂《清儒學案》，卷一四四，頁十五。

森按：此傳文字悉本《清史列傳》，惟《周易》等三經《小識》，《清史列傳》作「他著有《周易小識》八卷、《尚書小識》六卷、《論語小識》八卷」。[143] 胡培翬〈從叔父同知公遺書記〉、[144] 趙之謙《漢學師承續記》胡氏本傳俱作《尚書小識》六卷，[145]《清史稿》獨作八卷者，史臣欲省其文而罔顧其實也。據胡培翬〈遺書記〉，秉虔尚有《毛詩序錄》四卷，此傳闕載，《清史列傳》同。

胡秉虔生卒年，《清史稿》、《清史列傳》並闕。《清儒學案》卷九十三云：「歷官甘肅丹噶爾同知，道光丙戌（六年）卒於任所。」[146] 其說非是，此緣胡培翬〈遺書記〉而誤也。〈記〉云：

甲申（道光四年）自甘入覲，以所著《甘州明季成仁錄》屬培翬校梓。臨行，送至寓店，論學達曙。每云：「公事旁午，不得致力」；及任丹噶爾，寄書培翬曰：「此間事簡，可以畢吾著述矣。」乃未及三年，遽卒於任。[147]

143 《清史列傳》，頁五六〇三。
144 胡培翬《研六室文鈔》，卷八，頁六。
145 趙之謙《漢學師承續記》，其書未刊，殘稿藏中國國家圖書館，漆永祥曾將其稿錄出，刊於《中國典籍與文化論叢》第七輯，二〇〇二年，北京大學出版社；〈胡秉虔傳〉見頁三六四—三六七。
146 徐世昌纂《清儒學案》，卷九十三，頁十五。
147 胡培翬《研六室文鈔》，卷八，頁六。

此《學案》所本。惟檢《丹噶爾廳志》卷一〈政績錄〉「丹噶爾廳撫邊同知」條，首云：「胡秉虔，新設同知，於道光九年七月二十一日到任，係安徽徽州府績溪縣進士，卒於官。」[148]則秉虔道光九年秋方就任，據胡培翬「未及三年」卒任之語推之，蓋卒於道光十二年春、夏間；《丹噶爾廳志》載胡秉虔繼任者：「圖勒炳阿，於道光十二年六月二十四日到任」，可為旁證。按趙之謙《漢學師承續記》本傳云：

會歲丙戌（道光六年），逆回張格爾滋事新疆，朝廷命將出師，征車四出。承平日久，驟用兵，兵所過輒不便民。總督鄂山公檄君司支應，且告曰：「東路非君往，必僨事。」君星夜馳赴涇州。……由是平涼、金城、安定悉按行之，數百里賴以無事，鄂山公以為能。事平，旨以同知直隸州陞用，署肅州直隸州。……己丑（九年），補調丹噶爾同知。……官丹噶爾三年，竟病卒，未竟其業。[149]

據此，則胡氏道光六年曾支軍，事平後，陞直隸州同知，先署肅州，道光九年始調補丹噶爾同知，未三年卒於官，則秉虔卒於道光十二年審矣。

二二、薛傳均傳

148 張庭武修，楊景昇纂《丹噶爾廳志》，一九九〇年，蘭州古籍書店《中國西北文獻叢書》本，卷一，頁二十五。

149 趙之謙《漢學師承續記》，《中國典籍與文化論叢》第七輯，頁三六五。

薛傳均，字子韻，甘泉人。……就福建學政陳用光聘，用光見所著書，恨相見晚。旋以疾卒於汀州試院，年四十一。……成《說文答問疏證》六卷；又以《文選》中多古字，條舉件繫，疏通證明，為《文選古字通》十二卷。（頁一三二六五—一三二六六）

森按：此傳謂薛君卒年四十一，蓋本包世臣〈清故文學薛君之碑〉。[150] 然劉文淇〈文學薛君墓志銘〉則言：陳用光「按臨汀州，君猝感熱疾，卒于試院，實道光九年（一八二九）八月二十日也，得年四十有二。」[151] 與包世臣說異。據劉文淇〈墓志〉云：「予與君同居郡城，又以嘉慶丁卯（十二年）同補博士弟子；同肄業梅花書院，師事歙洪桐生先生，相善也。……相約購書，積三載，各得書五、七千卷，有無相假閱、是非相質難者且十年。」薛君《文選古字通》，草創未卒業，文淇復與劉寶楠、包慎言二君為纂輯繕副，以付其家。凡此，具見二人交誼之密，其記薛君年歲，當較包氏為可據。丁晏〈薛子韻傳〉亦言「卒年僅四十有二」，[152] 則生於乾隆五十三年（一七八八）。《清史列傳》卷六十九誤同。[153]

150 包世臣《藝舟雙楫》，卷十一，頁二十四。
151 繆荃孫纂《續碑傳集》，卷七十二，頁八；又見劉文淇《青溪舊屋文集》，《續修四庫全書》本，卷十，頁二。
152 丁晏《頤志齋文鈔》，《續修四庫全書》本，頁三十。
153 《清史列傳》，頁五六一四。

一二三、劉逢祿傳

劉逢祿，字申受，武進人。……道光三年，通政司參議盧浙請以尚書湯斌從祀文廟，議者以斌康熙中在上書房獲譴、乾隆中嘗奉駁難之。逢祿攬筆書曰：「后夔典樂，猶有朱、均；呂望陳書，難匡管、蔡。」尚書汪廷珍善而用之，遂奉俞旨。四年，補儀制司主事。……又博徵諸史刑、禮之不中者，為《儀禮決獄》四卷。……別有《緯略》二卷、《春秋賞罰格》一卷。……道光九年卒，年五十有六。弟子潘準、莊繽樹、趙振祈皆從學《公羊》及《禮》有名。（頁一三二六六—一三二六八）

森按：此傳有數誤。一、傳載劉氏年壽，未確。李兆洛〈禮部劉君傳〉云：「道光九年（一八二九）八月十六日，劉君申受卒於京師，春秋五十有六。訃至，哭之慟。」[154]此史傳所本，則劉氏生乾隆三十九年（一七七四）。然劉逢祿之子承寬所撰〈行述〉，明言：「府君生于乾隆四十一年（一七七六）六月十二日戌時，卒于道光九年八月十六日未時，享年五十有四。」[155]劉氏生卒年歲當以此為定。

二、〈行述〉云：「道光四年，補儀制司主事。」其下又載：「道光四年，河南學臣

154 繆荃孫纂《續碑傳集》，卷七十二，頁九—十。

155 劉逢祿《劉禮部集》，卷十一，頁十。

請以湯文正公斌從祀聖廟。議者以湯公康熙中在上書房獲譴、乾隆間曾經奉駁難之。府君執筆曰『后夔典樂』云云。」[156]然則劉逢祿參議湯斌從祀事，乃道光四年渠任職禮部儀制司以後之事，此傳繫於道光三年，誤也。

三、此傳載劉氏著《儀禮決獄》四卷，當作「禮議決獄」；又《緯略》二卷，〈行述〉作一卷；《春秋賞罰格》一卷，〈行述〉作二卷。[157]劉氏弟子莊繽樹、趙振祈，〈行述〉「樹」字作「澍」，「祈」字作「祚」，[158]當據改。

二四、宋翔鳳傳

宋翔鳳，字于庭，長洲人。嘉慶五年舉人，官湖南新寧縣知縣。……著《論語說義》十卷。……《卦氣解》一卷、《尚書說》一卷。……咸豐九年，重賦鹿鳴；踰年卒，年八十二。（頁一三二六八）

森按：此傳可商者二事。一、傳謂宋氏咸豐十年（一八六〇）卒，年八十二，則生於乾隆四十四年（一七七九）。今考宋翔鳳《洞簫樓詩紀》卷十三〈哭外兄劉申受禮部逢祿二

156 同上注，頁二—五。
157 同上注，頁五。
158 同上注，頁八。

首〉，其二云：「久甘巖谷任蘊藏，每聽容臺議禮詳。一歲長余同寂寞，千秋待子忽淪亡。」[159]知宋翔鳳小劉逢祿一歲。據劉承寬所撰〈先府君行述〉，劉逢祿「生于乾隆四十一年六月十二日」，[160]則宋翔鳳四十二年生，下距咸豐十年卒，得年八十四。此傳作「卒年八十二」，誤也。陸心源《三續疑年錄》卷九、《清儒學案》卷七十五作「卒年八十五」，[161]支偉成《清代樸學大師列傳》卷七作「卒年八十七」，[162]並誤。

二、《卦氣解》一卷，雖刻入宋氏《浮谿精舍叢書》，然其書卷首固題「武進莊存與譔」，則非宋翔鳳之書也。又《尚書說》，當作《尚書略說》。宋氏撰著甚夥，其尤要者，另有《周易考異》二卷、《四書纂言》三十七卷、《論語發微》一卷及《樸學齋文錄》四卷等，此並闕載。

二五、林伯桐傳

林伯桐，字桐君，番禺人。嘉慶六年舉人。生平好為考據之學，宗主漢儒，而

159 宋翔鳳《洞簫樓詩紀》，《浮谿精舍叢書》本，卷十三，頁八。

160 劉承寬〈先府君行述〉，劉逢祿《劉禮部集》，卷十一末附載。

161 陸心源《三續疑年錄》，《續修四庫全書》本，卷九，頁二十一；徐世昌纂《清儒學案》，卷七十五，頁二十八。

162 支偉成《清代樸學大師列傳》，一九九八年，長沙：嶽麓書社，頁一三四。

踐履則服膺朱子，無門戶之見。事親孝，道光六年，試禮部歸，父已卒，悲慟不欲生。……自是不復公車，一意奉母。……二十四年，以選授德慶州學正，閱三年卒於官，年七十。（頁一三二八一）

森按：林伯桐，一字月亭。此傳文字與繆荃孫撰〈傳〉同，[163]則此傳原出繆氏手筆甚明。今考傳中所敘月亭行實，其可商者二事。一、依史傳，林柏桐道光二十七年（一八四七）卒，年七十，則生於乾隆四十三年（一七七八）。《清史列傳》卷六十九、姜亮夫《歷代人物年里碑傳綜表》同。[164]然據林伯桐《修本堂叢書》卷首載廣東巡撫裕寬〈德慶州學正林月亭先生鄉賢錄〉，云：「學正於道光二十四年身故，計至光緒九年，已在三十年之後」，因題奏崇祀鄉賢。[165]又，〈林月亭事實冊〉云：

嘉慶辛酉（六年）科本省鄉試，中式第四十四名舉人。會試未第，揀選知縣。道光己丑（九年），在部呈改教職。甲辰（道光二十四年），選授肇慶府德慶州學正。三月抵任，是年十二月朔卒於任，年七十。[166]

163 繆荃孫撰〈林伯桐傳〉，見閔爾昌《碑傳集補》，卷四十一，頁八—九。

164 《清史列傳》，頁五六三一；姜亮夫《歷代人物年里碑傳綜表》，頁六六〇。

165 裕寬〈德慶州學正林月亭先生鄉賢錄〉，載林伯桐《修本堂叢書》卷首，道光二十四年刊本，頁二。

166 〈林月亭事實冊〉，《修本堂叢書》，卷首，頁十五。

同治《番禺縣志》卷四十六本傳亦言：「甲辰謁選，授德慶州學正，之官數月卒，年七十。」[167]則林伯桐卒於道光二十四年甲辰冬，史傳云「閱三年卒於官」者，誤也。《清儒學案》卷一三二云：「道光二十四年，選授德慶州學正，履任三月，遽卒於官，年七十。」[168]據〈事實冊〉，當是履任九月卒官。

二、按〈事實冊〉云：「嘉慶丁丑（二十二年）會試在京，父沒於家，不及親視含斂，抱憾終身，悲慟幾不欲生。……自是一意奉母，不復計偕。」[169]史傳繫於道光六年，亦非。

二六、黃以周傳

以周，本名元同，後改今名，以元同為字。同治九年優貢，旋舉於鄉。大挑以教職用，補分水縣訓導。以學臣奏加中書銜，以教授升用，旋選處州府教授，而年已七十，遂不就。……所著《禮書通故》百卷，列五十目，古先王禮制備焉。……卒年七十有二。（頁一三二九七—一三二九八）

---

167 李福泰修，史澄等纂《番禺縣志》，同治十年刊本，卷四十六，頁三。
168 徐世昌纂《清儒學案》，卷一三二，頁一。
169 〈林月亭事實冊〉，《修本堂叢書》，卷首，頁十五。

森按：《續碑傳集》卷七十五載繆荃孫〈中書銜處州府學教授黃先生墓志銘〉，[170]此傳即刪省〈墓志〉之文而成，其出繆氏手筆無疑。據〈墓志〉云：「卒於光緒己亥（二十五年，一八九九）十月十七日，年七十有二」，則元同生於道光八年（一八二八）。〈墓志〉又言：「學政潘學士衍桐，又稱其研精殫思，物疏道親，保以教授陞用。旋選處州府教授，而年已七十，禮宜致仕，遂不就。」其選處州教授年七十，則為光緒二十三年（一八九七），其時浙江學政乃徐致祥；八月，徐樹銘繼任，九月，由陳學棻改任；[171]與〈墓志〉所言學政潘衍桐者不合，此當有誤。

檢《清代職官年表》，潘衍桐提督浙學在光緒十四年八月，十七年秋任滿，[172]其保薦黃以周升用教授當在此三年間。《清史列傳》卷六十九本傳云：

同治九年舉人。由大挑教職，歷署遂昌、海鹽、於潛訓導，補分水訓導。光緒十四年，以學政瞿鴻禨保薦，賜內閣中書銜。[173]十六年，復以學政潘衍桐保薦，奉

170 繆荃孫纂《續碑傳集》，卷七十五，頁二—四。
171 錢實甫編《清代職官年表》，一九八〇年，北京：中華書局，頁二七五四。
172 同上注，頁二七四八—二七五〇。
173 按繆氏〈墓志〉云：「辛卯，學政瞿學士鴻禨稱其素履誠樸，粹然儒者，保中書銜。」繫此事於光緒十七年。檢錢實甫《清代職官年表》，瞿鴻禨任浙江學政在十一年五月，十四年去職，由潘衍桐繼任；十七年潘氏任滿，由宗室溥良繼之。（頁二七四六—二七五〇）則繆氏作「辛卯」者，其誤顯然。

旨陞用教授，旋補處州府教授。二十五年卒，年七十二。[174]則元同選授處州府教授在光緒十六年（一八九〇），時年六十三。此傳言「年七十」者，誤也。

《清史列傳》本傳言：「江蘇學政黃體芳聘主南菁講舍，凡十五年。」[175]繆氏〈墓志〉云：「黃漱蘭（體芳）侍郎視學江蘇，建南菁講舍，延先生主講。」又言元同「光緒戊戌（二十四年，一八九八）去江陰，歸隱於仁和半山之下。」今檢《江陰續志》卷六載：「南菁書院，……光緒十年甲申，江蘇學政黃體芳捐廉議創是院，專課經學、古學，以補救時藝之偏。」[176]是南菁書院創立於光緒十年，學政黃體芳聘元同主講，迄二十四年辭歸，正合十五年之數。然則元同不就處州府教授者，其時渠主南菁書院講席有年，較處州地偏山遠之冷官為愈也。時繆荃孫與黃以周同主南菁講席，[177]紀年不應有誤，其言「年已七十，禮宜致仕，遂不就」者，蓋繆氏虛飾之詞耳。

174 《清史列傳》，頁五六六一——五六六二。
175 同上注，頁五六六三。
176 陳思等修，繆荃孫等纂《江陰縣續志》，民國九年刊本，卷六，頁二。
177 按光緒十五年冬，黃以周撰《南菁講舍文集·序》云：「同我主講者有繆太史小山，相約選刻文集。因香輯課作，簡其深訓詁、精考據、明義理之作，得若干篇。詩賦雜作，繆太史鑒定之。」（本書卷首，光緒十五至二十七年刊本）

二七、張文虎傳

文虎，字嘯山。諸生。……精天算，尤長校勘。同治五年，兩江書局開，文虎為校《史記》三注，成《札記》五卷，最稱精善。卒年七十有一。著有《舒藝室遺書》。（頁一三二九九）

森按：《續碑傳集》卷七十五載繆荃孫〈州判銜候選訓導張先生墓志銘〉，謂文虎「甲申（光緒十年，一八八四）長至，得類中疾，乙酉下月卒於復園，年七十有八」。[178]與此傳「卒年七十有一」者異。〈墓志〉與〈儒林傳〉同出繆氏之手，不知二者何以參差若此？檢閔萃祥《式古訓齋文集》卷下有〈州判銜候選訓導張先生行狀〉，言文虎「道光癸未（一八二三），年十六」，[179]又「乙未（一八三五），年二十八，始就婚于金山姚氏」，則生於嘉慶十三年（一八〇八）。〈行狀〉下文言：「甲申長至，疾火驟作，類中風，醫治少瘳。乙酉（一八八五）正月復作，卒于復園。」[180]與〈墓志〉年月合，則張氏得年當為七十八；史傳作「卒年七十一」者，誤也。

178 繆荃孫纂《續碑傳集》，卷七十五，頁一——二。此文「乙酉下月」，「下」字疑「正」字之譌。
179 閔萃祥《式古訓齋文集》，光緒三十四年刊本，卷下，頁十三。
180 同上注，卷下，頁十七。

二八、孫詒讓傳

孫詒讓，字仲容，瑞安人。……初讀《漢學師承記》及《皇清經解》，漸窺通儒治經史、小學家法。……先成《札迻》十二卷；又著《周禮正義》八十六卷。……光緒癸卯，以經濟特科徵，不應。宣統元年，禮制館徵，亦不就，未幾卒，年六十二。所著又有《墨子閒詁》十五卷，〈目錄〉、〈附錄〉二卷、〈後語〉二卷，精深閎博，一時推為絕詣。《古籀拾遺》三卷、《逸周書斠補》四卷、《九旗古義述》一卷。（頁一三三〇三）

森按：此傳可商者數事。一、據仲容哲嗣孫延釗所纂《孫徵君籀廎公年譜》，孫詒讓卒於光緒三十四年（一九〇八）五月廿二日，年六十一。[181] 史傳作宣統元年卒者，誤也。

二、據孫延釗《年譜》，禮部設禮學館，尚書溥良奏派孫詒讓為總纂，事在光緒三十三年，[182] 此傳以為宣統元年者，非是，其時孫氏卒已兩載矣。

三、孫氏撰著甚夥，其已刊行者，別有《尚書駢枝》、《大戴禮記斠補》三卷、《周

181 按孫延釗著有《孫遜學公年譜》十卷、《孫徵君籀廎公年譜》八卷，其書未刊。近年徐和雍、周立人二君整理合併為《孫衣言、孫詒讓父子年譜》一書（二〇〇三年，上海社會科學院出版社）。文中所引孫氏卒年，見該書頁三六二。

182 同上注，頁三四五。

禮政要》二卷、《契文舉例》二卷、《古籀餘論》二卷、《名原》二卷；又《溫州經籍志》三十二卷、〈外編〉二卷、〈辨誤〉一卷，及《籀廎述林》十卷。未刊者另有《六曆甄微》、《溫州古甓記》等。[183]

本文原載二〇一〇年北京大學《國學研究》第二十五卷

---

183 《六曆甄微》，見《孫衣言、孫詒讓父子年譜》光緒元年條，頁一二八；《溫州古甓記》，見光緒八年條，頁二〇一。

《清史列傳・儒林傳》考證

《清史列傳》八十卷，[1]不載編纂者之名，其書「雖出坊印，而實為館檔留遺」，[2]蓋由有清國史館後先纂定之《大臣列傳》、《儒學傳稿》、《滿漢名臣傳》等集錄而成。其中〈儒林傳〉分四卷，卷六十六〈儒林傳上一〉凡正傳三十九人，附傳八十六人；卷六十七〈儒林傳上二〉正傳四十八人，附傳六十七人，此二卷所收為理學或漢宋兼采諸儒。卷六十八〈儒林傳下一〉正傳六十一人，附傳九十二人；卷六十九〈儒林傳下二〉正傳五十八人，附傳七十三人，此二卷所收，自顧炎武以下，凡為考證之學者屬之。卷分上下，蓋存《宋史》分別〈道學〉、〈儒林〉之遺意也。

嘉慶十四年，陳壽祺任國史館總纂，纂〈儒林〉、〈文苑〉兩傳，翌年七月，丁憂去

---

1 《清史列傳》，民國十七年，上海：中華書局排印本；晚近復有王鍾翰點校本（一九八七年，北京：中華書局）。惟王氏於清學所涉未深，其衍訛失校、斷句舛誤者觸目皆是，即以〈儒林傳〉四卷而言，其違誤者不下數百處，疏陋甚矣。今姑以此本為據，以其書易得也，句讀則不依該書。

2 徐世昌纂《清儒學案》，民國二十七年，天津徐氏原刊本，卷首〈清儒學案凡例〉，頁一。

職。[3]時阮元任翰林院侍講，十月，「自願兼國史館總輯，輯〈儒林傳〉」。十七年秋，阮氏出任漕運總督，八月「二十日，將纂辦粗畢之〈儒林傳〉稿本交付國史館，其〈文苑傳〉創稿未就。」[4]是阮元去史職時，〈儒林傳〉已纂有成稿。復據阮氏〈擬儒林傳序〉言：「自順治至嘉慶之初，得百數十人。」[5]其稿書例，「凡各儒傳語，皆採之載籍，接續成文，雙注各句之下，以記來歷，不敢杜撰一字。且必其學行兼優，方登此傳，是以多所褒許，以見我朝文治之盛。至於著述醇疵互見者，亦直加貶辭。」[6]清國史館初修〈儒林傳〉，即以阮氏擬傳為底本，刪去數傳。其史館刪汰之稿，即非官書，阮元後將之輯為〈集傳錄存〉，收於《揅經室續集》卷二，[7]尚可藉而旁覘阮氏擬傳原貌也。阮元《擬儒林傳稿》後經史臣續纂，增修改訂，每傳進呈無訛後，始寫為定本。今本《清史列傳·儒林傳》四卷，殆即由歷任史臣纂定之稿集錄成之。

3 陳壽祺〈與方彥聞令君書〉云：「壽祺先於嘉慶十有四年充國史館總纂，專㓥〈儒林〉、〈文苑〉兩傳，尋以憂歸。明年宮保儀徵公適在京師，當事延之獨纂〈儒林傳〉。」（陳壽祺《左海文集》，《續修四庫全書》本，卷五，頁七十四）另據阮元《揅經室二集》卷五，阮氏為陳壽祺父鶴書撰〈墓誌〉，云：「嘉慶十五年七月干支卒，年六十五。」（《續修四庫全書》本，卷五，頁二十一—二十二）則陳壽祺任國史館總纂在嘉慶十四年，翌年七月丁父憂去職。

4 張鑑等纂《阮元年譜》，一九九五年，北京：中華書局黃愛平點校本，頁九十七，又頁一〇二。

5 阮元《揅經室一集》，《續修四庫全書》本，卷二，頁三。

6 阮元〈擬儒林傳稿凡例〉，《揅經室續集》，《續修四庫全書》本，卷二，頁四。

7 阮元《揅經室續集》，卷二，頁五—三十六。

民國三年，北洋政府設立清史館，纂修《清史》，以趙爾巽為館長，延遜清遺老深於學者，就國史館原纂之〈紀〉、〈志〉、〈表〉、〈傳〉稿，重加刪削改訂，歷時十四年，成《清史稿》一書。其書刊布後，一時物論頗議其失。其中〈儒林傳〉四卷為繆荃孫所纂，繆氏清末曾官國史館纂修、總纂；歸田後，歷主南菁、濼源、鍾山、龍城等書院。於金石、目錄之學，頗負時譽，而一代藝林掌故，尤洞悉原委。詎所傳〈儒林〉，則紕繆迭見，詳略失宜，因知良史之難覯，繆氏非其材也。

《清史列傳·儒林傳》為《清史稿·儒林傳》之所本，原稿雜出眾手，各傳精粗不一。今以兩書相校，繆氏於原傳之舛訛者，偶加刊改，然大多沿仍舊誤。抑繆氏於史館原纂稿刪削泰甚，所存僅十之三四，人物去取亦未盡當，故學者考論清代學術，仍多取資《清史列傳》儒林、文苑兩傳。曩讀是書，於其紀事、年月譌誤者，輒別紙記之，以備遺忘。今擇其稍可存者二十餘事，錄為此稿，以為讀史傳者參考之資焉。余別有〈《清史稿·儒林傳》舉正〉一文，[8] 凡其稿已辨正者，茲不復具。

8 陳鴻森〈《清史稿·儒林傳》舉正〉，二〇〇九年，北京大學《國學研究》第二十五卷，頁二二七—二五五。

目次

一、余蕭客傳

余蕭客，字仲林，江蘇長洲人。初撰《注雅別鈔》八卷，就正於〔惠〕棟，棟曰：「子書專攻陸佃、蔡卞、羅願。佃、卞乃安石新學，願非有宋大儒，不必辨，當務其大者。」蕭客矍然。自是偏覽四部書，撰《古經解鉤沈》三十卷。……晚歲失明，生徒求教，皆以口授。乾隆四十三年卒，年四十七。（頁五四六九）

森按：余蕭客生卒年舊有二說，吳修《續疑年錄》卷四載：「余古農蕭客，四十七歲，雍正十年壬子（一七三二）生，乾隆四十三年戊戌（一七七八）卒。」[9]與此傳同，此一說也。任兆麟〈余君蕭客墓誌銘〉則言：「君沒於乾隆四十二年（一七七七）某月日，年四十有九。」[10]依此推之，則生於雍正七年（一七二九），此別一說。余氏無詩文集行世，二者孰為是非，迄無定說。[11]今考江聲〈香聞續集敘〉云：

---

9 吳修《續疑年錄》，《續修四庫全書》本，卷四，頁十五。

10 任兆麟〈余君蕭客墓誌銘〉，收於錢儀吉《碑傳集》，《清代傳記叢刊》本，卷一三三，頁二十一。

11 江慶柏編《清代人物生卒年表》，以任兆麟〈墓誌銘〉及《清史列傳》兩說並存（二〇〇五年，北京：人民文學出版社，頁三三八）。江藩《國朝漢學師承記》卷二〈余古農先生傳〉，但言「卒年四十有七」（一九八三年，北京：中華書局，頁三十三），未記卒歿之年。

予與古農（蕭客）暨香聞（薛起鳳）為莫逆交，古農少予八歲，香聞又少古農五歲。而香聞先歿，其葬也，古農猶為志其墓；尋而古農亦歿矣，距香聞之歿未三期也。[12]

據孫星衍〈江聲傳〉言：江氏「以嘉慶四年（一七九九）九月三日卒于里舍，得年七十有九。」[13]由此逆推之，則生於康熙六十年（一七二一）；江聲長余蕭客八歲，則余氏應生於雍正七年。復據彭紹升〈薛家三述〉云：「薛家三（起鳳字）……乾隆三十九年（一七七四）九月自沂州歸，越四旬而卒，年四十一。」[14]則薛起鳳生於雍正十二年（一七三四），與江聲所言「香聞又少古農五歲」者正合。江聲與余蕭客同學於惠棟之門，二人莫逆之交，所述余氏年歲宜可憑信，其生年當以雍正七年為是。

至余氏卒年，據江聲言「距香聞之歿未三期」，按薛起鳳卒於乾隆三十九年冬，則余氏應卒於四十二年，得年四十九，與任兆麟〈墓誌〉之說正合。史傳云「乾隆四十三年卒，年四十七」者，誤也。

〔附記〕余氏中歲病目，然其後目癒，並未終盲，拙稿〈余蕭客編年事輯〉有考，[15]

12 江聲〈香聞續集敘〉，收於朱珔《國朝古文彙鈔二集》，道光二十七年，吳江世美堂刊本，卷九十，頁四十二；又拙稿〈江聲遺文小集〉，二〇〇九年，北京清華大學《中國經學》第四輯（桂林：廣西師範大學出版社），頁二十。

13 孫星衍《平津館文稿》，《續修四庫全書》本，卷下，頁三十七。

14 彭紹升《彭尺木文鈔》，宣統二年，上海國學扶輪社排印本，卷三，頁八—九。

15 陳鴻森〈余蕭客編年事輯〉，二〇一二年，《中國經學》第十輯，頁六十五—九十五。

茲不復論。

二、馮景傳

馮景，字山公，浙江錢塘人。國子監生。……康熙十八年，游京師，授經於侍郎項景襄家。是年詔舉博學鴻儒科，公卿列其名將上，固辭不就。……復北游，一試京兆，報罷，遂絕意仕進。三十一年，商丘宋犖撫吳，聞景賢，以禮聘就幕府，情好甚篤。（頁五四七一）

森按：此傳可商者二事。一、傳言馮氏「康熙十八年，游京師」；杭世駿撰〈傳〉則言：「康熙戊午（十七年）遊京師，授經項侍郎景襄第。」[16]二說參差。今據此傳下文「是年詔舉博學鴻儒」云云，按《清史稿·聖祖本紀》載康熙十七年正月乙未詔：

詔曰：「一代之興，必有博學鴻儒振起文運，闡發經史，以備顧問。……其有學行兼優、文詞卓越之士，勿論已仕未仕，中外臣工各舉所知，朕將親試焉。」於是大學士李霨等荐曹溶等七十一人，命赴京齊集請旨。[17]

16 李桓編《國朝耆獻類徵初編》，《清代傳記叢刊》本，卷四一六，頁九。
17 《清史稿》，一九七七年，北京：中華書局點校本，頁一九六。

據此，則馮景游京師，當以杭〈傳〉作十七年為正；史作十八年者，誤也。

二、此傳載馮景就宋犖幕在康熙三十一年，杭〈傳〉則言：「己卯，商丘宋公犖撫三吳，以禮聘就幕府，情好甚篤。」[18]則馮景入宋犖江蘇撫部幕在三十八年己卯，二說亦異。檢錢實甫《清代職官年表》，宋犖康熙三十一年六月調任蘇撫，迄四十四年十一月遷吏部尚書，[19]在官凡十三年。今據楊賓〈馮景墓表〉言：「癸酉入都應試，顯者某授以關節，固不受，遂下第。……己卯，江蘇巡撫宋公犖以禮三聘就幕府，典文章。」[20]馮景癸酉（康熙三十二年）試京兆，在入宋犖幕之前，則不得康熙三十一年已就蘇撫幕，此當以杭世駿撰〈傳〉、楊賓〈墓表〉作三十八年為是。

三、余廷燦傳

余廷燦，字存吾，湖南長沙人。乾隆二十六年進士，改翰林院庶吉士，散館授檢討，充三禮館纂修官，以母年八十乞養歸。……著有《存吾文集》十六卷。嘉慶三年卒，年十七。（頁五四八四）

18 李桓編《國朝耆獻類徵初編》，卷四一六，頁九。
19 錢實甫編《清代職官年表》，一九八〇年，北京：中華書局，頁一五五六—一五六五。
20 楊賓〈墓表〉，附刻馮景《解舂集文鈔》卷首，《續修四庫全書》本，頁一。

森按：唐仲冕撰〈翰林院檢討余公墓表〉，云：「辛巳（乾隆二十六年）恩科成進士，改庶吉士。聞儒林（廷燦父）疾，乞假省覲。……儒林卒，公哀毀盡禮。戊子（三十三年）入都；散館，授職檢討，充三通館纂修官。」[21]史傳作「三禮館纂修官」，二者不一。按《實錄》，乾隆元年六月開三禮館，纂修《三禮義疏》，[22]十年十二月，書成。[23]三十二年二月，復開三通館，續修《文獻通考》、《通典》、《通志》，大學士傅恆、尹繼善、劉統勳為正總裁，吏部尚書協辦大學士陳宏謀、兵部尚書陸宗楷、刑部尚書舒赫德為副總裁。[24]余廷燦乾隆三十四年授職檢討（詳下），則任職三通館為是。余氏《詒穀草堂詩集》書後附其子永賢等撰〈先府君行述〉，云：「己丑（三十四年）散館，試〈虛舟賦〉，欽取一等第六名。引見，授職檢討，旋兼充三通館纂修官。」[25]則此傳作三禮館纂修

---

21 李桓編《國朝耆獻類徵初編》，卷一二九，頁二十一。

22 《高宗實錄》，一九八六年，北京：中華書局，卷二十一，頁一。

23 《高宗實錄》乾隆十年十二月甲子條：「大學士張廷玉等奏：本月二十四日，三禮館恭進《儀禮、禮記義疏》，奉旨交臣等閱看。但查該館奏內，據稱『《三禮義疏》卷帙浩繁，開館迄今，總裁屢易；前進《周禮義疏》，中有牴牾駁雜之處，尚須重加釐正。』該館既有此奏，則此《儀禮》、《禮記》，與《周禮》恐有異同，應請并發該館互加校正；校畢，遵旨詳加閱看，以歸畫一。得旨：著張廷玉、高斌會同該館辦理。」（卷二五五，頁二十三）復據張廷玉《澄懷主人自訂年譜》乾隆十一年條載：「三月，恭進《三禮》，蒙恩議敘加二級。」（乾隆十三年家刻本，卷五，頁十三）則《三禮義疏》全書於乾隆十一年三月告成進呈。

24 《高宗實錄》，卷七七八，頁六—七。

25 余永賢等〈先府君行述〉，余廷燦《詒穀草堂詩集》，道光二十七年刊本，書後附錄，頁三。

官者，誤也。

余氏年壽，唐仲冕〈墓表〉云：「公生雍正十三年（一七三五），卒嘉慶三年（一七九八），年七十。」然依所述生卒年計之，僅六十四歲耳，與「卒年七十」之說不合，故姜亮夫《歷代人物年里碑傳綜表》改作六十四歲。[26]然據〈行述〉言「府君生於雍正七年己酉（一七二九）十二月二十五日丑時，卒於嘉慶三年戊午（一七九八）二月二十四日戌時，享壽七十」，[27]余氏生卒年歲當以此為正。此傳卒年誤倒作十七，校勘不謹也。

四、孫志祖傳

孫志祖，字詒穀，浙江仁和人。乾隆三十一年進士。……著《讀書脞錄》七卷，考論經子雜家，折中精詳。又《家語疏證》六卷，謂王肅作《聖證論》以攻康成，又偽撰《家語》飾其說以欺世。因博集群書，凡肅所剿竊者，皆疏通證明之。又謂《孔叢子》亦王肅偽託，其《小爾雅》亦肅借古書以自文，並作《疏證》以辨其妄。（頁五四九四）

---

26 姜亮夫《歷代人物年里碑傳綜表》，一九五九年，北京：中華書局，頁六一二。按姜氏據唐仲冕〈墓表〉作雍正十三年生，嘉慶三年卒。

27 余永賢等〈先府君行述〉，頁三。

森按：孫氏著《讀書脞錄》七卷外，復有《續錄》四卷，有嘉慶七年其子同元校刊本（《續修四庫全書》有影印本）。《家語疏證》，有嘉慶初家刻本、光緒間會稽章氏《式訓堂叢書》本、光緒三十年朱槐廬《校經山房叢書》本。據阮元〈孫頤谷侍御史傳〉云：「又謂《孔叢子》亦王肅偽托，其《小爾雅》乃肅借古書以自文，作《疏證》辨其妄，惜未成書。」[28] 孫星衍〈清故江南道監察御史孫君志祖傳〉亦言：「又集駁《聖證論》，及疏證《孔叢·小爾雅》之非古本，其書未成。」[29] 阮、孫兩傳俱言《孔叢疏證》、《小爾雅疏證》並未成書。此傳文字悉本阮元〈孫頤谷傳〉，史臣逕刪阮〈傳〉「惜未成書」四字，則非實錄矣。

五、金曰追傳

金曰追，字對揚，嘉定人，諸生。受業王鳴盛，深於九經《正義》。每有疑譌，隨條輒錄，先成《儀禮注疏正譌》十七卷。阮元奉詔校勘《儀禮》石經，多采其說。（頁五四九八）

28 阮元《揅經室二集》，卷五，頁十七。
29 孫星衍《平津館文稿》，卷下，頁三十四。

森按：光緒《嘉定縣志》卷十四〈科貢〉，載金曰追乾隆四十五年歲貢，[30]此傳云「諸生」者，誤也。金氏為王鳴盛高弟，江藩《師承記》引述王氏之言曰：「予門下士以金子璞園（曰追別字）為第一。」[31]金氏卒後，門人為刻《儀禮經注疏正譌》，王鳴盛序其書，稱其校訂之精，並傷其早逝，書稿多未及寫定。

金氏生卒年歲，史傳不載，姜亮夫《歷代人物年里碑傳綜表》、江慶柏《清代人物生卒年表》並闕。《嘉定縣志》卷十九本傳云：「乾隆庚子（歲）貢，是歲卒，年四十四。」[32]此云卒於乾隆四十五年；然王鳴盛序《儀禮經注疏正譌》則言：「曩者丁酉秋，璞園曾以此編質予，明年戊戌夏，草草題數行而歸之，意未盡也。越四年，璞園卒，祝予之歎，惘乎有餘悲焉。」[33]戊戌為乾隆四十三年（一七七八），越四年而金君卒，則卒於四十六年，與《縣志》所載相差一年。王〈序〉撰於當時，似較光緒間所修《縣志》為可據也。李賡芸有〈哭金璞園明經〉詩：「到死惠書成絕筆，返生無術破重冥。」元注：「七月三日君作書寄予，屬借《說文繫傳》，乃封書後不羅預，頃而溘然遽逝，蓋眠食如常，故醫藥弗及也。」[34]則金曰追卒於乾隆四十六年七月。

---

30 楊震福等纂《嘉定縣志》，光緒八年刻本，卷十四，頁四十五—四十六。
31 江藩《國朝漢學師承記》，頁四十。
32 光緒《嘉定縣志》，卷十九，頁四十。
33 金曰追《儀禮經注疏正譌》，《續修四庫全書》本，卷首，頁四。
34 李賡芸《稻香吟館詩稿》，《續修四庫全書》本，卷一，頁十一—十一。

六、汪照傳

汪照，原名景龍，字緗青，嘉定人。貢生。少有詩名，在練川十二子之列。……晚歲研窮經義，以《大戴禮記注》惟盧辯一家，餘姚盧文弨、休寧戴震雖曾釐正文字，未及解詁，乃糾集同異，采擷前說，一字之譌，折衷至當，肆力者三十餘年，成《大戴禮記注補》十三卷。〔王〕昶序其書，言：「後世有復十四經之舊，照書當與孔、賈並行」，推重甚至。他著有《三家詩義證》、《宋詩選略》。（頁五四九九）

森按：光緒《嘉定縣志》卷十九本傳作汪炤，云：炤，一字少山，「嘗佐青浦王侍郎昶分纂《金石萃編》。遊陝右，歷主華原、橫渠書院，與修《韓城縣志》」。[35] 史傳不載汪氏生卒年壽，姜亮夫《歷代人物年里碑傳綜表》、江慶柏《清代人物生卒年表》並闕。余閱王鳴盛之弟鳴韶《鶴谿文編》稿本，中有〈少山汪先生哀詞〉，云：「以戊申七月二十日感疾卒，得年五十八歲。所撰有《大戴禮記解詁》、《齊魯韓詩義證》，已付翰青，餘多未錄清本。」[36] 又，陳樹德、孫岱纂《安亭志》卷十八〈汪照傳〉言：

---

35 光緒《嘉定縣志》，卷十九，頁三十七。

36 王鳴韶《鶴谿文編》稿本，現藏湖南省圖書館，原書無卷數葉碼，〈少山汪先生哀詞〉見其書冊四。

鎮洋畢公沅開府關中，聘主華原書院講席。……乾隆丙午（按五十一年）丁內艱還家。明年，訪舊安亭江上，忽喟然歎曰：「遲我十年，當營一畝之宮於此，藏書萬卷，法書、名畫、彝鼎、花木稱是，庶幾為菟裘計。長此僕僕牛馬走，不且愚而可笑乎！」逾年復過此，謂其友曰：「吾今病作，十年之期恐不克踐矣！」亟歸，越十日而卒，年五十八。[37]

此傳亦言汪氏乾隆五十三年（一七八八）卒，年五十八，則生於雍正九年（一七三一），可補史傳及姜、江兩《表》之缺。

汪氏著《大戴禮注補》，有嘉慶九年刊本、《清經解續編》本；《三家詩義證》未見傳本，王昶《春融堂集》卷三十六有〈汪少山齊魯韓詩義證序〉、〈汪少山大戴禮記解詁序〉二文，[38]可略覘其書旨趣。所選宋詩，名《宋詩略》，汪照與王鳴盛女夫姚壎同輯，有乾隆三十五年竹雨山房刻本，王鳴盛為之序。

七、錢大昭傳

錢大昭，字晦之，江蘇嘉定人。太學生，大昕弟也。大昕深於經史，一門群從

37 陳樹德、孫岱纂《安亭志》，二〇〇四年，上海社會科學院出版社，頁三〇三。

38 王昶《春融堂集》，《續修四庫全書》本，卷三十六，頁四—六。

皆治古學，能文章。大昭少於大昕二十年，事兄如嚴師，得其指授，時有兩蘇之比。（頁五五〇二）

森按：錢大昕自訂《年譜》，自述雍正六年（一七二八）生；[39]《年譜》乾隆九年（一七四四）條下，錢慶曾附記云：「是年十月，公弟可廬先生（大昭）生。」[40]則錢大昕長大昭十六歲，此傳云「少於大昕二十年」者，未確。

八、錢東垣傳

東垣，字既勤。嘉慶三年舉人，官浙江松陽縣知縣。以艱歸，服闋，補上虞縣。東垣與弟繹、侗皆潛研經史、金石，時稱「三鳳」。嘗與繹、侗及同縣秦鑒勘訂《鄭志》；又與繹、侗、鑒及桐鄉金錫鬯輯釋《崇文總目》，世稱善本。東垣為學沈博而知要，以世傳《孟子注疏》繆舛特甚，乃輯劉熙、綦毋邃、陸善經諸儒古注，及顧炎武、閻若璩、同時師友之論，附以己見，並正其音讀，考其異同，為《孟子解誼》十四卷。（頁五五〇四）

39 錢大昕《竹汀居士年譜》，咸豐十年，錢氏家刻本，頁一。
40 同上注，頁五。

森按：東垣，錢大昭長子，次子繹（初名東壥）、季侗（初名東野），一門昆仲，承其家學，並篤好著述。東垣所著《孟子解誼》，未見傳本，支偉成《清代樸學大師列傳》本傳云：

以《孟子》紹六經之絕緒，傳周、孔之淵源，詞約而義精，意深而旨遠。而世傳《注》、《疏》，繆舛特甚，俗說流行，經義寖晦，乃作《孟子解誼》，共分七例：一曰正刊誤，二曰正舊注，三曰集眾說，四曰存鄙見，五曰正音讀，六曰輯古注，七曰考異本，成書十四卷。不妄立議論以亂經，不空談義理以媚世，制度則準之禮經，都邑則測其地望，訓故則本之《爾雅》、《說文》暨漢儒傳注，折衷群言，惟歸一是。41

據此，其書之梗概可知。光緒《嘉定縣志》卷二十四〈藝文志〉，錢東垣《孟子解誼》十四卷條下，節錄程瑤田〈跋〉：「近儒恥空疏，好考訂，往往貪多務得，昧於取舍，博聞強識，終歸皮附，由不能貫穿而無心得也。既勤此書，足為士夫楷式」云云，42似其書當時已具稿，惜今不可見也。

41 支偉成《清代樸學大師列傳》，一九九八年，長沙：岳麓書社，頁三十六。按光緒《嘉定縣志》卷二十五〈藝文志〉目錄類著錄錢大昭〈可廬著述十種敘例〉，附〈既勤七種敘例〉，云：「大昭子東垣輯。七種者，《孟子解誼》、《小爾雅校證》、《列代建元表》、《建元類聚考》、《補經義考稿》、《稽古錄辨訛》、《青華閣帖考異》也。」（頁二十一）支氏此傳所述，即本東垣〈敘例〉。

42 光緒《嘉定縣志》，卷二十四，頁十。

復按桂文燦《經學博采錄》言：錢繹「年將八十，耄猶好學，著有《十三經漢學句讀》、《孟子義疏》」，[43] 支偉成《列傳》同。[44] 而《清儒學案》卷八十四〈錢侗傳〉載侗著《孟子正義》一書，[45] 錢師璟《嘉定錢氏藝文志略》著錄，《嘉定縣志・藝文志》亦載：

> 《孟子正義》十四卷，錢侗著。世傳孫奭《疏》，出自偽作，舛訛殊甚，因取曲阜孔氏所刊趙《注》，對勘《疏》本，並援引經傳，仿唐人疏例撰此。[46]

依此，則似東垣昆仲三人各撰有《孟子》疏義之書。

余疑錢繹《義疏》與錢侗《正義》當同一書，二者異名同實。知者，《清史列傳・錢繹傳》云：「又著《方言箋疏》十三卷，五方之民，言語不通，循聲譯字，字雖無定，

---

43 桂文燦《經學博采錄》，《續修四庫全書》本，卷一，頁八。按《清史列傳・錢繹傳》言：「少承家學，嘗以諸經句讀，徵引家互有異同，據武億原本，參稽群籍，折中至是，為《十三經斷句考》。」（頁五五〇四）與此所言《十三經漢學句讀》，當同一書。孫殿起《販書偶記》卷三著錄錢繹《十三經斷句考》十三卷，傳鈔本（一九八二年，上海古籍出版社，頁七十四），今不知歸於何所。《中國古籍善本書目・經部》卷三著錄嘉定縣博物館藏一殘稿本，存卷一、卷二、卷十二、卷十三凡四卷。（一九八五年，上海古籍出版社，頁三六四）

44 支偉成《清代樸學大師列傳》，頁三十六。

45 徐世昌纂《清儒學案》，卷八十四，頁四十七。

46 光緒《嘉定縣志》，卷二十四，頁十。

而音理可推。是書於展轉互異處，尋其音變之原，古人以聲釋文之旨，於斯大啟。」[47]而〈錢侗傳〉亦載侗著《方言義證》六卷。[48]然據錢繹《方言箋疏‧序》所述，[49]知侗治《方言》，中歲早卒，[50]錢繹為之增補釐正，費數年之力始告成書。史臣未經細考，於繹、侗兩君傳中分別載之，一稱《箋疏》十三卷，一稱《義證》六卷，一若二人各自為書。意兩君所為《孟子義疏》，亦猶是也。

按乾隆中葉，漢學勃興，諸儒多病唐宋人所為群經義疏專守一家，別擇未精，是非淆亂。乾隆四十年，邵晉涵著《爾雅正義》，以郭璞《注》為主，析其義蘊，訂其違失，並采犍為舍人、劉歆、樊光、李巡、孫炎等漢魏舊注分疏於下，前後十餘年始告

---

47 《清史列傳》，頁五五〇四。

48 同上注，頁五五〇五。

49 錢繹《方言箋疏‧序》云：「《方言箋疏》之作也，余弟同人（侗字）實首創之，未及成而即世。其本藏之篋笥者十有餘年，及賦梅姪弱冠後，始出以示余。余閱其本，簡眉牘尾如黑蟻攢集，相雜於白蟫趁趁之中，幾不可復辨。余憫其用力之勤，而懼其久而散佚也，乃取而件繫之，條錄之。凡未及者補之，複出者刪之，未盡者詳之，未安者辨之；或因此而及彼者，則觸類而引伸之。……竭數年心力，始得脫稿，自後時加釐正，而塗乙篡改者又十之六。」（光緒十六年，紅蝠山房校刊本，卷首，頁一）

50 姚椿〈錢同人墓誌銘〉云：「舉順天鄉試。越三年，以親憂歸，歸二年而卒，嘉慶二十年（一八一五）十一月也，年三十有八。」（《晚學齋文集》，咸豐二年刊本，卷八，頁十七）依此，則錢侗生於乾隆四十三年（一七七八）。

成書，[51]一時物論者咸謂其書遠在邢昺《爾雅疏》之上。[52]自是而後，欲為群經新疏者迭有其人。其欲撰《孟子疏》者，除焦循外，如阮元〈與友人書〉云：

> 《孟子疏》因到京後，見邵二雲先生有此作，已將脫稿，是以元為之輟筆。[53]

是阮元早年亦思為《孟子》作義疏，後見邵晉涵亦有意乎此，[54]故輟筆而不為。錢氏

---

51 邵晉涵《爾雅正義・序》云：「歲在旃蒙協洽（乙未），始具簡編；舟車南北，恆用自隨。意有省會，仍多點竄，十年於茲，未敢自信。」（阮元編《清經解》，道光九年，廣東學海堂刊本，卷五〇四，頁三）則邵書乾隆四十年已具稿，其後屢經增改，迄乾隆五十年前後始告成書。

52 錢大昭《爾雅釋文補・自序》云：「歲戊申（乾隆五十三年）之仲秋，餘姚邵太史晉涵《爾雅正義》刻成，郵寄示余。歎其書之精博，不特與邢氏優劣判若天淵，即較之唐人《詩、禮・正義》，亦有過之，無不及。」（謝啟昆《小學考》，《續修四庫全書》本，卷三，頁七）段玉裁〈與邵二雲書〉言：「《爾雅正義》高於邢氏萬萬，此有目所共見也。」（劉盼遂輯《經韻樓文集補編》，《段王學五種》本，卷下，頁二十二）又阮元〈南江邵氏遺書序〉云：「于經則覃精訓詁，病邢昺《爾雅疏》之陋，為《爾雅正義》二十卷，發明叔然、景純之義，遠勝邢書，可以立於學官。」（邵晉涵《南江札記》，光緒間會稽徐氏鑄學齋刊本，卷首）

53 劉師培《左盦題跋》，《劉申叔遺書》本，頁十。

54 按錢大昕〈侍講學士邵君墓誌銘〉（《潛研堂文集》卷四十三）、洪亮吉〈邵學士家傳〉（《卷施閣文甲集》卷九）、江藩《國朝漢學師承記》卷六，並言邵氏著《孟子述義》，即此所云之《孟子疏》。惟據阮氏〈南江邵氏遺書序〉曰：「先生又曾語元云：『《孟子疏》偽而陋，今亦再為之（森按：指繼《爾雅正義》之後，復為此疏）；《宋史》列傳多訛，欲刪傳若干、增傳若干。』顧皆未見其書。」阮元此〈序〉撰於嘉慶九年，距邵氏之卒僅八年耳，邵秉華校刊乃父遺書，於《孟子疏》已稱未見，疑未成書。《南江札記》卷三為《孟子》札記，或即阮元〈與友人書〉所言「見邵二雲先生有此作，已將脫稿」者歟。蓋邵氏《爾

三鳳之為《正義》，蓋亦其比，皆一時風會所趨也。

《嘉定縣志》著錄錢東垣《孟子解誼》十四卷、錢侗《孟子正義》十四卷，二者分別列目，[55]似各自為書。惟余頗疑此二者亦同為一書。按錢東垣兄弟友于摯愛，嘗同校訂《鄭志》、輯釋《崇文總目》，東垣與侗殆無二人各著一書，相角高下之理。抑《解誼》、《正義》二名雖異，然細繹前引《孟子解誼》七例，正義疏之體：「正刊誤」者，刊正經本文字訛誤也；「考異本」者，稽考魏晉以前群籍引《孟子》文字之異也；「正音讀」者，辨正孫奭《孟子音義》音讀疑誤也；「輯古注」者，蒐輯群籍所引劉熙、綦毋邃、陸善經諸家舊注遺說，以存古義；「正舊注」者，趙岐《注》義有未是者辨正之；「集眾說」者，集顧、閻以下及近儒時賢之說，以觀其會通；「存鄙見」者，諸家義有未安，別下己意自為說也。焦循《孟子正義》書例，綜其大體，亦不出此數端。余故疑東垣《解誼》與錢侗《正義》、錢繹《義疏》俱同一書，其書或錢氏昆仲共譔；或本

雅正義》刊成後，本有意續撰《孟子疏》及《南都事略》（即阮元〈遺書序〉所稱之《宋史》），後因寒疾，醫者誤投藥遽卒，故諸書皆不及成。

55　光緒《嘉定縣志》，卷二十四，頁十。按錢侗之子師璟，著有《錢氏藝文志》二卷；錢大昕曾孫慶曾著《嘉定藝文錄》四卷（並見《縣志》卷二十五，頁二十二），《縣志》所載諸錢著述，蓋本二家之書。

錢侗所著，早卒，未竟其業，東垣、錢繹踵續成之。[56]《嘉定縣志》卷二十四著錄錢繹《方言箋疏》十三卷，復出錢侗《方言義證》六卷，[57]其例正同。或因焦循《孟子正義》先成，故東垣將書易名《解誼》也。

又按：此傳不載錢東垣生卒年壽，姜亮夫《歷代人物年里碑傳綜表》、江慶柏《清代人物生卒年表》並闕。據錢師儀《嘉定錢氏盛涇支世系考》東垣本傳云：「宰上虞，……惜官如夢短，未盡其才，卒于官舍，年五十有六，時道光三年（一八二三）十二月也。」[58]以此逆推之，則東垣生於乾隆三十三年（一七六八），可補史傳及姜、江兩書之闕。

九、陳樹華傳

陳樹華，字芳林，江蘇元和人。……樹華勤學，有《左》癖。官湖南時，得慶元間吳興沈作賓分系諸經注本，乃棄官歸里，偏考他經傳記子史別集，與《左

---

56 上海圖書館藏錢師儀《嘉定錢氏盛涇支世系考》鈔本，錢東垣本傳云：「其宦松陽，……未二年，可廬公（大昭）歿，去職。……亡何，同人公（侗）亦以疾卒，公忍痛為之傳。其時賦梅公（侗子師璟）方三歲，公視之如己子，教養兼至。」（《世系考》頁三十〈九世亦軒公傳〉）則錢侗之書未竟，東垣為續成之，理固宜然。

57 光緒《嘉定縣志》，卷二十四，頁十七。

58 《嘉定錢氏盛涇支世系考》，頁三十。按此傳從遊潘妍艷君錄示，書此誌謝。

氏》經傳及注有異同者，成《春秋內傳考證》五十一卷。同時戴震、盧文弨、金榜、王念孫皆服其該洽。段玉裁自蜀歸，移居蘇州，讀其書，歎為善本，因錄其副，以訂阮元《十三經校勘記》。後錢塘嚴杰授以慶元所刻淳化諸善本，令樹華精詳捃摭；其是非難定者，玉裁為折衷焉。（頁五五一八）

森按：史臣荒疏，此傳錯謬不可讀。其一、傳言「成《春秋內傳考證》五十一卷」，實則《內傳考證》止三十卷耳，芳林另著《春秋外傳考證》二十一卷，蔣光煦《東湖叢記》卷五「《春秋內外傳考證》」條，嘗錄二書自序。[59] 段玉裁〈陳芳林墓誌銘〉云：「盧、金二君為余言蘇州陳君芳林，以所著《春秋內外傳考正》五十一卷相示。」[60] 此合內、外傳兩書計之，故云五十一卷。其書未刊，中國國家圖書館藏盧文弨鈔本《春秋經傳集解考正》三十卷、《外傳考正》二十一卷，[61] 即此。蘇州市圖書館亦藏一部，為魏氏績語堂鈔本，卷數同。[62] 蓋宋撫州公使庫刻以下諸宋、元板，及明刻《春秋經傳集解》並三十卷；《外傳》則宋庠《補音》諸本，及宋明道本等俱二十一卷，故陳樹華《考證》

59 蔣光煦《東湖叢記》，《續修四庫全書》本，卷五，頁二十五—二十六。

60 段玉裁《經韻樓集》，《續修四庫全書》本，卷八，頁三十九。文中所云「盧、金二君」，指盧文弨及金榜。

61 《中國古籍善本書目・經部》，頁二五二；又《北京圖書館古籍善本書目》，一九八七年，北京：書目文獻出版社，經部頁九十一、史部頁三一七著錄。

62 《中國古籍善本書目・經部》，頁二五二。

一仍內外傳卷第作五十一卷。

二、此傳言「授以慶元所刻淳化諸善本」云云，其說亦非。按此所謂「慶元所刻淳化」本，即慶元六年沈作賓為越守時所刻《左傳》注、疏薈刊本，世所稱「越刊八行本」者是，此為《春秋左氏傳》最早之注、疏合刻本。非沈作賓慶元本之外，更有一「淳化本」也，史臣誤沿段玉裁〈春秋左傳校勘記目錄序〉之誤耳。[63] 蓋此本有淳化元年庚寅校勘諸臣銜名，藏者朱奐（文游）因誤以注、疏合刻始於北宋淳化時；而此本另有慶元六年庚申沈作賓〈後序〉，故段氏誤以此本為「宋淳化庚寅官本，慶元庚申摹刻者也」。[64] 段氏此〈序〉本為阮元代筆，今檢段〈序〉「因授以慶元所刻淳化本」一句，阮元〈左傳注疏校勘記序〉已改作「因授以舊日手校本，又慶元間所刻之本」，蓋灼知段說之誤而改之矣。史臣失考，仍沿段氏舊誤，疏矣。[65]

三、至此傳言「後錢塘嚴杰授以慶元所刻淳化諸善本，令樹華精詳捃摭」云云，直同瞽說。據段氏〈陳芳林墓誌銘〉，陳氏生於雍正八年（一七三〇），嘉慶六年（一八〇一）卒，[66] 其年輩遠視嚴杰（一七六三—一八四三）為長，嚴君豈能隨意命之？按段玉裁為

63 段玉裁《經韻樓集》，卷四，頁四。
64 張金吾《愛日精盧藏書志》，《續修四庫全書》本，卷五，頁二所錄段氏跋文。
65 別詳拙作〈錢大昕《養新餘錄》考辨〉，一九八八年，《中央研究院歷史語言研究所集刊》五十九本第四分。
66 段玉裁《經韻樓集》，卷八，頁四十。

阮元代擬〈春秋左傳校勘記序〉，此文原作「錢塘嚴生杰，博聞強識，因授以慶元所刻淳化本，並陳氏《考證》及唐石經以下各本，及《釋文》各本，令其精詳捃摭。觀其所聚，而於是非難定者，則予以暇日折其衷焉。」[67]此阮元授以慶元本及陳樹華《春秋內傳考證》，並唐石經以下各本，令嚴杰比勘同異也，不知史臣何故誤為嚴杰「令樹華精詳捃摭」？蓋阮元《十三經校勘記》，其書實委由門下諸君分纂。[68]《左傳》一經由嚴杰任之，故阮元以慶元本等授之，俾其臚列諸本異同。諸君分纂稿成後，阮氏延段玉裁代為審訂，抉擇是非。陳樹華《內傳考證》辨據精當，固為《校勘記》所取資。閱段、阮兩〈序〉，其事原委明白易知，不知史臣何以有此巨謬？

十、淩廷堪傳

淩廷堪，字次仲，安徽歙縣人。……乾隆五十五年進士，改教職，選寧國府教授，奉母之官，畢力著述。嘉慶十四年卒，年五十五。（頁五五一九）

森按：阮元《揅經室二集》卷四〈次仲淩君傳〉云：「〔嘉慶〕十三年，元復任浙江巡

67 同上注，卷四，頁四。

68 其分纂之人，詳阮元《揅經室一集》卷十一〈十三經注疏校勘記序〉。

撫。君免喪，來游杭州，出所著各書相示。……明年歸歙，病卒，年五十有五。」[69]此史傳所本。依此，則淩廷堪生於乾隆二十年（一七五五）。惟淩氏弟子張其錦纂《淩次仲先生年譜》則言：「乾隆二十二年丁丑八月二十日巳時，生於海州之板浦場寓宅。」[70]戴大昌〈淩次仲先生事略狀〉亦言：「嘉慶十四年四月，先生自杭州回歙。倏於六月初一日晚膳席間偶一傾跌，扶起，遂不能語；四更後，痰湧而卒。距生于乾隆二十二年丁丑八月二十日，享年五十有三。」[71]則阮〈傳〉及此作卒年五十五者，誤也。張《譜》卷首附載阮元〈次仲淩君傳〉，已改阮文作「歸歙病卒，年五十有三」，[72]蓋審知其誤而改之也。

十一、江沅傳

沅，字子蘭，優貢生。金壇段玉裁僑居蘇州，沅出入其門者數十年。玉裁著《六書音均表》，發明平上入分合相配，曰：「此表惟江聲及沅知之外，無第三人知

69 阮元《揅經室二集》，卷四，頁三十七。

70 張其錦《淩次仲先生年譜》，《安徽叢書》本，卷一，頁三。

71 同上注，卷首戴氏〈事略狀〉，頁四。

72 同上注，卷首阮元〈傳〉，頁二；《國朝耆獻類徵初編》，卷二五八，頁二十七同。按羅士琳續補《疇人傳》卷十三淩氏本傳，尚沿阮〈傳〉之誤，作「卒年五十有五」。

者。」沅先著《說文釋例》，後承玉裁囑，以段書《十七部諧聲表》之列某聲某聲者為綱而件繫之，聲復生聲，則依其次第，為《說文解字音韻表》，凡十七卷。沅於段紕謬處，略箋其失。……沅當時面質玉裁，親許駁勘，故有不同云。卒年七十二。（頁五五二二）

森按：江沅《說文釋例》二卷，有李氏半畝園刊本；《說文解字音韻表》十七卷，有《清經解續編》本。[73]江沅《音韻表》手稿殘本，現藏上海圖書館，[74]卷末有其孫文熚道光二十九年〈跋〉，云：「先大父少承先高祖艮庭徵君之訓，覃研小學，後又親炙金壇段懋堂大令。歲乙丑（嘉慶十年），年三十有九，承大令指，以《說文解字》九千餘文，宗大令所分《音韻表》十七部例編之；至己巳（十四年）粗有耑緒，大令為之〈序〉。後又屢易其稿，年六十餘，一意禪悅，屏文字緣，獨於此書猶時加訂正。乙未歲（道光十五年），手繕清本，雖平生精力所萃，終以世諦文字，故剞劂之事留俟後人。戊戌冬，先大父歸道山。文熚搜羅詩古文詞募刊之，資不足，鬻書竣事」云云，則所著《說文音韻表》前後三十年始告成書。史傳不載江沅生卒年，以江文熚「歲乙丑（一八〇五），年三十九」之語推之，則生於乾隆三十二年（一七六七）；道光十八年戊戌（一八三八）冬卒，適合「卒年七十二」之數。

73 王先謙編《清經解續編》，光緒十四年，南菁書院刊本，卷六八〇—六九七。
74 今存十六、十七兩部，《中國古籍善本書目・經部》著錄（頁四一六），惟未注明殘本。

十二、顧廣圻傳

顧廣圻，字千里，江蘇元和人。……工校讎，同時孫星衍、張敦仁、黃丕烈、胡克家延校宋本《說文》、《禮記》、《儀禮》、《國語》、《國策》、《文選》諸書，皆為之〈札記〉，考定文字，有益後學。……道光十九年卒，年七十。（頁五五二三）

森按：此傳文字多本李兆洛〈顧君墓誌銘〉。據李氏〈墓誌〉云：

時孫淵如觀察、張古愚太守、黃蕘圃孝廉、胡果泉中丞、秦敦夫太史、吳山尊學士，皆深於校讎之學，無不推重先生，延之刻書。為孫刻宋本《說文》、《古文苑》、《唐律疏議》；為張刻撫州本《禮記》，嚴州本、單疏本《儀禮》、《鹽鐵論》；為黃刻《國語》、《國策》；為胡刻宋本《文選》、元本《通鑑》；為秦刻揚子《法言》、《駱賓王集》、《呂衡州集》；為吳刻《晏子》、《韓非子》。每一書刻竟，綜其所正定者為《考異》，或為《校勘記》於後。[75]

此史傳所本。據其文，則當日延千里校刻諸善本者，另有秦恩復、吳鼒二人。諸凡千里所校刻者莫不詳審精工，日本神田喜一郎纂〈顧千里年譜〉，因推顧氏為清代校勘家

75 顧廣圻《思適齋集》，《續修四庫全書》本，卷首附李兆洛〈顧君墓誌銘〉，頁二。

第一人。[76]

顧氏生卒年壽，諸書所記不一。此傳言「道光十九年（一八三九）卒，年七十」，則生於乾隆三十五年（一七七〇）。今考顧氏跋《孫可之文集》云：

道光丁亥（七年，一八二七），因有《文粹辨證》之役，徧搜唐賢遺集，得王濟之所刻《孫可之》內閣本，復從長洲汪氏借宋槧勘正。

跋末記「時年六十有二」，[77] 此出乎千里自道者，所記年歲當不誤，由此逆推之，則生於乾隆三十一年（一七六六）。至其卒年，李兆洛〈墓誌〉云：「晚得類中症，臥床第者五年，道光十五年（一八三五）二月十九日卒。」[78] 考瞿中溶自訂《年譜》道光十五年條言：

三月，知顧澗薲作古。好學博洽之士日少，以後講求古學，更無可問途者，作二絕句輓之。[79]

與〈墓誌〉正合，則顧氏卒於道光十五年春，年六十六。此傳作十九年卒者，誤也。

76 神田喜一郎〈顧千里年譜〉，一九二一年，《支那學》一卷第十一、十二號，又二卷第三號。
77 王欣夫輯《思適齋書跋》，民國二十四年，王氏學禮齋《黃顧遺書》本，卷四，頁十。
78 李兆洛〈顧君墓誌銘〉，《思適齋集》，卷首，頁三。
79 瞿中溶編《瞿木夫先生自訂年譜》，民國二年，吳興劉氏《嘉業堂叢書》本，頁六十九。

十三、周永年傳

周永年，字書昌，山東歷城人。……乾隆二十六年進士。特詔徵修四庫書，改翰林院庶吉士。散館，授編修，充文淵閣校理官。……生平與邵晉涵及江都程晉芳、歸安丁杰、曲阜桂馥交最契。嘗借館中書，與馥為《四部考》，傭書工十人，日夜鈔校，會禁借官書乃止。……卒年六十二。（頁五五二七）

森按：此傳謂周氏「乾隆二十六年進士」，誤。檢《清朝進士題名錄》，周永年為乾隆三十六年辛卯恩科二甲三十一名進士，[80]《清史稿・儒林傳》作「乾隆三十六年進士」，[81]不誤。

此傳但言周氏「卒年六十二」，未記其歿之年，《清史稿》本傳、桂馥〈周先生傳〉、成瓘《濟南府志》卷五十三同。[82]按章學誠撰〈周書昌別傳〉，云：「今年邵晉涵與桐氏書來，言書昌病歸狼狽，殊可念。俄又書來，言書昌死矣，乾隆五十六年（一七九一）辛亥秋七月也。」[83]下言周氏「卒年六十二」，則生於雍正八年（一七三〇），可補史傳

80 江慶柏編校《清朝進士題名錄》，二〇〇七年，北京：中華書局，頁五八九。

81 《清史稿》，頁一三二一。

82 桂馥《晚學集》，《續修四庫全書》本，卷七，頁九—十；成瓘等纂《濟南府志》，道光二十年刊本，卷五十三，頁二十六—二十七。

83 《章學誠遺書》，一九八五年，北京：文物出版社，頁一八一—一八二。

之闕。

十四、梁玉繩傳

梁玉繩，字曜北，浙江錢塘人。……其《瞥記》七卷，多釋經之文，有裨古義。嘗謂：「經學自東晉後，分為南北；自唐以後，則有南學而無北學。《北史・儒林傳》曰：江左《周易》則王輔嗣，《尚書》則孔安國，《左傳》則杜元凱；河洛《左傳》則服子慎，《尚書》、《周易》則鄭康成，蓋南北之不同如此。陸元朗南方學者，《經典釋文》不獨創始陳後主元年，其成書亦在未入隋以前。故〈序錄〉中於王曉《周禮音》，注云：『江南無此書，不詳何人。』於《論語》云：『北學有杜弼《注》，世頗行之。』又其書中引北音祇一再見，似書成後，入隋唐亦不增加，故北方大儒如徐遵明諸人，皆不援及。《舊唐書・儒學傳》稱元朗於貞觀初拜國子博士，《五經正義》之作，未必非元朗創議，故《正義》於《易》、《書》、《左傳》用王《注》、孔《傳》、杜《注》，並同《釋文》。《正義》中所謂『定本』者，出於顏師古手。師古之學，本其祖介，介《家訓・書證篇》每是江南本，非河北本。師古為定本時，輒引晉宋以來古今本折服諸儒，則據南本為定可知也。孔仲達本兼涉南北學，至其為《正義》時，已有顏氏考定本在前，且師古首董其事，仲達亦不能自主，遂專用南學，而北學由此竟廢。」

(頁五五四〇)

森按:此傳引述梁玉繩論南北朝經學之說,與許宗彥《鑑止水齋集》卷十四〈記南北學〉一文文字並同,[84]其文實許宗彥撰也,不知史臣何以誤作曜北?尋其致誤之由,殆因曜北《瞥記》卷二引述許君此說,[85]史臣麤疏未之細讀,因誤以為曜北創論耳。另據《瞥記》卷一「顧氏《日知錄》疑《易林》是東漢以後人撰而託之焦延壽」條,引「妹婿許周生孝廉云云」,[86]周生為許宗彥表字,知為曜北妹夫。

許宗彥言:「(陸)元朗於貞觀初拜國子博士,《五經正義》之作,未必非元朗創議,故《正義》于《易》、《書》、《左傳》用王《注》、孔《傳》、杜《注》,並同《釋文》。」按清儒每病《釋文》、《正義》專守一家,又偏好晚近,《易》用輔嗣而廢康成,《書》去馬、鄭而信偽孔,《左傳》則舍賈、服而用杜預,尚江左之浮談,棄河朔之樸學,經學因以不明。[87]學者相沿為說,幾成定論。沈欽韓〈劉文淇左傳疏考證序〉,至以《正義》之用南學,歸咎於孔穎達「以昏耄之年,膺刪述之任」而致。[88]惟考顧野王原本《玉篇》零卷,此三經已專取王弼、偽孔、杜預,蓋梁代以來學術宗尚如此。陸德明《釋

84 許宗彥《鑑止水齋集》,《續修四庫全書》本,卷十四,頁十七—十八。
85 梁玉繩《瞥記》,《續修四庫全書》本,卷二,頁二十—二十一。
86 同上注,卷一,頁四。
87 江聲《經義雜記·序》、江藩《國朝漢學師承記·自序》並有此說。
88 沈欽韓《幼學堂文稿》,《續修四庫全書》本,卷六,頁十。

文》於此三經亦據王弼、偽孔、杜預之本，為之音義，然此非由陸、孔朋比私好也。〈隋志〉於《易》云：「至隋，王《注》盛行，鄭學浸微，今殆絕矣。」於《書》言：「至隋，孔、鄭並行，而鄭氏甚微。」於《左傳》則言：「至隋，杜氏盛行，服義及《公羊》、《穀梁》浸微，今殆無師說。」[89]是隋代亦三家專行，鄭、服幾絕；然則唐人《正義》取用三家，正隨用當世通習者爾。

另，許宗彥言：「《正義》中所謂『定本』者，出於顏師古手。」其說亦非，別詳拙作〈皮錫瑞《經學歷史》周注補正〉。[90]其稱孔氏曰「孔仲達」，亦誤。按孔穎達字沖遠，唐于志寧撰〈曲阜憲公孔穎達碑〉，有明文可據。[91]今本兩《唐書》孔氏本傳並誤作「仲達」，然〈宰相世系表〉仍作「沖遠」，尚不誤也。錢大昕《潛研堂金石文跋尾》有說。[92]

復按《瞥記》七卷，惟前二卷為釋經之說；其卷三、卷四為讀史箚記，凡二百九十五事；卷五諸子書八十五條，又《列女傳補勘》二百十九條；卷六詩文八十四條；卷七為雜事及〈日本碎語〉。此傳謂「《瞥記》七卷，多釋經之文」，說未盡然。

89 《隋書》，一九七三年，北京：中華書局點校本，頁九一三，又頁九一五，又頁九三三。
90 陳鴻森〈皮錫瑞《經學歷史》周注補正〉，二〇〇五年，《中國經學》第一輯，頁九—五十。
91 王昶《金石萃編》，《續修四庫全書》本，卷四十七，頁五。
92 錢大昕《潛研堂金石文跋尾》，光緒十年，龍氏家塾重刊《潛研堂全書》本，卷四，頁十一。

十五、汪遠孫傳

汪遠孫，字久也，浙江錢塘人。嘉慶二十一年舉人，官內閣中書。……長洲陳奐遊杭州，與之善。道光十五年，病革，以遺書囑奐，遂卒，年四十七。（頁五五四一）

森按：汪遠孫，一字小米。此傳謂汪氏「官內閣中書」，未確。據胡敬撰〈汪君墓誌〉云：「丙子（嘉慶二十一年）舉於鄉，兩赴計偕，循例為內閣中書。戊寅（二十三年）在京待銓，聞父疾，歸里。是秋，孔皆公（按小米父）捐館舍，君銜哀風木，絕意進取。」[93] 陳奐《師友淵源記》亦言：「丙子舉人，候銓內閣中書。」[94] 則汪氏捐貲內閣中書，在京候銓，尚未實授也。

此傳言汪氏道光十五年（一八三五）卒，年四十七，其說亦非。胡敬〈墓誌〉言：「君卒於道光丙申（十六年）五月八日，年四十三。」[95] 陳奐《師友淵源記》亦云：「丙申，在杭州，小米病革。……卒年僅四十有三。」[96] 陳奐嘗館於汪氏振綺堂，小米卒前，

93 繆荃孫纂《續碑傳集》，《清代傳記叢刊》本，卷二十，頁六—七。

94 陳奐《師友淵源記》，民國二十三年，《遯雅堂叢書》本，頁十二。

95 繆荃孫纂《續碑傳集》，卷二十，頁七。

96 陳奐《師友淵源記》，頁二十二—二十三。

以遺稿付之，屬為編定，所記汪氏年歲當可據也。小米卒道光十六年（一八三六），年四十三，則生於乾隆五十九年（一七九四）。

十六、孫星衍傳

孫星衍，字淵如，江蘇陽湖人。……（乾隆）五十七年，遷員外郎，洊陞郎中。六十年，授山東兖沂曹濟道。……（嘉慶）四年六月，丁母憂歸。……服闋入都，奉旨仍發山東。十年，補督糧道。……嘗病《古文尚書》為東晉梅賾所亂，官刑部時，即集《古文尚書馬鄭王注》十卷、《逸文》二卷。歸田後，又為《尚書今古文注疏》三十九卷，……其書意在網羅放佚舊聞，故錄漢魏人佚說為多；又兼采近代王鳴盛、江都段玉裁[97]諸人《書》說。（頁五五五四—五五五五）

森按：此傳紀年頗多舛誤。阮元〈山東糧道淵如孫君傳〉云：「乾隆五十六年，轉員外。」[98]張紹南《孫淵如先生年譜》五十六年條：「五月，題陞刑部江蘇司員外郎，以避本省調辦直隸司事。」[99]此傳云「五十七年遷員外郎」，其誤一。《年譜》嘉慶三年

97 按段玉裁江蘇金壇人，非江都人，此文「江都」蓋「江聲」之誤，點校者失校耳。
98 阮元〈山東糧道淵如孫君傳〉，《揅經室二集》，卷三，頁二十九。
99 張紹南編，王德福續編《孫淵如先生年譜》，光緒、宣統間繆氏刊《藕香零拾》本，卷上，頁九。

條載：「五月二十二日，為君父七十壽辰，舉觴稱慶。時母金夫人已得腹脹疾，君雖候補，卒不至省，惟日侍母疾、閱醫書，憂惶無措。親禱尼山，不效。六月二十七日，金夫人卒於兗州官舍。」[100]此傳作四年六月丁母憂，其誤二。[101]《年譜》嘉慶九年條：「二月，奉旨補授山東督糧道。」[102]此傳作十年，其誤三。[103]

此傳云：孫氏歸田後，著《尚書今古文注疏》，其說亦非。按孫星衍《書疏》卷首〈凡例〉，其末一則云：

此書創始于乾隆甲寅年，至嘉慶乙亥年迄功付刊。中間歷官中外，牽于人事，雖手不釋卷，懼有遺忘，多藉同人之助。台州洪明經頤煊、文登畢孝廉以田、上元管秀才同助其搜討；同里臧上舍鏞堂、從弟星海助其校讎，應行附錄。[104]

100 同上注，卷下，頁二。

101 阮元〈淵如孫君傳〉云：「四年二月，大府奏稱君熟習刑名，……。六月，君丁母金夫人憂歸里。」（《揅經室二集》，卷三，頁三十四）史傳蓋沿阮氏之誤。

102 張紹南編，王德福續編《孫淵如先生年譜》，卷下，頁六。

103 阮元撰〈傳〉云：「十年，委署登萊青道，補山東督糧道。」（《揅經室二集》，卷三，頁三十五）然《年譜》「鐵撫部奏署登萊青道事」，在九年正月。阮〈傳〉所記年歲多差一年，史傳蓋沿其誤。

104 孫星衍《尚書今古文注疏》，一九八六年，北京：中華書局點校本，卷首，頁三。

〈凡例〉云《書疏》創始于乾隆五十九年，蓋是年孫氏輯《古文尚書馬鄭注》十卷成，[105]翌年序而刊之。其後，孫氏校刻經部古佚書，並輯校子史要籍，凡一二十種；復纂《周易集解》十卷、《寰宇訪碑錄》十二卷等，[106]並未專意於《尚書》。上引〈凡例〉言，《書疏》之成，洪頤煊佐其搜討，助力尤多。按洪氏嘉慶十年五月，館於孫氏山東督糧道署，迄十六年七月淵如致仕南歸，前後佐幕者七年。[107]今據《孫譜》嘉慶十二年條：「二月，督運北上。舟中著《尚書古今文義疏》，成〈皐陶謨〉；及同洪君頤煊撰今文〈泰誓〉兩篇。」[108]又十五年條載：「君以向所撰〈皐陶謨義疏〉授臧庸，〈臧君〉跋其後云：『此篇以《史記》參定古今文，……說極精，宜早成全書，以惠來學。』」[109]同年六月，臧庸〈與孫淵如觀察書〉云：「《尚書義疏》發明古今文之學，有前人所未言者，聞將續著〈堯典〉、〈微子〉等篇。此事固非一人之能盡，然必先盡夫我力之所能為，餘俟後人補之，不可一意委之來學，致彼此蹉跎也。」[110]合此諸文繹之，其疏《尚書》

---

105 孫星衍〈題羅山人聘為予寫昔夢圖十幀〉，其十〈孔林觀禮〉小序云：「甲寅歲（五十九年）輯《古文尚書馬鄭注》成，企想前哲，有執禮器西行之夢。」（《芳茂山人詩錄》，《續修四庫全書》本，卷七，頁五）

106 按《周易集解》十卷，嘉慶三年六月告成；《寰宇訪碑錄》成於五年秋，七年二月付刻，並見本書自序。

107 別詳拙稿〈洪頤煊年譜〉，二〇〇九年，《中央研究院歷史語言研究所集刊》八十本第四分，頁六九一—七七一。

108 張紹南編，王德福續編《孫淵如先生年譜》，卷下，頁九。

109 同上注，卷下，頁十二—十三。

110 臧庸《拜經堂文集》，《續修四庫全書》本，卷三，頁四十四。

蓋由〈皋陶謨〉始，孫氏以《史記》參定，由此悟得分別今古文條例，後乃續疏〈堯典〉等篇。《孫譜》嘉慶十五年條復載：「君又偕管君同采輯周秦兩漢舊義，為《尚書義疏》稿。」蓋其時《書疏》略已成稿，故孫氏十六年七月致仕，十九年冬全書即告竣，翌年刻成。[111] 則此書非淵如歸田後始為之，明矣。

十七、陳鱣傳

陳鱣，字仲魚，浙江海寧人。……鱣學宗許鄭，嘗繼其父志，取《說文》九千言，〔以〕聲為經，偏旁為緯，竭數十年之心力，成《說文正義》一書。……又著《論語古訓》十卷，凡漢人之注及皇《疏》無不采取。〔段〕玉裁見所著諸書，歎其精覈。（頁五五五七）

森按：此傳有二誤。一、據謝啟昆《小學考》卷十所載，陳鱣著有《說文解字正義》三十卷及《說文解字聲系》十五卷兩書。[112] 阮元序陳鱣《論語古訓》，中云：

陳君精於六書，嘗著《說文解字正義》；又以《說文》九千言，以聲為經，偏旁為

---

111 張紹南編，王德福續編《孫淵如先生年譜》，卷下，頁十三—十四。

112 謝啟昆《小學考》，卷十，頁二十。

緯，輯成一書，有功學者益甚。[113]

據王鳴盛《說文正義・序》言：「是書名曰《正義》，所以發明解說，既博且精，似更勝於張守節之《史記正義》。」[114]按此，知仲魚《說文正義》乃義疏之體，主於疏證發明許君說解。而阮〈序〉所言「又以《說文》九千言，以聲為經，偏旁為緯，輯成一書」，「又以」云者，《說文正義》之外，別又一書也，自指《說文聲系》無疑。史臣未詳繹阮〈序〉文意，致誤合《正義》、《聲系》為一書。[115]仲魚《說文正義》，其稿久佚；《聲系》則併合為三卷，稿本現藏中國國家圖書館。[116]

二、仲魚《論語古訓》不載皇侃《疏》義，其書〈自敘〉固已明言：「《論語古訓》，存漢經師之遺義也。……今以《集解》為本，考諸載籍所引遺說，旁搜埘益，為《古訓》十卷。」[117]所采古訓，「鄭康成，漢世大儒，故《集解》之外，蒐輯鄭說獨多，且

113 阮元〈論語古訓序〉，陳鱣《論語古訓》，《續修四庫全書》本，卷首，頁二。

114 謝啟昆《小學考》，卷十，頁二十四。

115 梁啟超《中國近三百年學術史》云：陳仲魚《說文正義》，「阮芸臺謂其『以聲為經，偏旁為緯』，果爾，則當與後此姚文田、朱駿聲各書同體例。但書名『正義』，似是隨文疏釋，頗不可解。」（民國二十五年，上海：中華書局，頁二〇九—二一〇）此亦誤讀阮〈序〉耳。拙文〈陳鱣事蹟辨正〉另有詳考，此不具論（上海社會科學院《傳統中國研究集刊》第一輯，二〇〇六年，頁三二四—三三三）。

116 《中國古籍善本書目・經部》，頁四八八。

117 陳鱣《論語古訓》，卷首，頁一。

以愚意疏通證明之，所以補疏家之未備也。馬融，鄭之師也；王肅，難鄭者也。存馬、王之說，亦可以發明鄭注也。」[118] 蓋其書以何晏《集解》為本，另蒐輯群書所引鄭玄佚注，間為疏通證明之。所采諸家，除鄭《注》外，即《集解》所引孔安國、包咸、周氏、馬融、陳群、王肅、周生烈等漢魏舊義，因名曰《古訓》。其書並未采皇侃說義及皇《疏》所引六朝儒先諸說。[119] 此傳謂《古訓》「凡漢人之注及皇《疏》無不采取」，斯說有誤。

十八、嚴元照傳

嚴元照，字九能，浙江歸安人。諸生。治經務實學，尤熟於《爾雅》、《說文》。……著《爾雅匡名》八卷，旁羅異文佚訓，鉤稽而疏證之。又有《悔菴文鈔》八卷、《詩鈔》、《詞鈔》、《娛親雅言》等書。嘉慶二十二年卒，年三十五。(頁五五八五)

---

118 同上注。

119 按陳鱣〈序〉言：「凡經文從邢昺《正義》本，而以漢唐石經、皇侃《義疏》、高麗《集解》本、《經典釋文》及日本山井鼎《七經孟子考異》、物觀《補遺》校注于下。」據此，則《古訓》所據《論語》，經文則從邢本，間以漢唐石經、皇《疏》等書異文校注其下。又，此〈序〉所稱「高麗《集解》本」，實日本正平版《集解》，清儒誤以正平為高麗年號耳；山井鼎之書名《七經孟子考文》，此作「考異」，亦非。

森按：九能，又字修能。《清史稿》卷四八二有傳，不記年歲；[120]此傳謂九能「卒年三十五」，其說有誤。考九能所鈔《東萊書說》，卷五末識語云：

生年卅七，未嘗作嘉禾之游，昨因嘉興郡尊鄦齋李公喪其母夫人，往弔之，始得游煙雨樓、茶禪寺。寺中有至正十一年黃文獻所撰碑，周伯琦書，書法工整，石亦完好可熹。寺本名景德寺，門前有小浮圖三座，俗呼其處為三塔灣云。往返三日，得詩六首。〔三月〕廿八日，修能書。[121]

此文「生年卅七」云云，則史傳謂九能「卒年三十五」，其誤顯然。另據九能《柯家山館詞》卷二〈金縷曲・小序〉言：「壬申三月廿四日，僕四十初度。」[122]壬申為嘉慶十七年（一八一二），九能時年四十，則生於乾隆三十八年（一七七三）。

至嚴氏卒年，諸家所記不一。許宗彥〈三文學合傳〉言：「嘉慶二十二年，〔汪〕家禧自閩中歸，得疾而歿，無子。其次年，元照亦歿。」[123]依此說，則嚴氏卒於嘉慶

120 《清史稿》，頁一三二五六。
121 呂祖謙《東萊書說》，民國十七年，中社影印嚴元照抄宋本，卷五，頁十二。
122 嚴元照《柯家山館詞》，《湖州叢書》本，卷二，頁十五。
123 閔爾昌纂《碑傳集補》，《清代傳記叢刊》本，卷四十八，頁十八。按三君者，汪家禧、楊鳳苞、嚴元照也。

二十三年。惟據姚椿〈汪家禧別傳〉言汪君「嘉慶二十一年卒，年四十二」，[124] 趙坦〈汪漢郊墓誌銘〉亦言：「嘉慶二十一年十月十八日，仁和汪君家禧卒。」[125] 九能歿於汪氏卒後一年，則卒於嘉慶二十二年。徐球序九能《柯家山館遺詩》云：「辛未（嘉慶十六年）之秋，悔菴居士屬球序其詩，越一年而居士病，[126] 病五年而竟不起。」其編年詩稿至二十二年止，則九能卒於嘉慶二十二年（一八一七）甚明，享年四十五。錢林《文獻徵存錄》謂九能「卒年僅三十餘」，支偉成《清代樸學大師列傳》同；[127] 袁行雲《清人詩集敘錄》卷五十四謂九能「卒於嘉慶二十二年，年五十五」，[128] 諸說俱非。鄭偉章《文獻家通考》、[129] 江慶柏編《清代人物生卒年表》，[130] 則沿《清史列傳》之誤。

十九、焦循傳

124 同上注，卷四十八，頁十九。

125 趙坦《寶甓齋文錄》，民國二十七年，燕京大學圖書館排印本，卷下，頁十八。

126 嚴元照《柯家山館遺詩·病榻讀書漫述》小引：「僕自壬申（嘉慶十七年）仲秋患腸澼之疾，久而弗瘉。去冬重以痎瘧右脅生瘕，兩乳作痛，夏間又患腹脹，侵尋歲月，九死一生」云云（《湖州叢書》本，卷五，頁五），可相參證。

127 錢林《文獻徵存錄》，《續修四庫全書》本，卷九，頁六十九；支偉成《清代樸學大師列傳》，頁一四九。

128 袁行雲《清人詩集敘錄》，一九九四年，北京：文化藝術出版社，頁一八九八。

129 鄭偉章《文獻家通考》，一九九九年，北京：中華書局，頁七一一。

130 江慶柏編《清代人物生卒年表》，頁二三二。

焦循，字里堂，江蘇甘泉人。嘉慶六年舉人。……著《易通釋》二十卷，自謂所悟得者：一曰旁通，二曰相錯，三曰時行。……既復提其要，為《圖略》八卷，又成《章句》十二卷，總名《易學三書》。初，循以《易》學質王引之，引之以為鑿破混沌。年四十七，病危，以書未成為憾。後乃誓於先聖先師，盡屏他務，凡四易稿乃成。（頁五五八五—五五八七）

森按：此傳凡數誤。一、里堂生於乾隆二十八年（一七六三），年四十七當為嘉慶十四年（一八〇九）。據焦廷琥〈先府君事略〉，是年里堂佐姚文田、白小山修《揚州府志》，分纂〈山川〉、〈忠義〉、〈孝友〉、〈篤行〉、〈隱逸〉、〈術藝〉、〈釋老〉、〈職官〉諸門；[131]更以修志所得修脯構雕菰樓，並無史傳所言「病危」情事。據《易通釋·自序》言：「丁卯（嘉慶十二年）春三月，遘寒疾，垂絕者七日，昏瞀無所知，惟〈雜卦傳〉一篇往來胸中。既甦，遂一意於《易》。」[132]《雕菰集》卷七〈申戴〉一文亦言：

余丁卯春三月，病劇，昏臥七日，他事不復知，惟《周易·雜卦》一篇往來胸中，

131 焦廷琥〈先府君事略〉，《焦氏遺書》本，頁二十八。按里堂《易通釋·自序》亦言：「己巳（嘉慶十四年），佐歸安姚先生秋農、通州白先生小山修葺郡志，稍輟業。」

132 焦循《雕菰集》，《續修四庫全書》本，卷十六，頁十三—十四。

明白了析，曲折畢著。[133]

則所謂「病危」者，乃指嘉慶十二年三月昏厥七日事，史傳作十四年，誤也。二、里堂誓於先聖先師之年，王永祥《焦里堂先生年譜》嘉慶十六年條記：「正月，誓于先聖先師，盡屏他務，專理《易》學。」又嘉慶十七年條載：「是年作〈告先聖先師文〉，述學《易》經過。」，[134]將此事分繫兩年，蓋本集卷二十四〈告先聖先師文〉云：

循幸生聖世，沐享大平，自料才薄，不勝簿書；惟鈍而好思，不苦艱蹇，庶幾闡明此經。……特循年已五十，脾病時發，每一冥索，僅及五六，神氣遂竭。[135]

嘉慶十七年，里堂年五十，故王《譜》將此文繫於是年。然《易通釋·自序》固明言：

133 同上注，卷七，頁一。按此事焦氏文中屢屢言之，本集〈告先聖先師文〉亦言：「四十五歲時，三月八日病寒，十八日昏絕，至二十四日復甦。妻子啼泣，戚友唁問，一無所知，惟〈雜卦傳〉一篇，朗朗於心。既甦，默思此傳實為贊《易》至精至要之處，二千年說《易》之人置之不論，或且疑之，是固我孔子神爽聿昭，以循有志於此經，所以昏瞀之中，開牖其心，陰示厥意。」（卷二十四，頁一）又〈寄朱休承學士書〉云：「循丁卯春，病絕七日乃甦，用是諸念悉屏，專心學《易》。」（卷十三，頁八）

134 王永祥《焦里堂先生年譜》，收於氏著《焦學三種》，民國二十二年，《孝魚叢著》本，頁三十四。

135 焦循《雕菰集》，卷二十四，頁一──二。

「辛未（嘉慶十六年）春正月，誓於先聖先師，盡屏他務，專理此經。」[136]又焦廷琥〈先府君事略〉：「辛未春正月，誓於先聖先師」云云，[137]是此事當在十六年正月甚明，〈告文〉即撰於此時，文中云「循年已五十」者，舉其成數耳，非既誓之後，翌年另撰此文也。比閱賴貴三《焦循年譜新編》，於此所舉二事俱未能辨正，乃將自誓先聖先師事分次於嘉慶十四年、十六年、十七年，一事凡三見，[138]尤誤。

三、史傳謂里堂《易》學「凡四易稿乃成」，說亦未核。據《易通釋・自序》言：「初有所得，即就正於高郵王君伯申。伯申以為精銳，鑿破混沌。用是憤勉，遂成《通釋》一書。丙寅（嘉慶十一年）以質歙縣汪君孝嬰、南城王君實齋，均蒙許可。」此一稿也。又「丁卯春三月，遘寒疾云云。既甦，遂一意於《易》。明年，以訟事伺候對簿，改訂一度。」此第二稿。〈自序〉又言「庚午，又改訂一度。」此第三稿。又「辛未春正月，誓於先聖先師，盡屏他務，專理此經。日坐一室，終夜不寐，又易稿者兩度。」此則第四、五稿；又云：「癸酉二月，自立一簿，以稽考其業，歷夏迄冬，庶有所就，

136 同上注，卷十六，頁十四。
137 焦廷琥〈先府君事略〉，頁二十。
138 賴貴三《焦循年譜新編》嘉慶十四年條云：「年四十七，病危，以《易學三書》未成為憾，乃誓於先聖先師，盡摒他業，專致力於《易》。」（一九九四年，臺北：里仁書局，頁二七八）十六年條下復言：「春正月，誓於先聖先師，盡屏他務，專理《易經》。」（頁二九一）又十七年條下：「先生至五十歲，始確然不移，漸成《易學》定稿，故有誓告於先聖先師之舉。」（頁三〇三）

訂為二十卷。」然則其書凡六易稿而後成。惟〈告先聖先師文〉所記，與此略異：

二十歲，從事於王弼、韓康伯《注》。二十五歲後，進而求諸漢魏，研究於鄭、馬、荀、虞諸家者凡十五年。年四十一，始盡屏眾說，一空己見，專以〈十翼〉與上下兩經，思其參互融合，脈絡緯度，凡五年，三易其稿。

四十五歲時，三月八日病寒，十八日昏絕，至二十四日復甦。……於是科第仕宦之心盡廢，不憚寒暑，不與世酬接，甫於參伍錯綜中，引申觸類。……盡改舊稿，著為三書，一曰《通釋》，二曰《圖略》，三曰《章句》，鎔貫零散，比櫛凝鬱，索之三年，稍識其指。隨加增損塗乙，既盈，更寫清本。（按此為第四稿）

去年（十五年庚午）悟得「時」字、「利」字之義，不畏煩複，自三月以來，未出村中，將前此所脫之稿重加刪改，則又十去六七。（按此第五稿）

據〈告先聖先師文〉所言，則嘉慶十二年春以前已三易其稿；四十五歲春病後，「索之三年」，即十二年春至十四年，所訂定者為第四稿；十五年三月後，復「重加刪改，十去六七」，此為第五稿；合之上引《通釋·自序》所言「辛未（十六年）春正月，誓於先聖先師」後，「又易稿者兩度」；及癸酉（十八）年重加訂定，則凡八易其稿矣。前後兩說互異者，蓋增損改易，事有繁省，所計者不一耳。嘉慶二十年乙亥除夕《易章句·自序》云：

歲癸酉，所為《易通釋》、《圖略》兩稿初就，而足疾時發，意殊倦。《章句》一編，未及整理之也。甲戌夏，宮保芸臺阮公自漕帥移節江西，過里中，問循所為《易》何如？因節錄其大略，郵寄請教。宮保今歲書來，極承過許，且言質之張古愚太守，亦詫為奇，索見完本。於是五月間，令門人子弟寫《通釋》、《圖略》共二十八卷。既畢，因取《章句》草稿手葺之，凡五閱月始就，用為初稿，俟更審正之也。[139]

據此，知《易章句》一編，至嘉慶二十年冬始寫就。本集卷十三〈上座師英尚書書〉亦言：「循自壬戌歸家，即留心於《易》，越十二年，至乙亥，成《易學》四十卷。」[140]是《易學三書》四十卷，迄二十年乙亥冬全書乃成。焦廷琥〈事略〉：「乙亥，〔阮芸臺〕先生有書來，索見完本。府君因取《章句》草稿手葺之，凡五閱月，成《章句》十二卷。是書（森按：指《易學三書》）之成，凡數十年。專力於此者，亦十餘年，然而府君心血已耗矣。」[141]觀此，可見前儒一藝之成，數十年於茲，數易其稿然後差敢自信，視今人之急於成書者，其矜慎為如何也。

139 見《焦氏叢書》本《易章句》卷首；《清經解》本《易章句》闕此序。
140 焦循《雕菰集》，卷十三，頁四。
141 焦廷琥〈先府君事略〉，頁二十二。

二十、李鋭傳

李鋭，字尚之，江蘇元和人。諸生。篤學樸厚，長於經義，習《公羊春秋》、《虞氏易》。嘗著《周易虞氏略例》十八篇為一卷。……儀徵阮元督學浙江，延鋭校《禮記正義》及輯《疇人傳》，元以「今之敬齋」稱之。……嘉慶二十二年卒，年四十五。（頁五五九〇—五五九一）

森按：此傳凡數誤。一、阮元《十三經注疏校勘記》，《禮記》一經實由洪震煊分纂，並非李鋭也。阮氏《禮記注疏校勘記·序》云：「今屬臨海生員洪震煊以惠棟本為主，並合元舊校本及新得各本，考其異同。元復定其是非，為《校勘記》六十有三卷。」[142]則《禮記校勘記》非出李鋭之手明矣。《清史列傳》卷六十九〈洪震煊傳〉云：「元修《十三經校勘記》，震煊任《小戴禮》。」[143]此則不誤。檢阮元《周易注疏校勘記·序》云：

元於《周易注疏》舊有校正各本，今更取唐、宋、元、明經本，經注本、單疏本、經注疏合本，讎校各刻同異，屬元和生員李鋭筆之，為書九卷；別校〈略例〉一

142 阮元〈禮記注疏校勘記序〉，《清經解》，卷八八二，頁一—二。
143 《清史列傳》，頁五五九八—五五九九。

卷、陸氏《釋文》一卷。[144]

又《穀梁注疏校勘記・序》云：

康熙間，長洲何煌者，焯之弟，其所據宋槧經注殘本、宋單疏殘本，並希世之珍，雖殘編斷簡，亦足寶貴，元曾校錄。今更屬元和生員李銳，合唐石經、元版《注疏》本，及閩本、監本、毛本，以校宋十行本之譌。元復定其是非，成《穀梁注疏校勘記》十二卷、《釋文校勘記》一卷。[145]

又《孟子注疏校勘記・序》言：

吳中舊有北宋蜀大字本、宋劉氏丹桂堂巾箱本、相州岳氏本、盱郡重刊廖瑩中世綵堂本，皆經注善本也。……而《注疏》本有十行者，亦較它《注疏》本為善。今屬元和生員李銳合諸本臚其同異，元為辨其是非。……為《校勘記》十四卷。[146]

據此，則李銳分纂者為《周易》、《穀梁》、《孟子》三經，此明見於本書書序者，其分纂之人當以此為正。史臣則沿阮元〈李尚之傳〉之誤耳，說詳下。

144 阮元〈周易注疏校勘記序〉，《清經解》，卷八〇七，頁一。
145 阮元〈穀梁傳注疏校勘記序〉，《清經解》，卷一千零三，頁一。
146 阮元〈孟子注疏校勘記序〉，《清經解》，卷一千三十九上，頁一。

二、此傳言李銳分纂《禮記校勘記》，在「阮元督學浙江」時，其說亦誤。按阮元調任浙江學政，在乾隆六十年秋，嘉慶三年九月任滿還都。[147]《雷塘庵主弟子記》不載《校勘記》經始之年，然據臧庸〈亡弟和貴割肱記〉云：

嘉慶六年春正月，庸往杭州，就阮侍郎校經之聘。弟再拜送之，曰：「兄弟皆侍膝下，誰為負米者？客皆遊，誰為視膳者？兄與禮堂一人出，一人留，可乎？侍郎招，幸以此辭。」庸偕仁和何君元錫、元和顧君廣圻同謁侍郎。侍郎詢弟能來杭否？庸以弟語辭，侍郎默然，遂延他客。[148]

據此，則阮元集門下士校勘群經，在嘉慶六年春。翌年九月，臧庸分纂《周禮》、《公羊》、《爾雅》三經《校勘記》成，辭歸常州；[149]顧廣圻分纂《毛詩注疏》，亦於其冬告成，由杭州返吳門，[150]蓋諸君分纂稿約於嘉慶七年秋冬間先後竣事。時阮氏任浙江巡撫，非學政也。尋史傳致誤之由，殆沿阮元〈李尚之傳〉而誤也，阮〈傳〉云：

元昔在浙，延君至西湖，挍《禮記正義》。予所輯《疇人傳》，亦與君共商榷，君

147 張鑑等纂《阮元年譜》，頁十四—十九。
148 臧庸《拜經堂文集》，卷五，頁三十四。按文中「客皆遊」句，當作「皆客遊」。
149 參拙稿〈臧庸年譜〉，二〇〇七年，《中國經學》第二輯，頁二四七—三一五。
150 李慶《顧千里研究》，一九八九年，上海古籍出版社，頁九十。

之力為多。[151]

此阮元記憶有誤，史臣未經核實，沿仍其謬，故以《禮記校勘記》為李鋭分纂；復因阮〈傳〉「元昔在浙，延君至西湖」之語，妄臆為阮元提督浙學時，遂成此誤。

三、傳言李鋭「嘉慶二十二年（一八一七）卒，年四十五」，則生於乾隆三十八年（一七七三），《清史稿》卷五百七〈疇人傳〉同。[152] 今人嚴敦傑纂〈李尚之年譜〉，考證李鋭生於乾隆三十三年十二月初八日。[153] 余考臧庸〈漁隱小圃文飲記〉，載嘉慶二年（一七九七）臧君與鈕樹玉、袁廷檮、費士璣、顧廣圻、李鋭、瞿中溶諸人，會飲於袁氏漁隱小圃，李鋭時年三十，[154] 則生於乾隆三十三年審矣；下距嘉慶二十二年卒，享年五十。

二一、包世榮傳

包世榮，字季懷，涇縣人。道光元年舉人。深於漢學，嘗謂毛公恪遵雅訓，義最優，簡直〔質〕難曉。……至於草木鳥獸之性質體用，詩人所由託興。又古

151 阮元《揅經室二集》，卷四，頁四十七。

152 《清史稿》，頁一三九八六。

153 嚴敦傑〈李尚之年譜〉，收於梅榮照主編《明清數學史論文集》，一九九〇年，南京：江蘇教育出版社，頁四四五。

154 臧庸《拜經堂文集》，卷四，頁十三。

文習於禮，故舉時、舉地、舉器服，即以見得失，寓美刺。斯三者有一不明，則茫然不得其解，因成〈訓詁〉八卷、〈草木蟲魚〉四卷、〈輿地〉一卷，名曰《學詩識小》。……又著有吉凶典禮器服樂章十卷，《毛詩禮徵》。（頁五五九五）

森按：此傳文字多譌，點校者清學甚疏，未能是正也。「古文習於禮」，文意不可通，「文」字當作「人」；「名曰學詩識小」，下當脫「錄」字；文末「毛詩禮徵」上，蓋脫「名」字。包世臣〈包君行狀〉云：「托始於嘉慶戊辰，以迄道光辛巳，十有四年，寒暑不輟，成〈訓詁〉八卷、〈草木〉二卷、〈鳥獸〉一卷、〈蟲魚〉一卷、〈輿地〉一卷，名曰《學詩識小錄》；述吉凶典禮器服樂章者又十卷，未有大名。共二十二卷，155 四十餘萬言。《識小錄》十三卷，中唯〈輿地〉一卷未經君自寫定；述禮十卷，則初稿數欲焚棄而幸存故笥者。」156 據此，知述禮一書原未寫定，初無題名。另據包世臣〈詩禮徵文序〉言：「季懷以嘉慶戊辰秋始學《詩》，至丙子冬，推鄭氏以禮說詩之意，為書十卷，有自序而無大名；既而棄之。又六年，乃成《學詩識小錄》十三卷。」157 則述禮之書成於《識小錄》之前。包〈序〉又言：

---

155 按《識小錄》十三卷，述禮者十卷，二者合之，當為二十三卷；此言二十二卷者，蓋〈輿地〉一卷未經寫定，故未計入耳。包世臣雄於文，然所為傳狀文字，時覺含混。

156 包世臣《藝舟雙楫》，《安吳四種》本，卷四〈論文四〉，頁七。

157 同上注，卷二〈論文二〉，頁三。

今年春撰集遺書，檢得〈致仲虞書〉稿，有曰：「學《詩》八年，自謂有得，奮然欲述《詩禮原鄭》一書。今編次粗就，殊不足發明鄭氏，僅徵舊文，供制舉家摭拾而已。覆閱之，令人慚恧；而家伯氏以為不可焚棄，俟異日之刪定。」……孟瞻、孟開反覆其書，僉謂援引淹通，實足導來學之前路，故原季懷本意，名之曰《詩禮徵文》，先校而梓之。158

依此，其名《詩禮徵文》，乃包世臣、劉文淇（孟瞻）、包慎言（孟開）等所定。此書有道光八年小倦游閣刊本、光緒十三年李氏木犀軒重刊本，俱名《毛詩禮徵》，則又後來改題也。

《毛詩禮徵》計分四十三類，江瀚撰是書提要，稱其書「詳且備矣」。159 惟按陳宗起《周禮輿服志》一卷，《續修四庫全書總目提要》云：「涇上包世榮纂《毛詩禮徵》，車制失考，寓書宗起徵其說，宗起為撰是編。……先是，包世榮已取是編刊入《毛詩禮徵》中矣，惟總序未著其姓字，後宗起子克劭編輯遺書，復錄歸本集而單刻焉。」160 據此，則《禮徵》車制一類乃陳宗起所撰也。

《學詩識小錄》未有刊本，舊有鈔本流傳，《續修四庫全書總目提要》著錄，張壽

158 同上注，頁三—四。
159 中國科學院圖書館整理《續修四庫全書總目提要·經部》，一九九三年，北京：中華書局，頁三七〇。
160 同上注，頁四九六。

林所撰〈提要〉云：「全書都為十有三卷，……篇目、卷數皆與〈行狀〉相合。……書中於訓詁之異同，名物之紛錯，莫不條舉件繫，詳為之說，而其致力最勤者尤在訓詁。其論鄭氏箋《詩》以毛為主，而往往易毛者，非破毛，乃以存異義，或為禮家之說，或為三家之義，或本緯候，或本己意。其所以異於《毛傳》者，非必以毛為非而定所易之為是，蓋所以存異義也。」[161]說極宏通。觀此，可以略覘其書旨趣矣。此鈔本今莫知所歸，不知尚存天壤間否？獨怪此書既經季懷寫定，不知包世臣諸君當日何以不刻此稿，反刻早年未經刪定之《禮徵》？斯不可解也。

二二、李遇孫傳

遇孫，字金瀾。嘉慶六年優貢生，處州府訓導。幼傳祖訓，淹貫經史，著有《尚書隸古定釋文》八卷。……性嗜金石，有《芝省齋碑錄》八卷、《金石學錄》四卷。官處州時，以處州地僻山遠，阮元《兩浙金石志》未免脫漏，乃搜輯百餘種，為《栝蒼金石志》八卷。（頁五五九六）

森按：李遇孫，《清史稿》卷四八二有傳，[162]不記生卒年壽；姜亮夫《歷代人物年里碑

161 同上注，頁三七一。

162 《清史稿》，頁一三二六一。

傳綜表》亦缺。近江慶柏《清代人物生卒年表》據遇孫《芝省齋吟稿》卷七〈題松江汪今韓姊婿山水行看子五首〉，考得遇孫生於乾隆三十年（一七六五），闕其卒年。[163]今檢遇孫從兄李富孫《校經叟自訂年譜》道光二十一年（一八四一）條記：「二月，金瀾從弟患膈噎，卒於栝州學署。」[164]距乾隆三十年生，享年七十七，可補史傳及江《表》之缺。

二三、陳逢衡傳

陳逢衡，字穆堂，江蘇江都人。諸生。道光元年，舉孝廉方正，力辭不就。……著有《竹書紀年集證》五十卷、〈敘略〉一卷，《逸周書補注》二十四卷、《穆天子傳注補正》六卷。……道光十一年卒，年七十一。（頁五六〇四）

森按：傳言穆堂道光十一年（一八三一）卒，年七十一，未詳所據。《清儒學案》卷一三一本傳則言：「咸豐五年（一八五五）卒，年七十有八。」原注：「參金長福撰〈傳〉。」[165]二者所記穆堂之歿相差二十四年。檢《碑傳集補》卷四十八金長福〈陳徵君傳〉，但言：

163 江慶柏編《清代人物生卒年表》，頁二九五。

164 李富孫《校經叟自訂年譜》，道光二十四年刊本，頁二十一。

165 徐世昌纂《清儒學案》，卷一三一，頁二十五。

穆堂晚年薄滋味，節飲食，「喜服峻利之劑，遂至暴下不起。其呻吟牀褥時，猶手一編，注視不倦。卒年七十有一。」[166]並無《學案》「咸豐五年卒，年七十八」之說。考中央研究院歷史語言研究所傅斯年圖書館藏穆堂《穆天子傳注補正》原稿本，卷首有道光十一年三月望日〈序〉；又二十年庚子（一八四〇）十一月〈後序〉，中言：「自嘉慶甲子年（九年），予二十七歲，集證《竹書紀年》，十年而成。」以嘉慶九年（一八〇四）年二十七推之，則穆堂生於乾隆四十三年（一七七八）；穆堂〈後序〉自述生平梗概及為學次第，文末記「時年六十有三」，亦其一證也。〈後序〉之後，復有道光壬寅（廿二年）二月識語。然則此傳言穆堂道光十一年卒者，其誤顯然。據金長福撰〈傳〉言穆堂卒年七十一，則卒於道光二十八年（一八四八）。[167]江慶柏《清代人物生卒年表》，以穆堂乾隆四十五年生，道光三十年卒，[168]亦非。

二四、劉逢祿傳

劉逢祿，字申受，江蘇武進人。……仿《經典釋文》之例，存異文古訓，為《五

---

166 閔爾昌纂《碑傳集補》，卷四十八，頁二十六—二十七。

167 姜亮夫《歷代人物年里碑傳綜表》所載陳逢衡生卒年，與本文所考者同。姜《表》原注：據「《碑傳集補》卷四十八」（頁六六〇），即金長福撰〈傳〉。然金〈傳〉不載穆堂生卒年壽，不知姜氏此何所本？

168 江慶柏編《清代人物生卒年表》，頁四五八。

經考異》，已就兩經而未成。他著《石渠禮論》一卷、《詩文集》八卷。道光九年卒，年五十六。（頁五六〇六）

森按：此傳可議者數事。一、據《劉禮部集》卷九〈五經考異敘〉，其書「仿陸元朗《經典釋文》之例，采輯舊本經籍所引，旁稽近代名儒深通經學、小學者之言，彙為一編」；「己巳（嘉慶十四年）之冬，與同里之學者臧庸、莊綬甲分經掇拾。二君以予向治《易》、《春秋》，屬纂次焉。臧君為《詩考》，幾成而逝；莊君為《尚書考》，將半而中輟。」[169]據此，則《五經考異》乃劉逢祿、莊綬甲、臧庸三人合纂之書，非申受一人所著也。劉氏所纂《易考異》、《春秋考異》二書，今稿佚莫睹。

二、劉氏詩文集，今有《劉禮部集》十二卷，道光十年劉氏思誤齋刊本，卷一至十文，卷十一詩詞，卷十二為其子承寵所著《麟石文鈔》。《續修四庫全書》有影印本。

三、據劉逢祿之子承寬所撰〈行述〉，云：「府君生于乾隆四十一年六月十二日戌時，卒于道光九年八月十六日未時，享年五十有四。」[170]此傳言「卒年五十六」者，誤也。

二五、江藩傳

169 劉逢祿《劉禮部集》，《續修四庫全書》本，卷九，頁七。

170 同上注，卷十一，頁十。

江藩，字子屏，江蘇甘泉人。監生。……為人權奇倜儻，能走馬奪槊，豪飲。偏游齊晉燕趙閩粵江浙，韓城王杰極重之。曾恭撰純廟詩《集注》，由杰進呈，恩賞《御製詩五集》。後諭召對圓明園，值林爽文陷臺灣，報至，遂輟，人惜其遇。（頁五六一〇）

森按：此傳所記召對圓明園事，蓋本繆荃孫撰〈傳〉，[171]支偉成《清代樸學大師列傳》亦載之；[172]然其事頗有可疑者。[173]考「林爽文陷臺灣」，事在乾隆五十二年正月，翌年二月事平。[174]而五十二年江藩尚在揚州，其秋客游江右，迄五十三年二月皆在王昶江西布政使幕，[175]不得更有召對圓明園之事，此其一。《御製詩五集》所收乃乾隆四十九年迄六十年御作之詩，不得乾隆五十二年已以其書賞予江氏，此其二。另據阮元〈高密遺書序〉言：「子屏嘉慶初年入京師，予薦館王韓城（杰）師相家，備查列《御製詩注》之事，終落魄歸揚州。」[176]據此，則江藩館於王杰家，乃阮元所推薦，其事在嘉慶初。此傳所記乾隆召對云云之說，蓋好事者所附會。繆氏短於考史，遽以載入江藩

171 繆荃孫纂《續碑傳集》，卷七十四，頁一。
172 支偉成《清代樸學大師列傳》，頁四十四。
173 參近藤光男譯注《國朝漢學師承記》，二〇〇一年，東京：明治書院，上冊，頁二十九。
174 《清史稿》，頁五三八—五四一。按近藤氏《譯注》謂五十四年正月事平，未確。
175 閔爾昌編《江子屏先生年譜》，民國十六年，江都閔氏刊本，頁六—七。
176 阮元〈高密遺書序〉，《揅經室再續集》，《續修四庫全書》本，卷三，頁十九。

傳中，復以之入史，其陋甚矣。

二六、方成珪

方成珪，字國憲，浙江瑞安人。嘉慶二十三年舉人，官海寧州學正，陞寧波府教授。成珪研精小學，尤勤於校讎，……嘗以晉干寶《易注》亡於北宋，……因捃摭佚文，詳為疏釋，為《干常侍易注疏證》二卷。又謂古韻書之存者，莫善於《集韻》，……為《集韻考正》十卷。……咸豐間以老病告歸，卒。（頁五六一五）

森按：此傳可商者二事，一、傳謂方成珪嘉慶二十三年戊寅恩科舉人，然陳謐〈方先生墓表〉云：「先生中式清嘉慶十三年戊辰浙江鄉試舉人；丁丑（嘉慶廿二年）考取景山官學教習。道光朝歷官海寧州學正、寧波府學教授。」[177] 楊嘉〈方成珪傳〉亦言：「中式嘉慶戊辰科舉人」，[178] 孫詒讓《溫州經籍志》卷七「方氏成珪《集韻考正》」條云：「雪齋方教授成珪，嘉慶戊辰舉人」，[179] 則方氏嘉慶十三年戊辰恩科舉人，傳作二十三年者，

177 陳謐〈方先生墓表〉，方成珪《敬業堂詩校記》書後附載，民國年間《惜硯樓叢刊》本，卷末，頁一。

178 楊嘉《緱鄉樓遺稿》，中國國家圖書館藏民國初年《墨香簃叢編》石印本，頁二十七。

179 孫詒讓《溫州經籍志》，《續修四庫全書》本，卷七，頁二十五。

誤也。

二、傳謂方氏「咸豐間以老病告歸，卒」，說亦未確。按陳謐〈墓表〉云：「先生生乾隆五十年乙巳（一七八五）九月二十九日，卒以道光三十年（一八五〇）庚戌六月初六日，春秋六十有六。」[180] 楊嘉撰〈傳〉則言「年六十有六，卒於家，時道光二十九年（一八四九）也。」[181] 二者生卒年相差一年，然俱謂方氏卒於道光末。此傳言「咸豐間卒」者，誤也。陳氏〈墓表〉撰於方成珪卒後八十年，文末云：方氏「身後，藏書數萬卷而皆散佚，靡有遺者，子姓孤微，欲求其行事，遂無足紀，斯則可悲也已。」[182] 楊嘉撰〈傳〉，亦後來追述，於方氏行實僅寥寥數語，文極簡略，亦莫詳所本。按方成珪著《寶研齋吟草》，中有道光十三年癸巳（一八三三）所作〈五十述懷〉詩，[183] 據此推之，則生於乾隆四十九年（一七八四），此出乎方氏自道者，其生年當以此為正。至其卒年，陳謐〈墓表〉具載其歿年月，當有所本，今從之，則卒於道光三十年六月，年六十七。

二七、方申

180 方成珪《敬業堂詩校記》，卷末，頁一—二。

181 楊嘉《轍鄉樓遺稿》，頁二十七。

182 方成珪《敬業堂詩校記》，卷末，頁二。

183 方成珪《寶研齋吟草》，中國國家圖書館藏道光二十六年活字本，頁五十七。

方申，字瑞齋，……受學於〔劉〕文淇，通《虞氏易》，……著《周易卦象集證》一卷，……《虞氏易象彙編》一卷，……《諸家易象別錄》一卷。又著《周易互體詳述》一卷、《周易變卦舉要》一卷。道光二十年卒，年五十。（頁五六一八）

森按：劉文淇〈文學方君傳〉云：「君名申，字端齋」，[184]此作「瑞齋」者，誤也。此傳言方氏「道光二十年（一八四〇）卒，年五十」，然據劉文淇撰〈傳〉，云：「庚子（道光二十年）秋，赴試江寧，積勞成疾，歸而益劇，即於十一月三日卒，年僅五十有四。」[185]史傳作「卒年五十」，誤也。

二八、迮鶴壽傳

迮鶴壽，字蘭宮，江蘇吳江人。道光六年進士，選池州府教授。……鶴壽少承父教，好學篤行，精研古義，每事必究其根原。……著《齊詩翼氏學》四卷。……又謂封建之法，有穀土三等地，有廛里九等地，有溝洫三等地，有采邑三等地，有山林六等地，有山澤邑居地，《孟子》與《周禮》一舉其土地，一舉其封疆，

184 劉文淇《青溪舊屋文集》，《續修四庫全書》本，卷八，頁八。

185 同上注，卷八，頁九。

非有二制。……復為《孟子》班爵祿、正經界兩章疏證，以暢其說，凡百二十卷。（頁五六二〇—五六二一）

森按：迮氏《齊詩翼氏學》四卷，有嘉慶十七年蓬萊山房刻本及《清經解續編》本。其《孟子班爵祿、正經界疏證》兩書，參合〈禹貢〉、《周禮》、《孟子》諸書，推考夏商周三代爵祿及九州分土、經界，然載籍亡缺，古制荒渺無稽，此傳載迮氏疏證《孟子》兩章乃至百二十卷之多，殊覺可疑。《清史稿•藝文志》著錄《班爵祿疏證》十六卷、《正經界疏證》六卷，[186] 孫殿起《販書偶記》卷三同。[187] 其書未刊，上海圖書館藏《班爵祿疏證》稿本十六卷，卷末迮氏手跋云：

辛未（嘉慶十六）春，從家君居吳氏東園。客有以《孟子》班爵祿、正經界兩章問者，家君曰：「封建、井田、學校，經國大典備於斯矣，盍取而疏之！」於是取而疏之。越二年書成，分為十六卷，名曰《孟子疏證》，手寫而藏之，將以贈通經之士。嘉慶十有八年三月初吉，迮鶴壽記。[188]

---

186 《清史稿》，頁四二五〇。

187 孫殿起《販書偶記》，頁五十一。

188 此據柳向春〈新入藏《孟子疏證》二十二卷簡介〉引文迻錄，《上海文博論叢》二〇〇七年第二期，頁二十三—二十六。

近年上海博物館敏求圖書館入藏迮氏《孟子疏證》清稿本十四冊，為徐世昌舊藏，其稿亦作《班爵祿疏證》十六卷，《正經界疏證》六卷，與《清史稿・藝文志》著錄者同。此傳作「百二十卷」者，傳聞失實也。

《班爵祿》、《正經界》兩疏證，《續修四庫全書總目提要》著錄，倫明所撰〈提要〉非之云：

> 《班爵祿》……其大旨具〈總例〉篇中，以《孟子》與《周官》言封建不合，創為調停之說，謂《孟子》言穀土，《周官》言封疆，雖異實同。又周制六官，亡〈冬官〉，據五官之數，五分取一以補之，因以推之侯國官制，亦比例而定其數。按《周官》一書，即先儒信之者亦以為周公擬而未行，豈能據為定制？況《周官》所無者，而可以臆見補之乎？[189]

其《正經界疏證》則據〈禹貢〉以定夏代九州經界，據《爾雅》定殷商九州經界，據《周禮・職方》以定周代九州經界，各詳其四至。此皆出於懸想，類乎畫鬼，蓋三代典制，孔孟、史遷當日所不能詳者，迮氏生乎二千年後獨能鑿鑿言之，其可信乎？

二九、桂文燦傳

[189] 《續修四庫全書總目提要・經部》，頁九二九—九三〇。

桂文燦，字子白，廣東南海人。道光二十九年舉人。……光緒九年，選湖北鄖縣知縣。留江夏治獄，每決一獄，大吏未嘗不稱善。十年，海上事起，長江戒嚴，文燦建議宜增槍隊，練軍法，並在田家鎮多設守禦方略，以防未然。……及履任，……未及期年，以積勞卒於任。（頁五六五六）

森按：此傳有誤，據文燦之子桂坫等撰〈先考皓庭府君事略〉云：

九年癸未，復至京師。……是歲截取知縣。……十年甲申二月，簽掣湖北鄖縣。六月抵鄂，謁上官今兩湖制府卞公（森按：卞寶第）、湖北撫部彭公（按彭祖賢），皆素知先子，用之如恐不及。廉使黃公（按黃彭年）檄先子在江夏治獄，每決一獄，大府未嘗不稱善。……在江夏鞫獄未逾月，適海上事起，鄂戒嚴。先子建議：宜增鎗隊，練陣法，並在田家鎮多設方略，以防未然。……七月初五日，履鄖縣任。[190]

據是，則桂氏選授湖北鄖縣知縣，留江夏治獄，事在光緒十年，史傳繫於九年者，誤也。此傳謂桂氏卒於光緒十一年，亦未確。按〈事略〉云：

190 桂坫等〈先考皓庭府君事略〉，附載於桂文燦《禹貢川澤考》。近柳向春點校《經學博采錄》亦載之（二〇一〇年，上海：華東師範大學出版社，頁三七二）。

〔十年〕七月初五日，履鄖縣任。……十月初旬，積勞病甚，仍力疾治事不少輟。……竟以十月十二日午時卒於官。[191]

又言：「先子生於道光三年二月初九日，距卒得年六十有二。」可訂史傳之譌。姜亮夫《歷代人物年里碑傳綜表》載文燦道光二十九年生，光緒十二年卒，年三十八，[192] 此誤以桂氏中舉之年為生年耳。[193]

本文原為〈考證〉及〈續考〉兩篇，分載於《傳統中國研究集刊》第三輯（二〇〇七年）、《中國典籍與文化》二〇一二年第一期。

191 同上注，頁三七五。
192 姜亮夫《歷代人物年里碑傳綜表》，頁七三五。
193 拙稿〈清代學者疑年考——姜亮夫《歷代人物年里碑傳綜表》訂訛〉有辨，載《中華文史論叢》二〇〇七年第四期，頁一五五—一九九。

《清史列傳》汪憲、朱文藻傳訂誤

一、引　言

乾隆中，杭州藏書家繼趙氏小山堂、吳氏瓶花齋而起者，以汪憲振綺堂為最著，厲鶚、杭世駿輩著作頗賴之以傳。清高宗開四庫館，采訪天下遺書，汪憲之子汝瑮進呈振綺堂所藏珍本秘籍多達三百餘種，高宗發還《曲洧舊聞》、《書苑菁華》兩書，御筆題詩，並賜內府初印本《佩文韻府》一部嘉之。汪氏藏書緜延百餘年，丁申《武林藏書錄》言：

> 汪氏代衍甲科，門承通德，牙籤縑軸，歷百數十年而始散於庚辛之劫，至今一鱗片甲猶有存者，積厚流光，書其一端云。[1]

清季振綺堂後人汪康年（一八六〇—一九一一），雖從事報業，倡言變法自強，然濡染家學，亦

1　丁申《武林藏書錄》，丁氏《武林掌故叢編》本，卷下，頁十六。

喜鈔藏罕秘珍籍，曾輯刻《振綺堂叢書》，力振前人遺緒，誠可謂世德綿永矣。

　　而朱文藻館於振綺堂前後二、三十年，[2]賓主相得，曾為編《振綺堂書錄》十冊。[3]朱氏日夕校讀其中，淹貫略盡。阮元編《山左金石志》、《兩浙輶軒錄》，多藉其力，始克厎成；晚年復為王昶纂輯《金石萃編》、《大藏聖教解題》兩書。惜久躓棘場，終生挾筆研謀衣食，日孜孜以撰述為事，所著書多他人主名，致今聲聞不彰。《清史列傳》卷七十二以汪、朱合傳，[4]兩家事跡略存梗概。惟史臣粗疏，失於考覈，兩傳頗多譌舛；今人徵文考獻，多沿其誤，習焉而不察，今特為此文以正之。為討論方便起見，謹節錄兩傳之文，隨附考證於後。

2　吳壽暘纂《拜經樓藏書題跋記》卷二「宋本《前漢書》」條，載乾隆五十八年正月朱文藻〈跋〉，中云：「余館武林汪氏者垂三十年，汪氏有振綺堂，為藏書之所，與同郡諸藏書家，若小山堂趙氏、飛鴻堂汪氏、知不足齋鮑氏、瓶花齋吳氏、壽松堂孫氏、欣託山房汪氏，皆相往來，彼此互易，借鈔借校，因得見宋槧元鈔不下數百十種。」（《續修四庫全書》本，卷二，頁二—三）

3　汪曾唯《振綺堂書目・後序》云：「余家自明季遷杭，代有藏書。高大父魚亭公（按指汪憲）嗜之尤篤，點注丹黃，插架甚富。朱朗齋茂才文藻為輯《振綺堂書錄》，撮其要旨，載明某某撰述，何時刊本，某某鈔藏，校讀評跋於後，手編十冊。」（汪誠《振綺堂書目》，民國十六年，東方學會鉛印本，卷末，頁一）按《書錄》並未付梓，民國二十六年，《文瀾學報》第二卷《浙江文獻展覽會專號》著錄朱文藻《振綺堂書錄》原稿本六冊，杭縣葉葵初（景葵）藏：「書凡十冊，〔庚辛〕亂後佚去，僅存此數。起地志，至集部止。稿中有塗改，為振綺堂主人手批，末亦有光緒十二年振綺堂後人汪曾唯〈跋〉。」（頁六十五）此稿葉氏《卷盦書跋》不載，今不知歸於何所？

4　《清史列傳》，一九八七年，北京：中華書局點校本，頁五八九〇—五八九一。按〈汪憲傳〉末另附〈吳騫傳〉，此因吳氏同為杭郡藏書家，連類而及；實則汪憲、吳騫二人並無往來，今不具論。

二、〈汪憲傳〉訂誤

汪憲，字千波，浙江錢塘人。乾隆十年進士，官刑部主事，遷員外郎，以父母老乞養歸。憲博雅好古，於經尤長於《易》，……著《易說存悔》二卷。性好蓄書，丹鉛多善本，求售者雖浮其值，不與較。家有靜寄東軒，具花木水石之勝。朱文藻嘗介嚴可均見憲，憲即館之東軒。偕同志數人，日夕討論經史疑義，又悉發所藏秘籍，相與校讐；稍暇則投壺賦詩為娛樂。

嘗以徐鍇《說文繫傳》四十卷，世罕傳本，好事者秘相傳寫，魚魯滋多，或至不可句讀。憲所得雖屬宋影鈔本，然已譌不勝乙，因參以今本《說文》，旁考所引諸書，證其同異，著《說文繫傳考異》四卷。又囑朱文藻採諸家評論《繫傳》之辭及鍇兄弟軼事，為《附錄》二卷。其書縷析舊文，徹首徹末，論者謂其有功小學。……著有《振綺堂稿》，又《苔譜》六卷。

按此傳可商者數事：(一)傳言「朱文藻嘗介嚴可均見憲，憲即館之東軒」云云，此說有誤。據錢陳群〈刑部陝西司員外郎魚亭汪君傳略〉，汪憲乾隆三十六年(一七七一)八月卒，年五十一，[5]則生於康熙六十年(一七二一)。另據梁同書〈文學朗齋朱君傳〉，朱文藻生於

5 錢陳群《香樹齋文集續鈔》，《清代詩文集彙編》本，卷四，頁二十三—二十五。

雍正十三年（一七三五），嘉慶十一年（一八〇六）卒，年七十二。[6]而《清史列傳》卷六十九〈嚴可均傳〉載：「道光二十三年（一八四三）卒，年八十二」，[7]則生於乾隆二十七年（一七六二），與汪憲輩行不相及，汪憲卒時，嚴可均才十齡耳，自不得有傳文所言「朱文藻嘗介嚴可均見憲，憲即館之東軒」云云之事。

考阮元《兩浙輶軒錄》卷二十三「汪憲」條，引朱文藻〈跋〉：

往歲甲申（乾隆二十九年）滯留靖江，吾友嚴鐵橋取予所製文，達之比部汪魚亭先生。先生賞予文，遂屬鐵橋為介，明年館余於靜寄東軒，日夕校讐經籍，悉發所藏，俾研究其中。軒有花木水石之勝，主客同遊十數人常以投壺賦詩為娛樂。[8]

此即史傳所本。據此跋，朱文藻初館汪氏在乾隆三十年（一七六五）；汪璐《藏書題識》卷一「厲鶚《遼史拾遺》」條引朱文藻之說，亦言：「文藻乙酉歲初館振綺堂，首抄是書」，[9]可為旁證。然則朱文藻館於振綺堂時，嚴可均年方四歲，朱〈跋〉所云「吾友嚴鐵橋取予所製文，達之比部汪魚亭」者，必非嚴可均，而係另一嚴鐵橋，史臣粗疏，誤混為一人耳。考

6 梁同書〈文學朗齋朱君傳〉，載胡敬輯《東里兩先生詩》，道光二十五年，崇雅堂刊本，《朗齋先生遺集》，卷首，頁二。下引此文，不復出注。
7 《清史列傳》，頁五五八五；陸心源《三續疑年錄》同，《續修四庫全書》本，卷九，頁十八。
8 阮元《兩浙輶軒錄》，《續修四庫全書》本，卷二十三，頁四十八。
9 汪璐《藏書題識》，二〇〇九年，上海古籍出版社點校本，頁十九。

乾隆《杭州府志》卷九十四〈文苑•嚴誠傳〉云：

嚴誠，字力闇，號鐵橋，仁和人。毛髫就學，手不釋卷，乾隆己巳（十四年）列府庠。六書諧聲，洞悉源流，篆楷則遠宗漢、魏、晉，藻繪則近法倪、黃，詠歌所出，一本性靈。賦稟直方，與人和易，臨事則守正不阿。乙酉（三十年），登鄉薦。歿年三十有六，兄果為編定遺集。果字敏中，庚寅（三十五年）舉人，亦以文學著聲。[10]

朱文藻與嚴果、嚴誠兄弟所居相近，少為襟契之好，以文行相切劘。《兩浙輶軒錄》卷三十三「嚴果」條引朱文藻《碧谿詩話》云：

古緣（按嚴果之號）與弟鐵橋並篤學有盛名，賓朋往來，門庭接踵，茗盃酒盞，羅列無虛日。……予廬距古緣居最近，故相見尤數。[11]

又朱文藻〈西溪吟友詩鈔序〉云：

鐵橋釜歲為諸生，頗不喜作制藝，然才氣浩瀚，偶然得意，蘸筆疾書，無不痛快。……性介而和，與人無爭，故人多樂與游，與余交最親厚。歲己卯（乾隆廿四年），同齋中讀書，講學論古語皆合，至飢飽涼燠悉體之。庚辰（廿五年）秋，余病暴下，而鐵橋

10 鄭澐修，邵晉涵纂乾隆《杭州府志》，《續修四庫全書》本，卷九十四，頁三十五—三十六。

11 阮元《兩浙輶軒錄》，卷三十三，頁六。

亦患髀創，時於枕上作書，或歌詩倡和，各遣子姪往來，日數過。[12]

由此兩文，可見朱文藻與嚴氏兄弟蹤跡之密。乾隆三十二年正月，嚴氏兄弟客遊福建。其秋，嚴誠病瘧；十月既望，病篤還里，兩旬而歿，年僅三十六。[13] 嚴誠卒後，朱文藻輯錄詩文遺稿、題畫詩及朋儔哀挽之作，編為《鐵橋全集》八卷。[14] 此稿未刻，中國並無傳本；而嚴誠因與朝鮮北學派先驅洪大容（一七三一—一七八三）交契，故其《全集》韓國反有鈔本流傳。

乾隆三十一年，嚴誠偕浙江乙酉鄉試解元陸飛、舉人潘庭筠計偕入京，適洪大容以朝鮮特使團隨員身份入燕，邂逅相識，言談極為投契，一月之中，七次往復，相與訂僑札之分。嚴誠卒後，翌年正月，朱文藻寓書洪大容，告以鐵橋病歿及身後諸事；三十四年冬，洪大容萬里來書，索觀《鐵橋全集》，朱文藻因手錄一帙貽之。朱氏原鈔本現藏韓國檀國大學退溪紀念館，存三冊，缺第三、第五兩冊；首爾大學中央圖書館有傳錄本，八卷俱全。[15]

---

12 嚴誠《鐵橋全集》，韓國首爾大學中央圖書館藏鈔本，冊三《外集》，頁四。

13 朱文藻〈日下題襟合集序〉，上海圖書館藏朱文藻編《日下題襟合集》鈔本，卷首，頁一—二；另參拙稿〈朱文藻年譜〉乾隆三十二年條，二〇一七年，南京大學《古典文獻研究》第十九輯下卷，頁一七五—一七八。

14 參朱文藻〈嚴鐵橋全集序〉，《鐵橋全集》，卷首，頁一；又拙稿〈朱文藻碧谿草堂遺文輯存〉，二〇一六年，南昌大學國學院《正學》第四輯，頁三七〇。上引乾隆《杭州府志》嚴誠本傳，謂鐵橋卒後，「兄果為編定遺集」，其說未盡確。

15 此段所述，參拙稿〈朱文藻年譜〉乾隆三十一年至三十五年條。

朱文藻因嚴誠之薦，館於振綺堂前後近三十年，卒成其學；而嚴誠身後，朱文藻為編纂遺集，並錄副遠寄鐵橋朝鮮友人，賴此海外孤帙一線僅存，嚴誠因得以「續命」，此實乾隆時中、朝學界交流一段佳話。

據上文所考，史傳「朱文藻嘗介嚴可均見憲」，「嚴可均」為「嚴誠」之誤，斷可知矣，其文當作「朱文藻嘗因嚴誠之介見憲」為是。吳晗《江浙藏書家史略》，顧志興《浙江藏書家藏書樓》、《浙江藏書史》，鄭偉章《文獻家通考》俱沿《清史列傳》之誤。[16]

（二）史傳言汪憲「著《說文繫傳考異》四卷；又囑朱文藻採諸家評論《繫傳》之辭及〔徐〕鍇兄弟軼事，為《附錄》二卷」，此說亦未盡得實。

按《說文繫傳考異》四卷，乾隆時採訪天下遺書，曾由振綺堂經進，收入《四庫全書》，署名汪憲撰。[17]然此書實朱文藻所著，朱氏《說文繫傳考異·跋》言之甚詳：

南唐徐鍇《說文解字繫傳》四十卷，今世流傳蓋尟，吾杭惟城東郁君陛宣購藏鈔本。昨歲因吳江潘君瑩中，獲謁吳下宗丈文游，從其插架借得此書，歸而錄之。復取郁本對勘，譌闕之處，二本多同；其不同者，十數而已，正譌補闕；無可疑者，不復

---

16 吳晗《江浙藏書家史略》，一九八一年，北京：中華書局，頁三十五；顧志興《浙江藏書家藏書樓》，一九八七年，杭州：浙江人民出版社，頁一八〇；又《浙江藏書史》，二〇〇六年，杭州出版社，頁三二六；鄭偉章《文獻家通考》，一九九九年，北京：中華書局，頁二八五。

17 紀昀等撰《四庫全書總目》，乾隆間武英殿刊本，卷四十一，頁十一—十一。

致說。其有與今《說文》互易〔異〕，及《傳》中引用諸書，隨案頭所見，有與今本異者，並為錄出，作《考異》二十八篇。又采諸書中論列《繫傳》及徐氏事蹟者，別為《附錄》，分上下二篇，隨見隨錄，故先後無次，並附于後。[18]

據此，則《繫傳考異》為朱文藻所著甚明。朱氏遺稿道光時展轉歸瞿世瑛清吟閣所有，《清吟閣書目》卷一著錄：「《說文繫傳考異》，朱朗齋手稿，四本」，[19]斯其確證也。至此書署名汪憲之原委，朱文藻〈重校說文繫傳考異跋〉固有明文：

憶昔己丑歲（乾隆三十四年），余館振綺堂汪氏者五年矣。……迨十月杪，……余乃至南濠，訪朱丈文游，偏閱其藏書之所。……惜晷短寓遙，不能流連，匆匆攜所借《繫傳》歸寓。……翼日，買舟偕逸樵歸武林。遂手自影鈔，歲周而畢。其隨時考證諸書，勘其異同，錄為《考異》四卷、《附錄》二卷，末署姓名，質之比部（按指汪憲）。比部深加寶惜，藏之秘笈，不輕示人。

越歲辛卯（三十六年），比部歸道山。又越歲壬辰，值朝廷開四庫館，採訪遺書。於是武林諸藏書家各踴躍進書，而比部之子名汝瑮字坤伯者，先以儲藏善本，經大吏遣官精選得二百餘種，彙進於朝。最後中丞以振綺藏書選賸者尚堪增採，命重選百種，

18 陸心源《皕宋樓藏書志》，《續修四庫全書》本，卷十三，頁十。

19 瞿世瑛《清吟閣書目》，民國七年，吳氏雙照樓刊本，卷一，頁二十五。

以畢購訪之局。蓋其時浙省進書已約五千餘種，此百種者當在五千餘種之外，蒐羅極難。坤伯乃搜啟秘笈，得《繫傳考異》一編，信為先人所貽，不虞重複，乃取《考異》四卷署比部姓名；其《附錄》二卷，間有文藻案語，因署文藻姓名，並呈局中。此《考異》、《附錄》之所以得錄入《四庫全書》者，本末蓋如此也。[20]

據此，則《說文繫傳考異》及《附錄》俱朱文藻所纂，較然甚明。《考異》、《附錄》撰成後，附於朱文藻影鈔《說文繫傳》之末，歸振綺堂收藏。朱氏另錄一副本，附於朱奐（文游）藏本之後，由滋蘭堂收藏。[21]

由於徐鍇《說文繫傳》元明以來久無刊本，即鈔本流傳亦甚罕見，故《考異》成書之後，各方競相傳寫，都中學者頗多傳鈔其書者，陸心源《皕宋樓藏書志》卷十三載錄丁杰手跋：

初見此跋（按指上引〈說文繫傳考異跋〉），心疑即朱君所撰書也。今詢朱君，果如余所料，抃喜者累日。輦下諸公傳抄者並署朱君名，不復知有嫁名汪主政事，乃據吳門副本

20 朱文藻《說文繫傳考異》，徐氏八杉齋校本，卷末，頁二—三。

21 朱文藻〈與朱丈文游書〉云：「承假《說文繫傳》，本擬速為鈔竣，適入夏後猝遭魚亭先生尊人大故，未免間以他務停止。……鈔畢之日，正欲造堂面繳，快聆清誨，恰值潘先生有還吳之便，原書附順奉上。外有《考異》二十八篇、《附錄》二篇，合為一冊，並呈教政。」（錄自東京靜嘉堂文庫藏《說文繫傳考異》鈔本卷首；又陸心源《皕宋樓藏書志》，卷十三，頁十一。）

耳。戊戌六月十八日記於吳蘇泉庶常寓齋。[22]

蓋當時都中所傳《繫傳考異》有兩本，一署汪憲名，即由四庫館傳錄於外者，丁杰借鈔者即此，故「心疑即朱君所撰書」也。另則「據吳門副本」，即據朱奐滋蘭堂本傳寫，故署朱文藻原名，此本由吳中展轉流布京師，故「輦下諸公鈔者並署朱君名」，然則《繫傳考異》為朱文藻著，當時學者固已知之矣。惟史臣據《四庫總目》立說，故誤以此書為汪憲著也。

（三）此傳言汪憲另著《苔譜》六卷，此書《四庫全書總目》列於存目，[23]北京大學圖書館藏一鈔本，卷首有乾隆乙酉（三十年）夏五汪憲〈序〉，《四庫全書存目叢書》有影印本。

按梁同書〈文學朗齋朱君傳〉，載朱文藻所著書，有《苔譜》、《萍譜》二種；《清史列傳》朱氏本傳同（詳下）。余意《苔譜》與《說文繫傳考異》兩書皆朱文藻撰，四庫採訪遺書時，此二書由振綺堂經進，作者俱署汪憲名。史臣依《四庫總目》著錄，前後復失於檢照，故汪、朱兩傳並載之。王棻等纂《杭州府志》，《苔譜》一書亦汪憲、朱文藻兩見，[24]亦緣《四庫總目》而誤也。

三、〈朱文藻傳〉訂誤

22 陸心源《皕宋樓藏書志》，卷十三，頁十二。

23 紀昀等撰《四庫全書總目》，卷一百十六，頁三十七。

24 王棻等纂《杭州府志》，民國十一年鉛印本，卷八十八，頁二十九；又頁三十。

朱文藻，字暎漘，浙江仁和人。諸生。少嗜學，漁獵百家，精六書，自《說文》以下及鍾鼎款識，無不貫串源流。又通史學，凡紀傳、編年、紀事、《通典》諸書，輒能考其缺略，審其是非。王杰督學浙江，延訪之至京師，佐校《四庫全書》，復奉敕在南書房考校。嘗游山左，阮元、孫星衍與之商訂金石，成《山左金石志》。後復為王昶修《西湖志》，纂輯《金石萃編》、《大藏聖教解題》等書。詩在劉夢得、張文昌之間。嘉慶十一年卒，年七十一。著有《續禮記集說》、《說文繫傳考異》、《碧谿草堂詩文集》、《碧谿詩話》、……《苔譜》、《萍譜》。

按此傳亦有數誤：(一) 傳云朱氏「嘉慶十一年（一八〇六）卒，年七十一」，依此，則生於乾隆元年（一七三六）。惟梁同書〈文學朗齋朱君傳〉則言：「主少寇（按指王昶）家，疾時作。今年夏，病轉劇，亟歸，抵家一月，遂不起，時嘉慶十一年丙寅八月二十四日也。生於雍正十三年乙卯五月十五日，壽七十有二。」另檢南京圖書館藏朱文藻《碑錄二種》瞿氏清吟閣鈔本，〈自序〉末繫「嘉慶丙寅暮春，碧谿居士朱文藻識於三泖漁莊，時年七十有二」；[25] 又朱文藻〈重校說文繫傳考異跋〉，末云：「嘉慶十有一年歲在丙寅立秋前五日，碧谿居士朱文藻錄畢，因再識卷末，時年七十有二」，[26] 此跋為朱文藻卒前兩月所撰，足證

25 朱文藻《碑錄二種》，南京圖書館藏道光九年瞿氏清吟閣鈔本，卷首，頁二。
26 朱文藻《說文繫傳考異》，卷末，頁四。

史傳「卒年七十二」之誤也。學者罕見梁同書撰〈傳〉，故多沿仍史傳之謅。[27]

（二）傳言「王杰督學浙江，延訪之至京師，佐校《四庫全書》，復奉敕在南書房考校」云云，此亦未盡得實。按王杰於乾隆三十六年九月至三十九年八月、四十一年正月至四十二年八月、四十五年三月至四十七年四月，前後三任浙江學政。[28] 史傳不載朱文藻入京之年，據梁同書撰〈傳〉云：「戊戌，入都，應王文端公之聘。文端適視學浙中，君偕之歸。」文端乃王杰謚號，則朱文藻入都佐校四庫書在乾隆四十三年戊戌。復據《朗齋先生遺集》卷二〈戊戌元夕發北關〉詩云：

夢隔江湖十四年，辭家又上木蘭船。多情最是元宵月，照見離人一例圓。[29]

又〈哭黃春帆〉詩：「水驛山程結伴行，感君意氣篤交情。六人分散傷今日，一第艱難累此生。……」元注：「上元日同舟北上者六人，今毛熙臺赴江左，王六四旋里，戴根香館津門，許笠人館內城。」[30] 則朱文藻四十三年上元日辭家，時黃國鈞（春帆）等五人計偕入都，因附其舟北上。上引梁〈傳〉言「文端適視學浙中，君偕之歸」，則四十五年三月王杰奉命再

---

27 鄭偉章《文獻家通考》，頁四一九；江慶柏《清代人物生卒年表》，二〇〇五年，北京：人民文學出版社，頁一四六。

28 錢實甫編《清代職官年表》，一九八〇年，北京：中華書局，頁二六七一——二六七七。

29 朱文藻《朗齋先生遺集》，卷二，頁一。

30 同上注，卷二，頁二。

督浙學，朱文藻即隨之南歸，《朗齋先生遺集》有〈庚子四月十五日出都，良鄉道中作〉一詩，[31]則朱氏四十五年四月十五日出都，前後在京兩年餘。史傳所言「佐校《四庫全書》，復奉敕在南書房考校」者，必此兩年事也。時王杰任《四庫全書》館暨《三通》館副總裁，渠前提督浙江學政時，素稔朱文藻績學博識，因延之入都，以佐校讎。南京圖書館藏朱文藻《校訂存疑》鈔本，冊二為《續三通校語》，篇首識語云：

乾隆戊戌（四十三年），應韓城王少宰惺園先生之招入都，館于虎坊橋，校閱三通館續纂《三通》。凡所引正史，有原文可疑者皆簽出，加按以志疑。

《續三通校語》卷一至卷四為《續通典》，計五十一葉；卷五至卷七為《續通志》，計五十四葉；《續文獻通考》未見校語。據此題識，知朱文藻乾隆四十三年應王杰（惺園）之招入都，除佐校《四庫全書》外，復為之校訂《續三通》也。

至史傳所云「奉敕在南書房考校」，此事梁同書〈文學朗齋朱君傳〉不載。按朱文藻半生困躓棘塲，歷十二次鄉試，[32]卒無所遇，以一衿終老。倘渠果曾「奉敕在南書房考校」，斯則寒士莫大之殊榮，梁氏撰〈傳〉所宜大書特書者，今乃無一語及之，殊為可疑。

復考朱文藻嘉慶六年嘗應王昶之託，為編訂《金石萃編》，歷時五年，至嘉慶十年秋全

31 同上注，卷二，頁十一。

32 乾隆五十三年，朱文藻〈孫丈羨門自碭山書來勸應秋試，并惠卷資感賦〉詩，元注：「予應鄉闈者已十一舉，今秋無意於此，適丈書來敦勸，不可負也，因努力再應之。」（《朗齋先生遺集》，卷二，頁二十四）

書告成，成書一百六十卷。[33]是書為朱氏晚年心力之所萃，嘉慶十年八月，朱文藻長〈跋〉述《萃編》纂輯始末，文中頗自欣幸平生經眼金石之富：

竊幸文藻畢生能窺金石之美富，殆有天焉。先是，客京師，寓大學士韓城王文端公邸第，值文端充《續西清古鑑》館總裁，得見內府儲藏尊彝古器摹本三百餘種。後客任城小松司馬署，得見濟寧一州古今碑拓數百種，遂手自摹錄，成《濟寧金石志》。繼客濟南，赴阮中丞芸臺先生之招，時視學山左，徧蒐碑碣，得見全省拓本千數百種，贊成《山左金石志》，刻以行世。今又得見先生所藏寰宇碑摹，幾一千餘種，刻成《金石萃編》一百六十卷。夫拘墟寒士，雖有金石之好，欲購藏則無貲，欲遠訪則無事。茲文藻前後所見，多至四千餘種，自幸以為海內嗜古之士企及此者亦難矣。[34]

此〈跋〉亦無一言語及「奉敕在南書房考校」事，則史傳之說殆非其實矣。余意「奉敕在南書房考校」，與此〈跋〉所言「值文端充《續西清古鑑》館總裁，得見內府儲藏尊彝古器

---

33 朱文藻《金石萃編・跋》云：「嘉慶辛酉歲，（述庵先生）主講武林敷文書院，文藻候問，出示所定初稿百餘鉅冊，尚須刪汰訂定，招文藻襄其役。是夏，即攜具山齋，與嘉定錢君同人共晨夕。明年春，先生辭講席，歸漁莊，仍令文藻與錢君供其事，旋付梓人校寫校刊，迄于今始竣。蓋文藻之常得親炙先生言論丰采者，五年于茲矣。」（王昶《金石萃編》，《續修四庫全書》本，卷首，頁一—二。）

34 同上注，頁二。

摹本」云云，當同一事，則「奉敕在南書房考校」者乃王杰，而非朱文藻。

歷檢《高宗實錄》、臺北故宮博物院編《宮中檔乾隆朝奏摺》，朱文藻客游京師期間（乾隆四十三年二月至四十五年四月），並未見王杰充派《西清續鑑》總裁相關之記載，其年月無明文可據。惟按《西清續鑑甲編》書後乾隆五十八年王杰等〈跋〉云：

《西清古鑑》書成，越三十年，諭纂內府續得諸器為《西清續鑑》，未蕆事。載越十三年，命臣等校補繕續，全帙既具，謹綴言於後。[35]

據此跋，知《西清續鑑》曾前後兩次修纂。今由乾隆五十八年（一七九三）《續鑑》告成，上推十三年，則《續鑑》初纂應在四十五年（一七八〇）；復據梁詩正等《西清古鑑‧跋》云：「臣等於乾隆己巳（十四年）冬，奉敕纂輯《西清古鑑》。……閱二歲，歲在辛未（十六年）夏五月，是編告竣。」[36]而王杰〈跋〉言「《西清古鑑》書成，越三十年，諭纂《續鑑》」，由乾隆十六年（一七五一）下計三十年，則亦乾隆四十五年。蓋四十五年春，王杰奉命修纂《西清續鑑》，朱文藻緣是「得見內府儲藏尊彝古器摹本三百餘種」；然是年三月十四日，王氏旋奉命再督浙學，[37]《續鑑》修纂之事遂告中輟，朱氏亦隨王杰南歸。按朱文藻「屢赴鄉舉，

35 王杰等輯《西清續鑑甲編》，《續修四庫全書》本，卷末，頁一。
36 梁詩正等編《西清古鑑》，乾隆十六年，內府刊本，卷末，頁一。
37 《高宗實錄》，一九八六年，北京：中華書局，卷一一〇三，頁二十二。

無所遇，唯食餼以終其身」，[38]渠一介諸生，自不得有「奉敕在南書房考校」之事，史臣粗疏，誤以王杰之事為朱文藻，獨不思朱氏果曾「奉敕在南書房考校」，豈至「食餼以終其身」？渠果「奉敕在南書房考校」矣，即不得任意隨從王杰南歸也。

（三）此傳言朱文藻「嘗游山左，阮元、孫星衍與之商訂金石，成《山左金石志》」云云，語極含混，《山左金石志》究為何人所撰，似欠明晰。斯說蓋本梁同書撰〈傳〉：

> 癸丑（乾隆五十八年）春，舊友黃小松司馬招游山左，雅好金石。時儀徵阮芸臺督學、陽湖孫淵如觀察皆涖任青齊，俱有金石文字緣，聞君至，各傾篋商考，且命工將各摩崖穹碑樵拓。不兩年間，芸臺先生得拓本數千種，將謀纂輯，適調任浙江，延君歸杭州。明年，以各碑拓本錄為《山左金石志》。時揚州江文叔重君名，延館於其家。君遂偕張椿年攜各搨本應之，寓康山草堂。……一年，《金石志》成。次年丁巳（嘉慶二年），更為芸臺先生輯《兩浙輶軒錄》。

史傳刪略其文，僅存數語，致語焉而不詳。據梁同書此〈傳〉，可知阮元《山左金石志》、《兩浙輶軒錄》兩書，其實俱由朱文藻編訂成書，此為清代學術史長期湮蘊之故實。有關《兩浙輶軒錄》成書始末，擬別為專文論之，此但就史文之誤辨正之。

乾隆五十八年三月，朱文藻應黃易之聘，赴山東濟寧，課讀其子，並為撰《濟寧金石

---

38 梁同書〈文學朗齋朱君傳〉語，《朗齋先生遺集》，卷首，頁一。

錄》，翌年書成。[39]六十年五月，復應山東學政阮元之聘，赴濟南佐修《山左金石志》，[40]阮氏〈金石志序〉云：

元在山左，卷牘之暇，即事考覽，引仁和朱朗齋文藻、錢塘何夢華元錫、偃師武虛谷億、益都段赤亭松苓為助。[41]

則當時同預修書者，另有武億、段松苓、何元錫三人。時孫星衍在京，官刑部廣東司郎中；五月，授山東兗沂曹濟兵備道。[42]阮元聞訊，賦詩促渠速之官東來共聚，阮氏《小滄浪筆談》卷四云：

---

39 拙稿〈朱文藻碧谿草堂遺文輯存〉，有乾隆五十八年冬〈與邵二雲書〉，中言：「今歲應兗州運河司馬黃小松之聘，就館濟寧，課讀其子。司馬富於金石，屬纂《濟寧金石錄》，響拓其文，摹繪其畫，備采諸家題跋，附以管見考證，創稿於夏，已成十之七八，開春可以脫稿。」又同年四月十一日〈與吳兔牀書〉：「三月十九始到泲寧，寄函俱已轉致，相與健羡稽古之勤，近時罕匹。小松司馬既以金石為性命，摹搨之富，多人間所未見之本。」（二〇一六年，南昌大學國學院《正學》第四輯，頁三九五—三九六）則朱文藻就館黃易濟寧運河署在五十八年三月。

40 朱文藻《益都金石記·序》云：「乙卯（乾隆六十年）仲夏，余與益都段赤亭先生同受山東學使阮宮詹芸臺先生之聘，輯《山左金石志》於濟南試院之四照樓下，聯榻於積古齋中，共晨夕者凡四閱月。迨九月初，宮詹膺視學浙江之命，相與移榻於大明湖北渚小滄浪亭者又二十日。」（段松苓《益都金石記》，光緒九年刊本，卷首，頁二）

41 畢沅、阮元《山左金石志》，《續修四庫全書》本，卷首阮〈序〉，頁一。

42 張紹南編，王德福續編《孫淵如先生年譜》，光緒、宣統間《藕香零拾》本，卷上，頁十—十一。

乙卯（乾隆六十年）夏，錢塘馬秋藥比部（履泰），曲阜桂未谷（馥）、顏運生（崇槼）兩學博，同在濼源書院。偃師武虛谷進士（億）寓小滄浪，仁和朱朗齋明經（文藻）寓四照樓。嘗與余集小滄浪，極文讌之樂。適孫淵如比部（星衍）觀察兖沂曹道，余以詩促其速之官，云：「泲南池館傍湖開，湖上西風且漫催。萬朵荷花五名士，一時齊望使君來。」淵如報詩云：「扶容池館報花開，驛騎傳詩一路催。不為時需訪碑使（元注：元時有此官），也應天與聚星來。」……適觀察又以足疾，遲至秋半始由天津汎舟來濟南。[43]

據《孫淵如先生年譜》，孫氏因「墜車折足」，「八月，奉大母許太夫人、母金夫人暨兩弟眷屬由水程往山東，至德州，足始能行，先至歷下。……九月，至兖州道任」。[44]而阮元則於八月廿四日奉調浙江學政，[45]朱文藻於九月望後隨阮元南行，[46]續纂《山左金石志》。由上述時程推度，孫星衍八月中初抵山左，行李未卸，孫、朱二人縱山左相晤，亦不過數日萍踪偶聚耳，梁同書〈朗齋朱君傳〉言：孫氏聞朱文藻至，「傾篋商考」；史傳言朱文藻與阮

---

43 阮元《小滄浪筆談》，嘉慶七年，《文選樓叢書》本，卷四，頁三十六——三十七。

44 張紹南編，王德福續編《孫淵如先生年譜》，卷上，頁十一。

45 張鑑等編《雷塘庵主弟子記》，咸豐間阮氏琅嬛僊館刊本，卷一，頁十五。

46 朱文藻《益都金石記・序》云：乙卯九月，「余隨宮詹將南行，赤亭（按段松苓）俶裝東歸。瀕行，以所著《益都金石記》四卷，乞識一言於簡端。……今且將歸矣，人世間聚者散，合者離，理有常然，無足異；然不可無以識之，因即書於卷首。」序末署乾隆六十年九月望後。

元、孫星衍「商訂金石」，成《山左金石志》，皆非紀實之言。繆梁同書所以為此說者，殆因阮元《山左金石志·序》言：

金之為物，遷移無定，皆就乾隆五十八年至六十年在山左者為斷，故孫淵如觀察蒞兖沂曹濟，其所藏鐘鼎即以入錄。[47]

蓋山左吉金著錄者本無多，孫星衍履任時，阮元雖奉調浙江學政，然《山左金石志》仍將孫氏所藏諸器入錄。今檢《山左金石志》全書提及孫星衍者凡七事：

1.〈魯公鼎〉：「器為錢塘馬比部秋藥（履泰）得於東昌，攜至濟南濼源書院，兖沂曹濟道孫淵如（星衍）來，見而拓之，釋其文。」[48]

2.〈伯休彝〉：「右周彝為乾隆乙卯（六十年）十月廿四日孫觀察淵如所藏，拓此銘詞并作釋文以寄。……元謂『戈』上似『矢』字，『弗』下似『敢』字。」[49]

3.〈養鬲〉：「右鬲……黃司馬易見于濟寧，拓本以寄。孫觀察云：《說文》『養』字，古文作『羧』，此省『攴』為『又』耳。」[50]

47 畢沅、阮元《山左金石志》，卷首，頁二。

48 同上注，卷一，頁八。

49 同上注，卷一，頁十四。

50 同上注，卷一，頁十五。

4.〈楚良臣余義鐘〉：「右鐘為孫淵如觀察所藏，拓銘文并釋文寄元。」[51]

5.〈析子觚〉：「右觚亦孫淵如觀察所藏。」[52]

6.〈小鐵山摩崖殘字八種〉：「孫觀察星衍云：『薩』即『薛』字異文，故《一切經音義》作『扶薛』（森按：指『菩薩』二字），蓋聲之轉耳。」[53]

7.〈棲霞寺造象鍾經碑〉：「右碑孫淵如觀察於嘉慶丙辰（元年）訪得拓寄，文二十九行，行四十九字，徑七分。」[54]

由〈伯休彝〉、〈楚良臣余義鐘〉、〈棲霞寺造象鍾經碑〉三跋繹之，此皆阮元任浙江學政後，孫星衍由山左寄阮氏者；〈析子觚〉當亦然。然則梁同書〈朗齋傳〉言：孫氏聞朱君至，「傾篋商考」，史傳言孫氏「與之商定金石」，斯皆文家虛飾之語耳。張紹南編《孫淵如先生年譜》，載孫氏交游事跡極為詳悉，乃無一語言及朱文藻，則二人交誼非密可知矣。《山左金石志》創稿於乾隆六十年五月；其秋，阮元改調浙江學政，修書諸君「未及終局，遂各散去」，[55]則在濟南修書前後僅五閱月耳。阮元《山左金石志・序》云：

51 同上注，卷二，頁三。

52 同上注，卷二，頁四。

53 同上注，卷十，頁二十六。

54 同上注，卷十一，頁三十。

55 武億《授堂文鈔》有乙卯年〈致孫伯淵五〉云：「某今歲代阮學使編錄此方金石，未及終局，遂各散去。中間為謬人更張，冗舛龐雜，慮為他日笑柄，閣下有少便，須以字致學使，書成，亦勿遽刻也。」（道光

六十年冬，草稿斯定。元復奉命視學兩浙，舟車校試餘閒，重為釐訂。更屬仁和趙晉齋（魏）校勘，凡二十四卷。[56]

然據段松苓《山左碑目・序》所述，《山左金石志》當日並未完成，[57] 此序所云「元……舟車校試餘閒，重為釐訂」者，此阮氏飾詞耳，非紀實之言。前引梁同書〈朗齋朱君傳〉言：阮元調任浙江後，「延君歸杭州，明年（嘉慶元年），以各碑拓本錄為《山左金石志》。時揚州江文叔重君名，延館於其家。君遂偕張椿年攜各搨本應之，寓康山草堂」。蓋此實由揚州鹽商江振鴻提供生活、筆墨之資，俾朱氏得於康山草堂專意修書。[58] 朱文藻因攜張椿年為助，[59]

二十三年，武氏刻《授堂遺書》本，卷十，頁四）此信墨跡收於陳烈主編《小莽蒼蒼齋藏清代學者書札》，信末署「十月十一日」（二〇一三年，北京：人民文學出版社，頁二六七—二六八），則乾隆六十年十月撰也，年月正合。信中所云「謬人」，即指何元錫，拙作〈武億與孫星衍書十五通考證〉有考，其文待刊。

56 畢沅、阮元《山左金石志》，卷首，頁二。

57 段松苓《山左碑目・序》述及《山左金石志》具體分工情形，言：「余編次山左吉金，而二先生（按指朱文藻、武億）分錄列代碑版，宮詹（阮元）總其成而裁定之，已有成緒。八月終，宮詹膺簡命擢閣學，調任兩浙。此時余所著錄者僅云蕆事，而二先生所輯，未能告竣。」（光緒三十四年，李氏《聖譯樓叢書》本，卷首，頁一—二）可知此書在濟南時並未完稿。而段〈序〉所云「宮詹總其成而裁定之」者，實由何元錫任其事，故前注引武億與孫星衍書，斥其稿「為謬人更張」也。

58 張椿年《荊華仙館初稿》丙辰年有〈季廉夫（爾慶）徵詩來邗，同宿康山寓齋，詩以紀事〉一首，云：「乍晤不相識，相看是故人。幾年成別況，一夕話酸辛。祖宅衣冠舊（元注：先生話里門事甚詳），編詩歲月新（元注：時阮芸臺閣學修纂《淮海英靈集》，先生為之採訪）。願交來恐後，聯榻話頻頻。」（南京圖書館藏嘉慶間刊本，卷一，頁四）則同時季爾慶為阮元《淮海英靈集》徵訪揚人詩稿，亦同寓康山草堂。

以佐校錄；閱「一年，《金石志》成」。南京圖書館藏張椿年《荊華仙館初稿》，嘉慶丙辰編年詩目錄云：「歲丙辰（元年），余與朱丈朗齋為阮雲臺閣學纂輯《山左金石志》於維揚江氏康山草堂，積詩五十餘首，目之為《邗上吟》。」[60] 可為佐證。又王昶《春融堂集》嘉慶二年正月〈訪主雲上人於淨慈，宿聽松軒，與朱映湄及僧慧照夜話〉詩，元注：「時伯元延映湄纂《山左金石志》。」[61] 蓋《山左金石志》一書實由朱文藻總其成，今觀書內所載碑刻，屢見「此碑朱朗齋自他處借錄」云云之語，[62] 蓋皆朱氏返浙後增訂補錄者，斯其內證也。《山

59 梁同書〈文學朗齋朱君傳〉云：「張椿年者，君次子之妻弟也，少孤，君飲食教誨，相依二十餘年，俾昆弟各成立。」據《兩浙輶軒錄》卷三十七「陳琪」條，張椿年按語云：「歲甲辰（乾隆四十九年），先君子下世，余移家東郊，依姊婿居。」（頁四十五）即依朱文藻而居也，朱氏飲食教誨之。及長，朱文藻為阮元編訂《山左金石志》、《兩浙輶軒錄》，皆攜張椿年為助也。

60 張椿年《荊華仙館初稿》，卷首，頁一。

61 王昶《春融堂集》，《續修四庫全書》本，卷二十二，頁二十五—二十六。

62 如《山左金石志》卷十一〈長安造像殘碑〉（頁三十三），又卷十二天寶九載〈薛待伊造石浮圖頌〉（頁四十一—四十二），又〈鄒縣天寶造象記〉（頁五十），又卷十三開成三年〈樊忠義功德碑〉（頁十三—十五），又咸通十年〈張珂尊勝經石幢〉（頁二十一—二十三），又咸通十二年〈高憲神道功德碑〉（頁二十六—二十七），又乾符三年〈趙琮墓誌銘〉（頁四十—四十一），又卷十五咸平五年〈寶相寺創修佛殿碑〉（頁十六），又大中祥符元年〈大雲寺心經幢〉（頁十八），又同年〈御製謝天書述功德碑〉（頁十九—二十二），又卷十六慶曆八年富弼等〈雲門山題名〉（頁九—十），又嘉祐二年〈靈岩寺辟支塔題名〉、嘉祐三年〈山僧守忠立願齋僧記〉、嘉祐三年〈寶相寺石幡竿題字〉（並頁十二），又熙寧五年〈龍興寺佛經石刻〉（頁二十三）等，此類碑刻，皆朱文藻後來增訂補錄者。

左金石志》嘉慶二年春稿成，阮元復屬趙魏覆校，朱文藻則應西湖淨慈寺住持際祥（主雲上人）之聘，為纂《淨慈寺志》。阮元《山左金石志•序》撰於嘉慶二年十月，則此書嘉慶二年秋、冬間始刻成，張鑑等編《雷塘庵主弟子記》嘉慶元年條云：「五月，刻《山左金石志》成。」[63]此說未確，未經核實也。嘉慶二年秋，《淨慈寺志》書稿竣事後，朱文藻復應阮元之屬，為之編訂《兩浙輶軒錄》，阮氏《定香亭筆談》卷二言：

仁和朱朗齋能詩，留心文獻，好金石。老而貧，居艮山門外清溪前。丁巳、戊午（嘉慶二、三年）間，助余編錄兩浙詩數千家。[64]

所言即指《兩浙輶軒錄》。張椿年《荊華仙館初稿》嘉慶二年編年詩目錄云：「是年，與朱丈朗齋為阮閣學纂輯《兩浙輶軒錄》，因得憩息家園。……得詩五十首，目之〈邨居集〉。」[65]可為旁證。嘉慶三年八月，阮元調補禮部右侍郎；九月十二日，返京任職；[66]朱文藻則續為增補校訂。嘉慶四年十一月，阮元奉命署理浙江巡撫事務；五年正月，實授浙江巡撫。《輶軒錄》則於嘉慶六年刻成。[67]

63 張鑑等編《雷塘庵主弟子記》，卷一，頁十六。
64 阮元《定香亭筆談》，《續修四庫全書》本，卷二，頁十。
65 張椿年《荊華仙館初稿》，卷首，頁一。
66 張鑑等編《雷塘庵主弟子記》，卷一，頁二十。
67 按朱文藻總纂《兩浙輶軒錄》事，參拙稿〈朱文藻年譜〉嘉慶二年至六年條。

朱休度〈辛酉春家朗齋自杭來禾，招同曹種梅花下小飲，朗齋有詩見貽次答〉詩：「胸握珍珠能記事，手編鐵網竟成書」，元注：「朗齋撰《山左金石錄》，稿成八十巨冊。」[68]又周春《耄餘詩話》卷四云：

〔朗齋〕客儀徵阮公學使幕中，助撰《山左金石志》。公調任浙江，助選定《兩浙輶軒錄》。余以詩寄懷云：「三年不見朱遵度，腹笥包羅萬卷書。杭厲一燈還未墜，西泠十子果相如。著述等身盡足傳，篁村《詩話》賴增編。武林此日徵文獻，能不思君一悵然。」[69]

又朱文藻弟子胡敬《葑唐府君年譜》，乾隆庚辰條載胡敬《先友記》云：

朱朗齋師……與府君為垂髫交，工詩古文，博覽群書，勤於手錄，竟晨夕筆不停綴，無倦容。……晚年，阮芸臺中丞屬輯《兩浙輶軒錄》，王蘭泉侍郎屬纂《藏經提要》，卷帙動以百計，等身著作，無愧前人矣。[70]

此俱可證阮元《山左金石志》、《兩浙輶軒錄》兩書，實由朱文藻總纂編訂成書，阮元兩書〈序〉中雖及朱氏之名，然刻意含混其辭，而朱文藻友人詩文中則屢屢及之，可與梁同書〈朗

---

68 朱休度《侅寧居偶詠》，《續修四庫全書》本，卷上，頁十七。

69 周春《耄餘詩話》，《續修四庫全書》本，卷四，頁一。

70 胡敬《葑唐府君年譜》，南京圖書館藏道光間胡氏家刻本，頁九—十。

齋朱君傳〉互證也。

四、結論

《清史列傳》中〈儒林〉、〈文苑〉兩傳，為吾人研究清代文人學士之基礎史料，顧傳稿雜出眾手，精粗不一，館臣失於考覈，紀事譌錯，往往而有。[71] 學者各即所見，舉而訂之，庶免後人襲譌踵謬，所謂「訂其偶誤，成其百是」也。

據上文所考，汪憲、朱文藻兩傳譌誤者凡若干事：

（一）〈汪憲傳〉言「朱文藻嘗介嚴可均見憲，憲即館之東軒」，「嚴可均」當為「嚴誠」之誤，此因兩人同姓嚴，俱號鐵橋，史臣混淆，誤為一人也。其文當作「朱文藻嘗因嚴誠之介見憲，憲即館之東軒」，乃為得實。

（二）汪、朱兩傳載二人著作，並有《說文繫傳考異》、《苔譜》兩書。今考此二書實朱文藻所著，乾隆時搜訪天下遺書，兩書由汪憲之子汝瑮經進於朝，作者署乃父之名，《繫傳考異》為《四庫總目》著錄，《苔譜》則列於存目。史臣撰寫傳稿，依《四庫總目》載入〈汪憲傳〉；復據梁同書〈文學朗齋朱君傳〉，載錄兩書於〈朱文藻傳〉，前後失於檢照，遂致兩

71 余嘗撰〈《清史列傳·儒林傳》考證〉，二〇〇七年，上海社會科學院《傳統中國研究集刊》第三輯，頁五五二—五六六；〈《清史列傳·儒林傳》續考〉，《中國典籍與文化》，二〇一二年第一期，頁七十三—八十五。

家傳記俱有其書。

（三）〈朱文藻傳〉謂朱氏曾「奉敕在南書房考校」，此由史臣粗疏，誤以王杰奉敕編纂《西清續鑑》事為朱文藻也。至朱氏曾為阮元編訂《山左金石志》、《兩浙輶軒錄》，傳或語焉不詳，或闕而不載，今為考明其事，以補史傳之闕略。

（四）朱文藻生於雍正元年，嘉慶十一年卒，享年七十二，史傳誤作「卒年七十一」，致今學者記述朱氏年代，往往沿襲其誤。

二〇一六年十月十五日初稿

二〇一七年六月廿八日定稿

本文原載《中國古籍文化研究——稻畑耕一郎教授退休記念論集》（二〇一八年，東京：東方書店）

清代學者疑年考

——姜亮夫《歷代人物年里碑傳綜表》訂訛

生卒年壽有關乎知人論世者甚鉅，顧諸史列傳往往闕焉不載。而〈儒林〉、〈文苑〉諸傳，事蹟寥落，至有讀之終篇，茫不知其人時世者。錢竹汀嘗纂錄古今文人生卒年壽可考者，始鄭康成，訖戴東原，編為《疑年錄》四卷。其後賡續者多家，吳修撰《續疑年錄》四卷、錢椒撰《補疑年錄》四卷、張鳴珂撰《疑年賡錄》二卷、陸心源撰《三續疑年錄》十卷，張惟驤纂《疑年錄彙編》十六卷、潘觀保亦著《疑年彙編》二十卷（未刊，稿本藏上海圖書館）、朱昌燕撰《四續疑年錄》一卷、閔爾昌撰《五續疑年錄》；陳垣則別為《釋氏疑年錄》。姜亮夫先生著《六續疑年錄》，後擴充為《歷代名人年里碑傳總表》一書，一九三七年由商務印書館印行。其後迭經增補修訂，一九五九年重印，易名《歷代人物年里碑傳綜表》。[1] 其

1 姜亮夫纂《歷代人物年里碑傳綜表》，一九五九年，北京：中華書局。

書後出，蒐羅最富，曩時讀史，時置案頭，以便查檢，蓋所謂世必不可少之書也。其為斯《表》，於人甚便，己則勞悴。歷代人物，眾如繁星，個人日力有限，眼目難周，偶有違失缺漏，固不害為名山之業；訂譌補闕，正後來者之責也。鄭騫先生嘗撰《宋人生卒考示例》，[2]即就姜《表》宋人部份加以訂補。余檢是書，清代知名學者遺漏者甚多，如姚際恆、陳啟源、惠周惕、范家相、梁玉繩、馬國翰、許瀚等，此均遺之，而晚清人物闕略尤甚。其已載錄而年歲舛誤者，亦時時或見，來新夏嘗撰〈《歷代人物年里碑傳綜表》清人部分校記〉，舉正二十二事。[3]今就向時讀書所記，刪去來氏已商訂者，尚得六十事，茲迻錄成篇，題曰〈清代學者疑年考〉，亦錢竹汀所謂「去其一非，成其百是」之義云爾。[4]二〇〇六年七月。

2 鄭騫《宋人生卒考示例》，一九六七年，臺北：幼獅文化公司。
3 來新夏《結網錄》，一九八四年，天津：南開大學出版社，頁二一五—二二二。
4 錢大昕〈答王西莊書〉，《潛研堂集》，一九八九年，上海古籍出版社呂友仁點校本，頁六三六。

目次

四六、周錫瓚
四七、金鶚
四八、曾釗
四九、黃彭年
五十、唐炯

五一、譚獻
五二、龔易圖
五三、劉坤一
五四、丁丙
五五、楊守敬

五六、桂文燦
五七、姚椿
五八、胡玉縉
五九、宋衡
六十、劉師蒼

一、錢澄之

錢澄之，字飲光，（安徽）桐城人。萬曆四十年（一六一二）生，康熙三十三年（一六九四）卒，年八十三。（頁五〇三）

森按：澄之，號田間，著有《田間詩學》等書。姜《表》所記錢氏生卒年歲，未詳所本。方苞〈墓表〉言：「及歸自閩中，遂杜足田間，治諸經，課耕以自給，年八十有二而終。」[5]與姜氏異。據田間之子撝祿所撰《年譜》，田間生於萬曆四十年四月二十九日，康熙三十二年（一六九三）九月一日卒，年八十二。[6]姜《表》作康熙三十三年卒者，誤也。

二、吳嘉紀

吳嘉紀，字賓賢，江蘇泰州人。明萬曆四十六年（一六一八）生，康熙二十四年（一六八五）卒，年六十八。本注：「據汪懋麟撰〈傳〉。」（頁五一一）

5 李桓纂《國朝耆獻類徵初編》，《清代傳記叢刊》本，卷四一五，頁二十九。
6 錢撝祿《先公田間府君年譜》，《北京圖書館藏珍本年譜叢刊》影印宣統三年《國粹學報》本，頁七十四。

森按：吳氏生卒年歲，諸說不一。楊積慶〈吳嘉紀年表〉引諸家異說：

汪懋麟〈吳處士墓誌〉云：「歿於國朝康熙甲子（二十三年）春三月。」陸廷掄〈江村詩序〉：「甲子秋，客廣陵，再遇雲家，則野人（嘉紀號）已前數月死矣。」又〈吳先生野人小影贊序〉云：「先生，予畏友也。文章氣節，當今無輩，不幸以夏五死。」袁承業〈王心齋弟子師承表〉云：「康熙二十二年五月卒，年六十九。」乾隆《兩淮鹽法志》及道光《泰州志》則皆作年六十八卒。[7]

則吳嘉紀歿年有康熙廿二、廿三、廿四年三說。今驗諸說，汪懋麟〈吳處士傳〉但言：「處士閉門以窮老終，年六十有八。……處士既卒之明年，〔王〕幼華以都給事中典廣東鄉試返命。紆道揚州哭之，留金其家。」[8]此傳不記野人卒年，不知姜氏作康熙二十四年卒者何據？楊君所引汪懋麟〈墓誌〉，亦未詳所出。[9]然據法式善《清秘述聞》卷二，戶科給事王又旦（幼華）典廣東鄉試在康熙二十三年，[10]野人先一年卒，則卒於

7 楊積慶《吳嘉紀詩箋校》，一九八〇年，上海古籍出版社，頁五五九。

8 李桓纂《國朝耆獻類徵初編》，卷四二八，頁八。

9 檢《碑傳集》正、續各編，並無汪懋麟所撰野人〈墓誌〉；汪懋麟《百尺梧桐閣集》亦無其文，不知楊君〈年表〉所引何據也？

10 法式善《清秘述聞》，一九八二年，北京：中華書局點校本，頁六十二；錢實甫編《清代職官年表》同，一九八〇年，北京：中華書局，頁二八九六。

二十二年，袁承業言「康熙二十二年五月卒」者近是。另考野人〈九月四日吳雨臣見過〉詩云：「俱是先朝戊午生，相知端不為同庚。」[11]則野人生萬曆四十六年戊午，下距康熙二十二年（一六八三）卒，享年六十六，則袁承業言「卒年六十九」，汪懋麟〈傳〉、《泰州志》等云卒年六十八者，並誤。楊積慶〈年表〉據汪懋麟〈墓誌〉作康熙二十三年卒，年六十七，亦未可據。蓋吳氏「以窮老終」，必待既卒之明年，其友王又旦饋以金，而汪楫返里，乃為經紀其葬，故諸家記其歿年俱未詳悉。

三、馬驌

馬驌，字宛斯，〔山東〕鄒平人。明泰昌元年（一六二〇）生，康熙十二年（一六七三）卒，年五十四。（頁五一四）

森按：施閏章〈靈璧縣知縣馬公驌墓志銘〉言：驌「生明天啟辛酉正月十一日，享年五十四，卒于今康熙癸丑（十二年）七月辛未。」[12]則宛斯生天啟元年（一六二一）。施氏〈墓誌〉謂宛斯之弟「駉抱兄所著之書，造門請曰：『公昔視二東學，先伯氏嘗獲交於

11　楊積慶《吳嘉紀詩箋校》，頁二十五。

12　錢儀吉纂《碑傳集》，《清代傳記叢刊》本，卷九十一，頁三。又施閏章《施愚山集》，一九九三年，合肥：黃山書社點校本，頁三九八—三九九。

夫子，既習其學行，其不可無以顯諸幽。』」所記馬驌生卒年月，當本其家傳狀。姜《表》作泰昌元年生，誤。

四、顧祖禹

顧祖禹，字景范，江蘇無錫人。明天啟四年（一六二四）生，康熙十九年（一六八〇）卒，年五十七。（頁五一九）

森按：姜《表》所列顧氏生卒年歲，元注云本「姚椿〈顧處士祖禹傳略〉、《清史列傳》七十」。然檢《清史列傳》顧氏本傳但言「後終於家」，[13] 未記其卒年。姚椿〈傳略〉則云：「或言其嘗游耿精忠幕中，干以謀，不用，乃去之。或言其客游，嘗主膠山黃守中家，未能詳也。康熙中卒。」[14] 蓋於祖禹晚境已莫之能詳。姜《表》當本之陸心源《三續疑年錄》，[15] 梁廷燦《歷代名人生卒年表》同。[16] 按陸心源所載祖禹年歲，云據《晚學齋集》，然檢姚椿《晚學齋文集》卷六〈顧處士祖禹傳略〉實言「〔魏〕禧卒於康熙

13 《清史列傳》，一九八七年，北京：中華書局點校本，頁五六七八。
14 姚椿《晚學齋文集》，咸豐二年刊本，卷六，頁六。
15 陸心源《三續疑年錄》，《續修四庫全書》本，卷八，頁十七。
16 梁廷燦編《歷代名人生卒年表》，二〇〇二年，北京圖書館出版社，頁一六二。

十九年，年五十七」，[17] 陸氏誤以魏禧卒年為祖禹耳。夏定域〈讀錢賓四先生《康熙丙午本方輿紀要》跋〉，嘗據乾隆《無錫縣志》顧氏本傳，考證祖禹卒於康熙三十一年（一六九二），年六十二，則生於明崇禎四年（一六三一）。[18] 倉修良〈顧祖禹生卒年辨正〉，復據《國朝耆獻類徵初編》卷四二五魏禮撰〈魏禧紀略〉，載禧生於天啟四年（一六二四）正月十三日，康熙十九年十一月卒，享年五十七。〈紀略〉又言「祖禹少先生（禧）七歲，先生與為兄弟交」，則「祖禹之生年必在崇禎四年無疑」。[19] 今按顧氏《方輿紀要》稿本現藏上海圖書館，有佚名者跋，言近識祖禹之孫名根，字體誠：「父士行，字分孟，亦老於遊。根又言：其大父卒之年為康熙壬申（三十一年）」，[20] 可為夏、倉二氏之說添一佐證也。

五、汪師韓

17 姚椿《晚學齋文集》，卷六，頁六。
18 夏定域〈讀錢賓四先生《康熙丙午本方輿紀要》跋〉，民國二十五年，《禹貢半月刊》四卷第九期，頁三十九—四十一。
19 倉修良〈顧祖禹生卒年辨正〉，《歷史研究》一九七八年第五期，頁九十三—九十四。
20 陳先行、郭立暄〈上海圖書館善本題跋選輯・史部（續二）〉，二〇〇一年，上海圖書館歷史文獻研究所編《歷史文獻》第四輯，頁五十六—五十七。

汪師韓，字韓門，浙江錢塘人。明崇禎五年（一六三二）**生，康熙四十四年**（一七〇五）**卒，年七十四。本注：「生年從《上湖紀歲詩》。」**（頁五二九）

森按：《清史列傳》卷七十一汪氏本傳，載韓門雍正十一年（一七三三）進士；乾隆八年，充湖南學政。降調入都，復授編修；未幾，復落職。客遊畿輔，直隸總督方觀承延之主蓮池書院講席。[21]據此，則姜《表》謂汪氏卒康熙四十四年，其誤顯然。檢汪氏《上湖紀歲詩》，其詩按年編錄，自雍正十一年癸丑二十七歲始，迄乾隆三十一年丙戌六十歲止；《續編》自六十歲起，迄乾隆三十九年六十八歲止，則汪氏乾隆三十九年尚健在。以乾隆三十一年（一七六六）六十歲推之，則韓門生於康熙四十六年（一七〇七）；《綜表》作崇禎五年生，相差七十五年，不知姜氏緣何而誤也？據乾隆三十九年秋，韓門〈南歸有期，留別蓮西諸友〉詩，自注：「病目踰年。」[22]蓋以病目辭保定蓮池書院講席，將歸杭也。《清儒學案》卷六十八本傳：「主蓮池書院講席。三十九年，將南歸而卒，年六十八。」[23]此說未確，據汪氏家集《春星堂詩集》，韓門高祖汪汝謙《夢香樓集》後，韓門附識言：「乾隆四十年歲次乙未，師韓自保州南還，黃小松以是刻見贈」云云，[24]則

21 《清史列傳》，頁五八五二。

22 汪師韓《上湖紀歲詩·續編》，《叢睦汪氏遺書》本，卷一，頁十六。

23 徐世昌纂《清儒學案》，民國二十七年，天津徐氏原刊本，卷六十八，頁三十。

24 汪氏《春星堂詩集》，《叢睦汪氏遺書》本，卷五，頁三十二。

三十九年秋辭蓮池講席，翌年乃南歸也。朱文藻為王杰編《葆醇堂藏書錄》，集部著錄《汪上湖合集》十四冊，末言：

韓門自雍正間成進士，授館職，出視學政。罷歸，主講保定蓮花書院幾三十年，還家未久而卒。此集皆手定，刻於保定。其後攜板南歸，刷印無幾，傳世未廣。卒後無子，其書誰為之傳？幸存此本，可寶惜也。[25]

又阮元《兩浙輶軒錄》卷十八「汪師韓」條，引朱文藻之說：

韓門先生，余生也晚，未獲一見。自蓮花書院歸里，……余於是始獲見先生。次日答拜劇談，所學非輓近可及。未久，而先生歸道山矣。[26]

汪氏晚歲南歸，黃易、朱文藻親與之過從，朱氏一則言「還家未久而卒」，再則云「歸里……未久，而先生歸道山」，則韓門應卒於乾隆四十年，享年六十九。《清儒學案》謂韓門「三十九年，將南歸而卒」，誤也。姜《表》作康熙四十四年卒，尤誤。

六、王又曾

25 朱文藻《葆醇堂藏書錄》，中國國家圖書館藏道光九年劉喜海味經書屋鈔本，下冊，頁二十九。
26 阮元《兩浙輶軒錄》，《續修四庫全書》本，卷十八，頁十。

王又曾，字受銘，浙江秀水人。康熙四十五年（一七〇六）生，乾隆二十七年（一七六二）卒，年五十七。本注：「《國朝耆獻類徵初編》卷一百四十五。」（頁五八七）

森按：姜氏此條云本李桓《耆獻類徵》，然李書卷一四五僅錄《湖海詩傳》、《梧門詩話》王氏小傳，[27]不載又曾生卒年歲。錢大昕《疑年錄》卷四載王又曾康熙四十五年生，乾隆二十七年卒，[28]蓋《綜表》所本，姜氏誤記耳。竹汀《疑年錄》所載王氏年歲，不言所據，檢又曾《丁辛老屋詩集》，亦無可徵者。又曾子名復，字秋塍，工詩，官偃師縣知縣，與錢坫、洪亮吉、孫星衍、武億等友善。王復卒後，武億為撰〈行實輯略〉，云：「乾隆二十六年辛巳，刑部（按又曾官刑部主事）棄世，君年十有四。」[29]與《疑年錄》、姜《表》異。按王復晚年與武氏交誼最密，卒時，武億正館於其所，同修《安陽縣志》、校刻《鄭康成遺書》。[30]〈輯略〉所記王又曾卒年，蓋本其家傳狀，其卒宜作二十六年為正也。

七、王昶

27 李桓《國朝耆獻類徵初編》，卷一四五，頁四十四。
28 錢大昕《疑年錄》，《續修四庫全書》本，卷四，頁十。
29 武億〈偃師縣知縣王君行實輯略〉，《授堂文鈔》，道光二十三年《授堂遺書》本，卷八，頁十五。
30 別詳拙稿〈武億年譜〉，二〇一四年，《中央研究院歷史語言研究所集刊》八十五本第三分，頁四七七—五七四。

王昶，字德甫，〔江蘇〕青浦人。雍正二年（一七二四）生，嘉慶十一年（一八〇六）卒，年八十三。本注：「或作生雍正三年乙巳，卒嘉慶十二年丁卯。」（頁六〇一）

森按：王氏嘉慶八年（一八〇三）《湖海詩傳・自序》稱「予年亦八十矣」，[31]則生雍正二年；《金石萃編・自序》末屬「嘉慶十年（一八〇五）仲秋，青浦王昶書，時年八十有二」，[32]則王氏生於雍正二年審矣。其壻嚴榮纂《述庵先生年譜》，載王昶雍正二年十一月二十二日未時生，嘉慶十一年六月七日丑時卒。[33]王氏生卒年當以此為定，姜《表》或說誤。

八、蔣士銓

蔣士銓，字心餘，江西鉛山人。雍正三年（一七二五）生，乾隆五十年（一七八五）卒，年六十一。本注：「或作卒乾隆四十九年，年六十。」（頁六〇二）

森按：翁方綱《文集》稿本有乾隆五十年四月〈祭心餘先生蔣公文〉，同祭者為紀昀、

31 王昶《湖海詩傳》，《續修四庫全書》本，卷首，頁一。
32 王昶《金石萃編》，《續修四庫全書》本，卷首，頁二—三。
33 嚴榮《述庵先生年譜》，嘉慶間青浦王氏刊本《春融堂集》附載，卷上，頁一；又卷下，頁二十五。

朱珪、蔣良騏、王燕緒諸人。[34]翁氏《復初齋詩集》乙巳編年詩復有〈蔣心餘輓詩二首〉，[35]則蔣士銓卒於乾隆五十年宜可定也。

九、桂馥

桂馥，字冬卉，號未谷，山東（曲阜）人。雍正十一年（一七三三）生，嘉慶七年（一八〇二）卒，年七十。本注：「或作生乾隆元年，卒嘉慶十年。」（頁六一〇）

森按：姜氏前說，未詳所本。檢姜《表》備注欄所列《碑傳集》卷一百九、《清史列傳》卷六十九、《國朝耆獻類徵》卷二百四十四、《國朝漢學師承記》卷六、《國朝書畫家筆錄》卷二、《國朝詩人徵略》卷五十一，諸書皆無其說。《清史列傳》卷六十九本傳言：「乾隆五十五年進士。選雲南永平縣知縣，居官多善政。嘉慶十年（一八〇五）卒於任，年七十。」[36]按蔣祥墀〈桂君未谷傳〉云：「以嘉慶十年卒，年七十」，[37]蓋史傳所本。

---

34 翁方綱《復初齋文集》（稿本），一九七四年，臺北：文海出版社影印中央圖書館藏翁氏手稿本，頁一六九三。

35 翁方綱《復初齋詩集》，《續修四庫全書》本，卷三十，頁十九。

36 《清史列傳》，頁五五六二。按吳修《續疑年錄》作乾隆元年丙辰生，嘉慶十一年乙丑卒，年七十（《續修四庫全書》本，卷四，頁十五—十六）。乙丑為嘉慶十年，「一」字當衍。

山東省圖書館藏道光二十八年蔣祥墀撰〈雲南永平縣知縣未谷桂公墓表〉拓本，亦言「以嘉慶十年卒，年七十」。據是，桂馥生於乾隆元年（一七三六）。考趙懷玉《亦有生齋詩集》乙卯（乾隆六十年，一七九五）編年詩有〈桂大令馥六十初度，以竹根三象屬題，即以為壽〉，[38]以乙卯年六十推之，則桂氏生於乾隆元年，姜《表》或說是也。復據李宏信〈札樸跋〉云：

> 歲甲子（嘉慶九年），信自滇將束裝歸，大令未谷先生手所著《札樸》十卷，屬就江浙間刻之，曰：「滇南無工剞劂者，願以付君。」而先生以是年沕於官所。信竭於資釜，又遲之一年，乃果東歸。[39]

37 桂馥《晚學集》附蔣祥墀〈桂君未谷傳〉，云：「乾隆庚戌進士，出宰滇南，卒於官。……以嘉慶十年卒，年七十。其子常豐扶柩歸葬，未抵家，亦卒于途。」（《續修四庫全書》本，頁一—二）按〈墓表〉及〈傳〉並出蔣君之手，兩文文字略同。所記桂氏之歿，並無具體月日，蓋滇南道遠，其子復卒於途，其言未谷十年卒者，疑由傳聞，未必詳確可據也。又，諸家傳記不言桂氏之官雲南年月，吳錫麒《有正味齋日記》嘉慶元年七月條記：「七日，桂未谷、法時帆、趙味辛、洪稚存、伊墨卿、張船山、何蘭士（道生）來園觀荷，雨復大作。……是日諸君為未谷送行，皆題詩于箑。」又「二十一日，曉雨緜密，進城送未谷行。歸至茶食衚衕，泥濘殊甚。」（二〇〇六年，北京：學苑出版社《歷代日記叢鈔》本，頁一九一，又頁一九四）則桂氏嘉慶元年七月出都赴滇，今附記於此。

38 趙懷玉《亦有生齋詩集》，《續修四庫全書》本，卷十四，頁九。

39 桂馥《札樸》，一九九二年，北京：中華書局點校本，頁四三五。

據此，則桂馥應卒於嘉慶九年（一八〇四），享年六十九。桂氏以所著《札樸》鄭重付託，卒時，李君尚在滇南。此其故人記當時之事，最可信據。李氏東歸後，嘉慶十八年醵資屬鮑廷博校刻其書，可謂敦氣誼，能踐宿諾矣。[40]

十、余廷燦

余廷燦，字卿雯，湖南長沙人。雍正十三年（一七三五）生，嘉慶三年（一七九八）卒，年六十四。本注：「據唐仲冕〈翰林院檢討余公墓表〉。」（頁六一二）

森按：《耆獻類徵初編》卷一二九載唐仲冕〈墓表〉，云：「公生雍正十三年，卒嘉慶三年，年七十。」[41]然依所載生卒年計之，則僅六十四歲耳，與「卒年七十」之說不合，文當有誤。檢余氏《存吾文稿》，卷首附廷燦之子余永賢、京賢所撰〈行述〉，云：「府君生於雍正七年己酉（一七二九）十二月二十五日丑時，卒於嘉慶三年戊午二月二十四日戌時，享壽七十。」[42]余氏生卒年當以此為定。姜《表》作雍正十三年生，誤也。

40 按李宏信，字柯溪，浙江山陰人。宦於滇南，與桂馥相善，好讀書，上官惡之，以為翫習民事，罷其官。還，學賈致富，開肆於蘇閶，收藏多秘鈔，不下數萬卷，時與鮑廷博往還。陳奐《師友淵源記》有傳，《邃雅齋叢書》本，頁九—十。

41 李桓纂《國朝耆獻類徵初編》，卷一二九，頁二十一。

42 余廷燦《存吾文稿》，《續修四庫全書》本，卷首附余永賢、京賢〈先府君行述〉，頁六—七。

十一、徐鯤

徐鯤，字北溟，〔浙江〕蕭山人。雍正十三年（一七三五）卒。闕其生年、年壽。（頁六一三）

森按：姜《表》以徐鯤為康、雍時人，本注：據「《國朝耆獻類徵》卷四百二十一、《文獻徵存錄》卷七」。然檢二書，絕無其說，錢林《文獻徵存錄》云：

徐鯤，字北溟，蕭山人。少補諸生，不事帖括，專習經訓，時人譏之，不屑也。儀徵阮元督浙學，肄業詁經精舍，其《經籍籑詁》，校證成之。……屢應秋試，卒不售，卒年四十二。43

《國朝耆獻類徵》卷四二一即錄錢林此傳，二書同一傳也。錢〈傳〉第言卒年四十二，不載其歿之年。檢《蕭山縣志稿》卷十八徐君本傳云：

徐鯤，字北溟，一字白民。……少工文，稱名諸生。家酷貧，為盧文弨、孫志祖所知。從遊既久，遂湛深經術，通訓詁之學。嘉慶中，阮文達公為浙江學政，餼之於庠。設館西湖，招集諸生編《經籍籑詁》，鯤與焉。文達撫浙，重修是書，俾

43 錢林《文獻徵存錄》，《續修四庫全書》本，卷七，頁六十九—七十。

總其事。……惜文辭散佚，無專集行世。鯤屢應秋試，不售，卒年四十二。孫志祖著《讀書脞錄》，頗采鯤說。[44]

據此兩傳，知徐鯤嘗與修《經籍纂詁》。阮元《定香亭筆談》卷二言：「蕭山徐北溟鯤，深於小學，精審不苟，王少寇昶、段大令玉裁皆深重之。」[45]其為當時名家碩學所重如此。按嘉慶二年，阮元集兩浙經古之士，修《經籍纂詁》，由臧庸任總校，徐氏分纂《廣雅》、王逸《楚辭注》、《文選注》諸書。[46]其書刊行後，遺漏殊多，阮元於嘉慶五年另委王瑜、宋咸熙、孫同元、周中孚、嚴杰、洪頤煊、洪震煊諸人補纂，徐鯤任總校，[47]《蕭山縣志稿》所云「文達撫浙，重修是書，俾總其事」者即此。然則徐鯤乃乾嘉時人，姜《表》云雍正十三年卒者，殊誤。

徐鯤生卒年，諸家傳記俱無明文。余考顧廣圻校影宋本《廣雅》跋，有云：

嘉慶壬戌（七年），在西湖孤山與蕭山徐君北溟同住，辱以嘉靖時吾郡沈辨之校雕

44 彭延慶等修，楊鍾義等纂《蕭山縣志稿》，民國二十四年鉛印本，卷十八，頁二十一。
45 阮元《定香亭筆談》，《續修四庫全書》本，卷二，頁六十四。
46 阮元《經籍纂詁》，嘉慶間琅嬛僊館刊本，卷首〈《經籍纂詁》姓氏〉分纂項。
47 參拙作〈臧庸年譜〉嘉慶五年條，載北京清華大學《中國經學》第二輯，頁二八一（二〇〇七年，桂林：廣西師範大學出版社）。〔附記〕阮元修《纂詁》始末，別詳拙稿〈阮元《經籍纂詁》纂修考〉，載上海社會科學院《傳統中國研究集刊》第四輯（二〇〇八年，上海人民出版社），頁二四七—二六四。

韓嬰《詩外傳》見贈，乃於行篋檢此報之。北溟熟於此學者也，影宋本之善，當共忻賞焉。

此本後由王宗炎得之，王氏跋識云：

嘉慶壬戌（七年），北溟在詁經精舍為雲臺侍郎續勘《經籍籑詁》。其時千里以校勘十三經同寓精舍，此書所由贈也。明年北溟死，此書歸於我。庚午（十五年）十月六日檢篋得之，追憶故人，為之憮然。48

據王宗炎〈跋〉，則徐鯤卒於嘉慶八年（一八〇三），可補諸家傳記之闕。《文獻徵存錄》、《蕭山縣志稿》並言北溟卒年四十二，則生於乾隆二十七年（一七六二）。

十二、孫希旦

孫希旦，字紹周，號敬軒，（浙江）瑞安人。乾隆元年（一七三六）生。卒年、年壽未詳。本注：「據孫迺釗《孫敬軒先生年譜》。」（頁六一四）

48 顧廣圻、王宗炎二跋，見《中央大學國學圖書館第一年刊》（民國十七年），頁十三〈本館善本書題跋輯錄〉。

森按：孫衣言撰〈敬軒先生行狀〉云：「比冬初，氣益逆，喘急，遂不起，乾隆甲辰十一月九日也。……先生生於乾隆丙辰（元年）十二月二十日，其卒也，年僅四十有九。」[49]則孫氏卒於乾隆四十九年（一七八四），年四十九，當據補。

十三、孫志祖

孫志祖，字詒穀，一字頤谷，安徽仁和人。乾隆元年（一七三六）生，嘉慶五年（一八〇〇）卒，年六十五。（頁六一四）

森按：姜《表》載孫氏嘉慶五年卒，本注云：據「阮元〈孫頤谷傳〉、孫星衍〈清故江南道監察御史孫君志祖傳〉」。惟檢阮元《揅經室二集》卷五〈孫頤谷侍御史傳〉實言：

> 嘉慶六年，掌紫陽書院教。二月二十九日以疾卒，年六十有五。[50]

又孫星衍《平津館文稿》卷下〈孫傳〉亦言：

> 晚年為阮撫部元敦請主講紫陽書院，辭不獲命，乃應聘，多士宗仰。會遘疾，以

49 孫希旦《禮記集解》，一九八九年，北京：中華書局點校本，卷首附孫衣言〈行狀〉。

50 阮元《揅經室二集》，《續修四庫全書》本，卷五，頁十五—十六。

嘉慶六年二月二十九日卒于里第，得年六十有五。[51] 阮、孫兩〈傳〉俱言孫志祖卒於嘉慶六年（一八〇一）二月，不知姜氏緣何致誤？錢林《文獻徵存錄》卷四載孫氏「嘉慶七年卒」、支偉成《清代樸學大師列傳》本傳云「卒年六十」，[52] 並誤。據阮、孫兩傳言卒年六十五，則生於乾隆二年（一七三七）。

又按：孫志祖，浙江仁和人，姜《表》誤作安徽，當改正。

十四、王復

王復，字敦初，（浙江）秀水人。乾隆三年（一七三八）生，乾隆五十三年（一七八八）卒，年五十一。本注：「據武億〈偃師縣知縣王君行實輯略〉。」（頁六一五）

森按：王復，又字秋塍。姜《表》謂王氏乾隆五十三年卒，未確。考洪亮吉卷施閣編年詩，乾隆五十七年冬有〈王大令復以《雪苑消寒集》屬題〉；六十年春復有〈王大令

51 孫星衍《平津館文稿》，《續修四庫全書》本，卷下，頁三十五；又錢儀吉纂《碑傳集》，卷五十七，頁六。

52 錢林《文獻徵存錄》，卷四，頁六十一；支偉成《清代樸學大師列傳》，一九九八年，長沙：岳麓書社，頁九十二。

復專人約遊偃師，余以驛路迂回未果〉、〈寄王大令復〉二首，[53]則乾隆末王復猶官偃師，其證一。

又，嘉慶元年秋，黃易赴嵩洛尋訪古碑刻，有《嵩洛訪碑日記》傳世。《日記》載九月初九日渡洛水，「達偃師境，……晚抵縣署，王大令秋塍歡然道故。……假余竹輿，命役導引，次早赴嵩山」。二十日，「晚抵洛陽，與秋塍、虛谷（武億）翦燭快談」；翌日，諸人同「渡洛河，……遊龍門賓暘諸洞」，[54]則嘉慶元年九月，王氏尚在偃師知縣任，其證二。

復考嘉慶元年十月，孫星衍撰〈王大令復詩集序〉，云：

得秋塍書，知方刊所為詩如干卷成，索序于予。蓋非政成人和，不暇及此，喜可知也。……予因秋塍，回憶同人黃少尹景仁、汪明經中、余上舍鵬翀、嚴侍讀長明、吳舍人泰來，當時或預江淮、河華、梁苑、日下之遊，今皆負才早逝，述作零落不傳；獨秋塍之詩裒然成集。……秋塍之遇，不特優于茲數子，如唐詩人亦不多見與。[55]

是王復嘉慶初元猶健在，明白無疑，其證三。

---

53 《洪亮吉集》，二〇〇一年，北京：中華書局點校本，頁七〇七，又頁八四二—八四三。

54 黃易《嵩洛訪碑日記》，《粵雅堂叢書》本，頁二，又頁九。

55 孫星衍《岱南閣集》，《續修四庫全書》本，卷二，頁十一。

洪亮吉《卷施閣詩》卷十八有〈輓王大令復二首〉，[56]為嘉慶二年所作；又武億《授堂文鈔》卷八〈王明府輓詞〉言：「維嘉慶二年秋，秋膡明府既卒於官」，[57]則王復卒於嘉慶二年審矣。據武億〈偃師縣知縣王君行實輯略〉言：「其卒蓋以九月二日，年五十有一。」[58]則生於乾隆十二年（一七四七）；姜《表》作乾隆三年生，殊誤。王復著《晚晴軒集》八卷，袁行雲《清人詩集敘錄》卷四十七著錄，言王復「乾隆五十三年卒於官，年五十一」，[59]蓋沿姜《表》之誤也。

十五、李文淵

李文淵，字靜叔，〔山東〕益都人。乾隆七年（一七四二）生，乾隆三十二年（一七六七）卒，年廿六。本注：「錢大昕作〈傳〉。或作生乾隆六年辛酉，卒乾隆三十一年丙戌。」（頁六一九）

森按：文淵為李文藻（南澗）之弟。錢大昕《潛研堂文集》卷四十〈李靜叔傳〉云：

56 《洪亮吉集》，頁八九五。
57 武億《授堂文鈔》，卷八，頁二十四。
58 同上注，卷八，頁二十二。
59 袁行雲《清人詩集敘錄》，一九九四年，北京：文化藝術出版社，頁一六七〇。

歲丙戌（乾隆三十一年），靜叔病，母持其手泣曰：「爾死，吾何生為！」……未十日，母果病，靜叔強起視藥，目不交睫者數日。母歿，靜叔委頓苫塊間，哭無時，病遂劇。……明年春，卜葬其母有日矣。先期，靜叔復病，自度不能送葬，日夕哭，至嘔血不止。比葬，……靜叔不食，亦不語，閱三日卒，以衰絰歛，年止二十有六。[60]

錢大昕復為李母誌墓，《潛研堂文集》卷四十九〈邢孺人墓誌銘〉云：「孺人卒於乾隆丙戌六月某日」，[61]其母乾隆三十一年六月卒，翌年靜叔哀毀而逝，其卒當以三十二年為是。

十六、黃易

黃易，字小松，浙江錢塘人。乾隆九年（一七四四）生，嘉慶七年（一八〇二）卒，年五十九。本注：「或作卒嘉慶六年辛酉，年五十八。」（頁六二一）

森按：黃易，號秋盦，與翁方綱考論石墨，交最密。乾隆五十七年（一七九二）五月，

60 錢大昕《潛研堂集》，頁七二四。
61 同上注，頁八五五。

翁氏為撰〈黃秋盦四十九歲像贊〉，[62]則黃易乾隆九年（一七四四）生。復據翁氏〈黃秋盦傳〉云：「濟寧李東琪，字鐵橋，亦以金石之學世其家，與君最契，適有〈鐵松觀碑圖〉卷，方綱題甫就，而君訃音至矣。嗚呼傷哉！今日石墨論交，惟予知君最深者，故不辭而為之傳。」文末署嘉慶七年六月朔。[63]另按王宗敬《我暇編》黃小松條言：「黃公於嘉慶七年二月廿二日卒於司馬署，其子元長投效南河為簿」云云，[64]則黃氏卒於嘉慶七年仲春，年五十九，姜《表》前說為是。黃易著《秋盦詩草》，袁行雲《清人詩集敘錄》卷四十一云：「嘉慶六年卒，年五十八」，[65]誤。

十七、黎簡

黎簡，字簡民，號二樵，〔廣東〕順德人。乾隆十三年（一七四八）生，嘉慶四年（一七九九）卒，年五十二。（頁六二四）

---

62 翁方綱《復初齋文集》，《續修四庫全書》本，卷十三，頁十六。刊本此文未記撰年，然臺灣國家圖書館藏翁氏《文集》手稿，記此文乾隆五十七年壬子五月撰（頁二六八二）。

63 翁方綱〈黃秋盦傳〉，《復初齋文集》，卷十三，頁七。

64 王宗敬《我暇編》，《續修四庫全書》本，頁一。

65 袁行雲《清人詩集敘錄》，頁一四四一。盛叔青《清代畫史增編》引《耕硯田齋筆記》云：黃易「乾隆甲子（九年）生，嘉慶辛酉（六年）卒，年五十有八。」（《清代傳記叢刊》本，卷十九，頁四）誤同。

森按：此謂黎氏生乾隆十三年，未確。檢二樵《五百四峰堂詩鈔》卷六丙申編年詩〈三十〉云：「年年未三十，三十忽然來。」[66]以乾隆四十一年（一七七六）丙申年三十推之，則二樵應生乾隆十二年（一七四七）。復據《詩鈔》卷十〈庚子生日〉云：「吾年三十四，半度客中春。」[67]乾隆四十五年（一七八〇）庚子年三十四，則生於乾隆十二年無疑；下距嘉慶四年卒，享年五十三。《清史列傳》卷七十二、《清人詩集敘錄》卷四十三，與姜《表》誤同。[68]

十八、江德量

江德量，字成嘉，一字秋史，江蘇儀徵人。乾隆十七年（一七五二）生，乾隆五十八年（一七九三）卒，年四十二。本注：「或作卒乾隆庚子（四十五年），則生乾隆四年。」（頁六二九）

森按：翁方綱乾隆五十六年二月跋孔雩谷藏宋拓〈醴泉銘〉，文末附識：「既為雩谷作前跋，後閱月，門人江秋史侍御讀禮南還，以其所藏宋搨本留予齋，因復借此本來細

66 黎簡《五百四峰堂詩鈔》，《續修四庫全書》本，卷六，頁一。
67 同上注，卷十，頁十六。
68 《清史列傳》，頁五九五八；袁行雲《清人詩集敘錄》，頁一四九四。

對」云云，[69]知江氏於五十六年三月奉諱南歸，則一說作「卒乾隆庚子」者，其誤顯然。復據汪中〈江君墓誌〉云：「乾隆五十有八年，君將補官北行，感疾，十月辛丑歿，年四十有二。」[70]則江氏當生乾隆十七年，姜《表》前說是。《清儒學案》卷一百二作「卒年四十一」，[71]誤。

十九、王宗炎

王宗炎，字以除，(浙江)蕭山人。乾隆二十年（一七五五）生，道光六年（一八二六）卒，年七十二。本注：「或作年七十一，卒道光乙酉（五年）。」（頁六三一）

森按：姜《表》此條云本《清史列傳》卷七十二；然檢《清史列傳》本傳，不載王氏生卒年壽。[72]《蕭山縣志稿》卷十八本傳作道光五年卒，年七十二，[73]則乾隆十九年（一七五四）生，與姜《表》兩說並異。今考王宗炎《晚聞居士遺集》卷九詩題云〈嘉慶甲戌晚聞居士年六十矣，上元前二日讀晝對燭題二詩……〉，其詩云：「癸酉去我十三日，

69 翁方綱《蘇齋題跋・宋拓醴泉銘》，《續修四庫全書》本，頁一。
70 汪中〈大清故奉直大夫掌江西道監察御史江君墓誌銘〉，《述學・別錄》，《粵雅堂叢書》本，頁四十三。
71 徐世昌纂《清儒學案》，卷一百二，頁四十。
72 《清史列傳》，頁五九二四。
73 彭延慶等修，楊鍾羲等纂《蕭山縣志稿》，卷十八，頁七。

乙亥生來六十年。燈下誤書仍舉燭，定知老態過於前。」[74]據此，知王氏生乾隆二十年乙亥。[75]復據王紹蘭道光八年十二月跋《晚聞居士遺集》，云：「距兄聽琴考終，蓋駟之過隙越三年矣。」[76]則宗炎卒於道光五年（一八二五），年七十一。姜《表》或說是。

二十、淩廷堪

淩廷堪，字次仲，安徽歙縣人。乾隆二十年（一七五五）生，嘉慶十四年（一八〇九）卒，年五十五。（頁六三二）

森按：姜《表》謂淩氏乾隆二十年生，誤。阮元《揅經室二集》卷四〈次仲淩君傳〉云：「（嘉慶）十三年，元復任浙江巡撫，君免喪，來游杭州，出所著各書相示。……明年歸歙，病卒，年五十有五。」[77]此姜氏所本，《清史列傳》卷六十八本傳、李元度

74 王宗炎《晚聞居士遺集》，道光十一年，杭州愛日軒刊本，卷九，頁十一。

75 按宗炎之子王端履《重論文齋筆錄》云：「嘉慶甲戌（十九年，一八一四），端履蒙恩得與館選。是秋九月，為先君子六旬壽辰，遵例加級得六品封，因乞假歸里稱慶。」（《續修四庫全書》本，卷一，頁十三）則宗炎生於乾隆二十年九月。

76 王宗炎《晚聞居士遺集》，卷末，頁四。

77 阮元《揅經室二集》，卷四，頁三十七。

《國朝先正事略》、陸心源《三續疑年錄》並本阮說。[78] 戴大昌〈淩次仲先生事略狀〉則云：

嘉慶十四年四月，先生自杭州回歙。倏於六月初一日晚膳席間偶一傾跌，扶起，遂不能語；四更後，痰湧而卒。距生于乾隆二十二年丁丑八月二十日，享年五十有三。[79]

淩氏弟子張其錦纂《淩次仲先生年譜》，亦言「乾隆二十二年丁丑八月二十日巳時，生於海州之板浦場寓宅」。[80] 是姜《表》作二十年生者，誤也。張《譜》卷首載錄阮〈傳〉，改阮文作「歸歙病卒，年五十有三」，[81] 蓋灼知其誤而改之也。

二一、魏成憲

78 《清史列傳》，頁五五一九；李元度《國朝先正事略》，一九九一年，長沙：岳麓書社，頁一〇二五；陸心源《三續疑年錄》，卷九，頁十七。

79 張其錦《淩次仲先生年譜》，《安徽叢書》本，卷首戴氏〈事略狀〉，頁四。

80 同上注，卷一，頁三。

81 同上注，卷首阮元〈傳〉，頁二；李桓《國朝耆獻類徵初編》亦已改正（卷二五八，頁二十七）。惟羅士琳續補《疇人傳》淩氏本傳，尚沿阮〈傳〉之誤，作「卒年五十有五」（《續修四庫全書》本，卷四十九，頁十七）。

魏成憲，字寶臣，〔浙江〕仁和人。乾隆二十一年（一七五六）生，闕其卒年，云年七十餘。本注：「據《仁菴自記年譜》。」（頁六三三）

森按：魏氏《自記年譜》，載乾隆二十一年九月二十六日生；原《譜》所記至道光十一年（一八三一）辛卯四月止。[82]譜末其子謙晉、焜棟附記，乃父即於是年七月二十九日卒，享年七十六，[83]當據補。

二三、江藩

江藩，字子屏，〔江蘇〕甘泉人。乾隆二十六年（一七六一）生，道光十一年（一八三一）卒，年七十一。（頁六三八）

森按：姜《表》所載江氏生卒年，備注欄記「《續碑傳集》卷七十四、《清史列傳》卷六十九、《國朝耆獻類徵》卷四百十九、《國朝先正事略》卷三十六」，實則諸書皆不言江藩卒年。閔爾昌纂《江子屏先生年譜》，據張午橋（丙炎）〈扁舟載酒詞序〉言江氏「卒年七十一」，因繫江氏卒道光十一年。[84]惟閔氏下復引陳穆堂（逢衡）《讀騷樓詩二集》

---

82 魏成憲《仁菴自記年譜》，道光間魏氏家刻本，頁一，又頁二十六。

83 同上注，頁二十七。

84 閔爾昌《江子屏先生年譜》，民國十六年，江都閔氏刊本，頁十八。

卷一〈汪冬巢寒林獨步圖・序〉云：

> 道光庚寅（十年），江鄭堂、許楚生、李練江、周樂夫相繼殂謝。汪子哀之，為作圖以寓士衡歎逝之意。[85]

又包世臣〈汪冬巢傳〉云：「庚寅，君之執友三數人皆以物故，為〈寒林獨步〉之圖。」[86] 據此，則江藩應卒於道光十年（一八三〇）。閔氏兩說並陳，未能決其孰是。日本學者近藤光男舉黃承吉《夢陔堂詩集》卷三十二有〈江鄭堂沒已數月，秋窗坐憶，惻然成詩〉一首，[87] 其集依年代先後編次，此詩前卷之末有〈閏四月作〉一詩，[88] 而此詩之下則為〈霜降日泛舟艤長春橋晚眺〉，[89] 檢陳垣《二十史朔閏表》，四月置閏正道光十年，則江藩之卒當在十年夏秋間。[90] 江藩〈節甫字說〉自述生於乾隆二十六年三月二十二日，得年七十。

85 同上注。
86 黃承吉《夢陔堂詩集》，道光二十三年刊本，卷三十二，頁十五——十六。
87 同上注，卷三十一，頁十八。
88 同上注，卷三十二，頁十七。
89 近藤光男譯注《國朝漢學師承記》，二〇〇一年，東京：明治書院，上冊，頁三十六——三十七。
90 江藩《炳燭室雜文》，光緒間《滂喜齋叢書》本，頁七。

二三、王照圓

王照圓，字婉全。乾隆二十八年（一七六三）生。缺其籍貫、卒年、年歲。本注：「懿行郝蘭皋妻。《清代閨閣詩人徵略》卷七、《國朝書人輯略》卷十一。」（頁六四二）

森按：許維遹〈郝蘭皋夫婦年譜〉引《曬書堂和鳴集》，王氏初名瑞玉，字照圓；婚後以字為名，字瑞玉，號婉佺，（山東）福山縣人，著有《婉佺詩草》、《列女傳補注》等。[91]姜《表》作「婉全」者，「全」字誤也。至王氏卒年，許君引《曬書堂支譜》載咸豐元年（一八五一）正月初十日卒，[92]享年八十九，當據補。

二四、杜堮

杜堮，（山東）濱州人。乾隆二十九年（一七六四）生，咸豐九年（一八五九）卒，年九十六。本注：「據《杜文端公自訂年譜》。」（頁六四三）

91 許維遹〈郝蘭皋夫婦年譜〉，民國二十四年，《清華學報》十卷第一期，頁一八七。

92 同上注，頁二一七。

森按：塄字石樵，一字次崖，姜《表》缺載。據塄自訂《年譜》，[93]生於乾隆二十九年十一月二十四日。《年譜》記至咸豐八年（一八五八）戊午，九十五歲；其孫翻續譜，言是年「五月十九日太府君薨」。[94]姜《表》作咸豐九年卒，年九十六，非是；袁行雲《清人詩集敘錄》卷五十誤同。[95]

二五、袁廷檮

袁廷檮，字綬階，江蘇吳縣人。乾隆二十九年（一七六四）生，嘉慶十五年（一八一〇）卒，年四十七。（頁六四四）

森按：姜《表》載袁廷檮卒於嘉慶十五年，年四十七，當本陸心源《三續疑年錄》。[96]考趙懷玉《亦有生齋詩集》己巳（嘉慶十四年）編年詩〈挽袁上舍廷檮〉，有句云：「辛苦半

93 按杜《譜》收於一九九八年，北京圖書館編《北京圖書館藏珍本年譜叢刊》。塄謚文端；其子受田謚文正。《叢刊》冊一二九所收《杜文端公自訂年譜》，實其孫杜翰、杜翻所編《杜文正公年譜》，乃杜受田年譜。而冊一三九所收《杜文正公年譜》，則塄自訂年譜，編者淆錯也。

94 杜塄《杜文端公自訂年譜》，咸豐九年家刻本，頁七十——七十一。

95 袁行雲《清人詩集敘錄》，頁一七六六。

96 陸心源《三續疑年錄》，卷九，頁三十一。

生營萬卷，蒼黃一日訣千秋。」本注：「君自浙抱病歸，甫一宿而卒。」[97]趙氏《收菴居士自敘年譜略》嘉慶十四年條云：「是歲，里中故人凋喪甚多。其在他方者，則袁上舍廷檮、周給諫厚轅、周左都興岱，皆世姻舊好也。」[98]則袁氏應卒於嘉慶十四年（一八〇九），其證一。另檢瞿中溶自訂《年譜》嘉慶十四年十二月條：「接友人信，知袁壽階作古，惋嘆竟日」云云，[99]其證二。黃丕烈嘉慶十四年仲冬十四日跋《鶡冠子》舊鈔本，有云：「壽階秋初得疾於杭，八月初歸即去世，後日已百日矣。重閱此書，不勝人琴俱亡之痛。」[100]其證三。美國哈佛大學燕京圖書館藏李銳嘉慶十四年《觀妙居日記》，八月初七日條：「見黃表嬸、五表弟，知壽階已病故，是日大殮，悵歎彌日。」[101]則袁氏卒於嘉慶十四年八月，明白無疑。

復考臧庸〈漁隱小圃文飲記〉，載嘉慶二年（一七九七）冬，袁廷檮招同鈕樹玉、顧千里、瞿中溶、李銳、費士璣等七人集袁氏漁隱小圃文飲事，文中歷記各人年歲，稱是年袁氏三十六歲。[102]按臧庸乾隆五十八年嘗館於袁氏拜經閣，所記壽階年歲當不誤。

97 趙懷玉《亦有生齋詩集》，卷二十五，頁十五。
98 趙懷玉《收菴居士自敘年譜略》，道光間刻本，卷下，頁二十三。
99 瞿中溶編《瞿木夫先生自訂年譜》，民國二年，劉氏《嘉業堂叢書》本，頁二十六。按袁廷檮表字亦作「壽階」。
100 黃丕烈撰，繆荃孫、章鈺等輯《蕘圃藏書題識》，民國八年，江陰繆氏刊本，卷五，頁十八——十九。
101 李銳《觀妙居日記》，哈佛大學燕京圖書館藏原稿本，頁二十。
102 臧庸《拜經堂文集》，《續修四庫全書》本，卷四，頁十三。

然則袁廷檮當生於乾隆二十七年（一七六二），距嘉慶十四年（一八〇九）卒，得年四十八。[103]

二六、洪頤煊

洪頤煊，字筠軒，浙江臨海人。乾隆三十年（一七六五）生，道光十三年（一八三三）卒，年六十九。本注：「以道光十三年六十九推之。」（頁六四四）

森按：《清史列傳》卷六十九、《清史稿》卷四八六、《清儒學案》卷一二三本傳，第言「後卒於家」，[104]不記筠軒生卒年歲。陸心源《三續疑年錄》載筠軒生乾隆三十年，云「以道光十三年六十九推之」，闕其卒年、年壽。[105]姜《表》因之，徑以筠軒為道光十三年卒，殊誤。袁行雲《清人詩集敘錄》作道光十二年卒，年六十九，[106]亦未詳所據。今考洪氏《台州札記・自序》，末署：「道光十三年太歲癸巳（一八三三）十月廿六日，

103 江藩《國朝漢學師承記》卷四（一九八三年，北京：中華書局點校本，頁六十一）、錢林《文獻徵存錄》（卷九，頁五十四）、支偉成《清代樸學大師列傳》（頁一七三），俱不載袁氏歿年，但言「卒年四十七」，並誤。

104 《清史列傳》，頁五五九八；《清史稿》，一九七七年，北京：中華書局點校本，頁一三四一一；徐世昌纂《清儒學案》，卷一二三，頁一。

105 陸心源《三續疑年錄》，卷九，頁十八—十九。

106 袁行雲《清人詩集敘錄》，頁一七八二。

臨海洪頤煊識於小停雲山館，時年六十有九。」[107] 陸氏推考筠軒乾隆三十年生，或即本此，然則袁行雲謂筠軒道光十二年卒，其誤顯然。考《台州府志》卷一百五洪氏本傳、《臨海縣志》卷二十一〈儒林傳〉，並據洪氏家傳，載筠軒「卒年七十三」，[108] 則卒道光十七年（一八三七）。

二七、彭兆蓀

彭兆蓀，字湘涵，江蘇鎮洋人。乾隆三十三年（一七六八）生，道光元年（一八二一）卒，年五十四。本注：「號甘亭，《續碑傳集》卷七十六。」（頁六四八）

森按：姚椿〈彭甘亭墓誌銘〉云：「以辛巳（道光元年）正月五日寅時卒，年五十四。」[109] 此《姜》表所本。惟據繆朝荃《年譜》所考，彭氏實生於乾隆三十四年：

107 王棻《台學統》，《續修四庫全書》本，卷九十二，頁十四。

108 喻長霖等纂《台州府志》，民國二十五年鉛印本，卷一〇五，頁九；張寅等纂《臨海縣志》，民國二十三年鉛印本，卷二十一，頁十八。

〔附記〕洪氏學行事跡，參拙作〈洪頤煊年譜〉，二〇〇九年，《中央研究院歷史語言研究所集刊》八十本第四分，頁六九一—七七一。

109 姚椿《晚學齋文集》，卷八，頁十五—十六。

先生有〈除夕賦得「四十明朝過」〉詩；又〈展墓〉詩云：「蹉跎四十年」，俱嘉慶戊辰（十三年，一八〇八）作。〈懺摩錄自序〉云：「我生四十四年矣」，為嘉慶壬申（十七年，一八一二）作。以此推之，當生是年無疑。[110]

其卒道光元年正月，得年五十三。

二八、顧廣圻

顧廣圻，字千里，號澗薲，（江蘇）吳縣人。乾隆三十五年（一七七〇）生，道光十九年（一八三九）卒，年七十。本注：「一作年七十六。」（頁六五〇）

森按：顧氏生卒年歲，諸說不一。李兆洛〈顧君墓誌銘〉曰：「晚得類中症，臥牀第者五年，道光十五年（一八三五）二月十九日卒，年七十。」[111]依此，則生於乾隆三十一年（一七六六），此一說也。《清史列傳》卷六十八、《清史稿》卷四百八十一本傳云：「道光十九年（一八三九）卒，年七十。」[112]則生於乾隆三十五年，此姜《表》所本，二說

110 彭兆蓀《小謨觴館全集》，光緒間刊本附刻繆朝荃《年譜》，卷一，頁二。

111 顧廣圻《思適齋集》，《續修四庫全書》本，卷首附李兆洛〈顧君墓誌銘〉，頁三；又繆荃孫纂《續碑傳集》，《清代傳記叢刊》本，卷七十七，頁十二。

112 《清史列傳》，頁五五二三；又《清史稿》，頁一三一九三。

也。其作卒年七十六者，則生於乾隆二十九年（一七六四），此又一說。今考千里跋《孫可之文集》云：

道光丁亥（七年），因有《文粹辨證》之役，徧搜唐賢遺集，得王濟之所刻《孫可之》內閣本，復從長洲汪氏借宋槧勘正。

文末署「時年六十有二」，[113]此出乎千里自言者，以道光七年（一八二七）年六十二推之，則生於乾隆三十一年。[114]另據瞿中溶《瞿木夫自訂年譜》道光十五年條載：「三月，知顧澗薲作古。好學博洽之士日少，以後講求古學，更無可問途者，作二絕句輓之。」[115]則顧氏卒於道光十五年春，享年七十，與李兆洛〈墓誌〉合。姜《表》作道光十九年卒，誤也。

二九、劉逢祿

劉逢祿，字申受，江蘇陽湖人。乾隆四十一年（一七七六）生，道光九年（一八二九）

113 王欣夫輯《思適齋書跋》，民國二十四年，王氏學禮齋《黃顧遺書》本，卷四，頁十。

114 按嘉慶十三年（一八〇八）正月，顧廣圻撰〈刻《易林》序〉，中云：「廣圻亦復行年四十有三，久見二毛矣。」（焦延壽《易林》，黃丕烈士禮居刊陸校宋本，卷首，頁一）顧氏乾隆三十一年生，此亦一證也。

115 瞿中溶編《瞿木夫先生自訂年譜》，頁六十九。

卒，年五十四。本注：「據《續碑傳集》卷七十二李兆洛〈禮部劉君傳〉。《經學博采錄》卷三作年五十六，生三十九年甲午。」（頁六五七）

森按：劉逢祿，常州武進人，見其子劉承寬〈先府君行述〉，此作陽湖人，未確。劉氏年歲，《清史稿》卷四八二、《清史列傳》卷六十九並云：「道光九年卒，年五十六。」錢椒《補疑年錄》卷四同，[116]皆本李兆洛〈禮部劉君傳〉。[117]然劉承寬〈行述〉云：「府君生于乾隆四十一年六月十二日戌時，卒于道光九年八月十六日未時，享年五十有四。」[118]申受生卒年當以此為定。姜《表》原列劉氏生卒年不誤，惟云據李兆洛撰〈傳〉則非；元注云桂文燦《經學博采錄》作「年五十有六」者，[119]即本李〈傳〉。

三十、宋翔鳳

宋翔鳳，字于庭，江蘇長洲人。乾隆四十一年（一七七六）生，咸豐十年（一八六〇）卒，年八十五。（頁六五七）

---

116 《清史稿》，頁一三二六八；《清史列傳》，頁五六〇六；錢椒《補疑年錄》，《續修四庫全書》本，卷四，頁三十六。

117 繆荃孫纂《續碑傳集》，卷七十二，頁九—十。

118 劉逢祿《劉禮部集》，《續修四庫全書》本，卷十一〈附錄〉，頁十。

119 桂文燦《經學博采錄》，《續修四庫全書》本，卷三，頁二十二。

森按：宋氏生卒年壽，諸書所記不一，《清史列傳》卷六十九、《清史稿》卷四八二並云咸豐十年卒，「年八十二」；[120]陸心源《三續疑年錄》卷九、《清儒學案》卷七十五、袁行雲《清人詩集敘錄》卷五十六作「卒年八十五」；[121]支偉成《清代樸學大師列傳》卷七作「卒年八十七」，蔡冠洛《清代七百名人傳》四編同。[122]今考宋氏《洞簫樓詩紀》卷十三〈哭外兄劉申受禮部逢祿二首〉，其二云：「久甘巖谷任蘊藏，每聽容臺議禮詳。一歲長余同寂寞，千秋待子忽淪亡。」[123]知宋氏小劉逢祿一歲。據劉承寬〈先府君行述〉謂劉逢祿「生于乾隆四十一年六月十二日」，[124]則于庭應生乾隆四十二年。今以宋氏詩文驗之，《樸學齋文錄》卷四〈亡妻顧孺人行實〉言：「余自十九後，迭遭祖母、曾祖母、祖父之喪，最後丁先母憂，二十七歲歲癸亥服闋乃婚」云云，[125]按嘉慶八年癸亥（一八〇三），宋氏年二十七，則生乾隆四十二年（一七七七），其證一。復據宋氏《憶山堂詩錄》卷五辛未編年詩，題云〈玉松先生以蔣香杜年六十，而同人適計偕至，故

---

120 《清史列傳》，頁五六〇六；《清史稿》，頁一三二六八。

121 陸心源《三續疑年錄》，卷九，頁二十一；徐世昌纂《清儒學案》，卷七十五，頁二十八；袁行雲《清人詩集敘錄》，頁一九四八。

122 支偉成《清代樸學大師列傳》，頁一三四；蔡冠洛《清代七百名人傳》，一九八四年，北京：中國書店，頁一六七五。

123 宋翔鳳《洞簫樓詩紀》，《浮谿精舍叢書》本，卷十三，頁八。

124 劉承寬〈先府君行述〉，劉逢祿《劉禮部集》，卷十一〈附錄〉，頁十。

125 宋翔鳳《樸學齋文錄》，《浮谿精舍叢書》本，卷四，頁三十九—四十。

為此集。以己年六十六、蔣堯農瑛四十八、李子僊福四十三、翔鳳年三十五。同席顧亮甫吉士寅四十五、公子藹人修撰信中四十一，因首倡云「七人三百卅八歲」，諸君和詩皆以為首句，余次韻未用。翼日香杜、堯農、子僊與余皆報罷，因用此句再和一首〉，[126]嘉慶十六年（一八一一）于庭年三十五，則生於乾隆四十二年，其證二。又道光二年壬午（一八二二）〈別幼頎四首〉，首云「四十將過六，久更風與霜」，[127]亦一證也。宋氏咸豐十年卒，享年八十四。

三一、許桂林

許桂林，字月南，江蘇海州人。乾隆四十三年（一七七八）生，道光元年（一八二一）卒，年四十四。本注：「據《疇人傳》卷五十一。」（頁六五九）

森按：羅士琳續補《疇人傳》卷五十一月南本傳云：「許先生諱桂林，字同叔，號月南，又號月嵐，海州人。由拔貢生中式嘉慶二十一年舉人；旋丁內艱，以哀毀終。……年四十有三。」[128]不載月南生卒年，未審姜氏何據？據《清史列傳》卷六十九〈儒林傳〉

126 宋翔鳳《憶山堂詩錄》，《浮谿精舍叢書》本，卷五，頁五。

127 宋翔鳳《洞簫樓詩紀》，卷三，頁十一。

128 阮元撰，羅士琳續補《疇人傳》，卷五十一，頁十一。

言：月南「體素弱，不耐勞，惟讀書始精神煥發，故日以詁經為事。道光元年，丁內艱，以毀卒，年四十三。」[129]《清史稿》卷四八二〈儒林傳〉同，[130]則月南當生於乾隆四十四年（一七七九）。姜《表》作四十三年生，誤也。

三二、方成珪

方成珪，字國憲，（浙江）瑞安人。乾隆五十年（一七八五）生，道光三十年（一八五〇）卒，年六十六。本注：「號雪齋，《清史列傳》卷六十九。」（頁六六八）

森按：《清史列傳》卷六十九本傳，但言「咸豐間以老病告歸，卒」，[131]不載方氏卒年，不知姜氏何所據？姜《表》另出「方成莊，字國憲，瑞安人。乾隆四十九年生，道光二十九年卒，年六十六。」本注：「號雪齋，《韓集箋》卷五附《年譜》一卷。」[132]二者同字國憲，並號雪齋，又同籍瑞安，年俱六十六，而成莊著《韓集箋》，方成珪則著《韓集箋正》，書名復近似。今檢孫詒讓《溫州經籍志》，並無方成莊其人；偏檢群籍，

129 《清史列傳》，頁五六四五。
130 《清史稿》，頁一三二八四。
131 《清史列傳》，頁五六一五。
132 姜亮夫《歷代人物年里碑傳綜表》，頁六六七。

亦不見方成莊傳誌，姜《表》所列方成珪、方成莊應同一人，「珪」、「莊」二字行書相近，傳寫誤之耳。惟檢方成珪《韓集箋正》書後所附《年譜》，乃韓昌黎之譜，非方氏自訂年譜，133 不知姜氏此又緣何而誤也。

方成珪生卒年，陳謐〈方先生墓表〉云：「先生生乾隆五十年乙巳（一七八五）九月二十九日，卒以道光三十年（一八五〇）庚戌六月初六日，春秋六十有六。」134 北京首都圖書館藏民國《瑞安縣志》卷十九〈方成珪傳〉，亦言：「為教官數十年，清貧樂道，陋巷老屋，圖史外別無長物。生乾隆五十年乙巳九月，卒道光三十年庚戌六月，年六

133 謝巍《中國歷代人物年譜考錄》，著錄方成莊《雪齋自訂年譜》一卷，云：「清刊本，《韓昌黎集箋》卷五附，見存」；又言：「方成莊，一名成珪。……乾隆四十九年甲辰生，道光二十九年己酉卒，年六十六。」備考項則言：「成莊，……著有《校注字鑒》、《集韻考正》，輯注《韓昌黎集箋》。其生年，一說乾隆五十年，年六十六。」（一九九二年，北京：中華書局，頁五〇三）按謝君此條凡數誤，方成珪所著書名《韓集箋正》，凡十卷，有刻本行世，孫詒讓〈集韻考正跋〉稱其書「平議精審，迥出方崧卿、陳景雲諸書之上」（《籀廎述林》，民國五年刊本，卷六，頁三—四），方氏並無「輯注《韓昌黎集箋》」之事，其誤一也。《韓集箋正》書後所附《年譜》，乃韓愈之《譜》，非方氏《自訂年譜》，則謝君所謂「《韓昌黎集箋》卷五附」者，實出杜撰，本無其書，其誤二也。方氏既有《自訂年譜》，則不當復有「其生年一說乾隆五十年」也，足證謝君並未見方成莊《年譜》。今考方成莊字雪齋既無其人，自不得有《雪齋自訂年譜》，謝君此條顯然沿襲姜亮夫《綜表》而誤，未經核實也。

134 陳謐〈方先生墓表〉，方成珪《敬業堂詩校記》卷末附載，民國二十三年，瑞安林氏《惜硯樓叢刊》本，頁一—二。

十六。」[135]或即姜氏所本。惟考方成珪《寶研齋吟草》，中有道光十三年癸巳（一八三三）〈五十述懷〉詩，[136]則生於乾隆四十九年（一七八四），此出乎方氏自道者，其生年當以此為是，距道光三十年卒，享年六十七。《清史列傳》云咸豐間卒者，誤也。

三三、杜受田

杜受田，字芝農，山東濱州人。乾隆五十三年（一七八八）生，咸豐二年（一八五二）卒，年六十五。（頁六七〇）

森按：芝農之子杜翰、杜翻編乃父年譜，載芝農乾隆五十二年（一七八七）九月初三日生，咸豐二年七月初九日卒，年六十六。[137]芝農生卒年歲當以此為定。姜《表》作乾隆五十三年生，非是。

三四、彭泰來

135 民國《瑞安縣志》，卷十九，頁十。按此書余未見，轉引自王逸明《定海黃式三黃以周年譜稿》，二〇〇〇年，北京：學苑出版社，頁二十九。王君云：《瑞安縣志》為「民國三十八年前後鉛印本，為未刊竣本，以印樣、手稿、校樣合訂一書」。

136 方成珪《寶研齋吟草》，中國國家圖書館藏道光二十六年活字本，頁五十七。

137 杜翰、杜翻編《杜文正公年譜》，咸豐九年家刻本，頁一，又頁三十。

彭泰來，字春洲。乾隆五十五年（一七九〇）生，同治七年（一八六八）卒，年七十九。缺其籍貫。本注：「據李光庭撰《彭春洲先生詩譜》。」（頁六七三）

森按：陳旦〈彭春洲先生墓表〉言：彭氏「生於乾隆五十五年八月二十七日也；同治五年（一八六六），年七十有七，卒於二月四日甲午。」[138]與姜《表》異。另檢李光廷《彭春洲先生詩譜・後跋》云：「是譜成，曾託友人陳扶初寄呈先生，先生頗為許可。至丙寅扶初送來先生文刻，而先生於二月四日歸道山矣。」[139]則彭泰來卒於同治五年丙寅（一八六六），享年七十七。姜《表》作同治七年卒，誤也。另據李光廷《詩譜》，彭氏廣東高要縣人，當據補。

三五、張安保

張安保，字懷子，（江蘇）儀徵人。乾隆五十七年（一七九二）生，同治三年（一八六四）卒，年七十三。本注：「號石樵。據《碑傳集補》卷四十九。」（頁六七六）

森按：《碑傳集補》卷四十九吳昆田〈通奉石樵先生張公墓表〉，不載張氏生卒年歲。

---

138 陳旦〈彭春洲先生墓表〉，載李光廷《彭春洲先生詩譜》，《北京圖書館藏珍本年譜叢刊》影印同治間刊本，卷首，頁二。

139 李光廷《彭春洲先生詩譜》，頁三十二。姜《表》「廷」字誤「庭」。

許宗衡〈張石樵先生別傳〉則言：「同治癸亥（二年），以子丙炎官編修，來京師。明年四月以疾卒，年七十。」[140] 以同治三年卒年七十推之，則生於乾隆六十年（一七九五）。姜《表》作五十七年生，年七十三，非是；袁行雲《清人詩集敘錄》卷六十三誤同。[141] 又，吳昆田〈墓表〉云：石樵「字懷之」，[142] 殆用《論語》「少者懷之」之典，此作「懷子」，蓋傳寫誤筆。

三六、項鴻祚

項鴻祚，字蓮生，〔浙江〕錢塘人。嘉慶五年（一八〇〇）生，道光十五年（一八三五）卒，年三十六。本注：「原名繼章，字子彥。《碑傳集補》卷四十九譚獻〈項君小傳〉。」（頁六八四）

森按：此記項氏生卒年壽，云本譚獻〈小傳〉，然檢譚〈傳〉實云：「道光十二年舉於鄉。……再上春官被放，轗軻久，遂卒，時道光十五年也。……卒年三十八歲。」[143] 項

140 閔爾昌纂《碑傳集補》，《清代傳記叢刊》本，卷四十九，頁三十一。
141 袁行雲《清人詩集敘錄》，頁二二〇五。
142 閔爾昌纂《碑傳集補》，卷四十九，頁二十七。
143 同上注，卷四十九，頁十二—十三。

氏著《憶雲詞》，許增〈重斠刻憶雲詞書後〉亦云：「先生姓項氏，名廷紀，鄉舉名鴻祚，字蓮生。……再上春官不得意，歸即病，病遂不起。此道光乙未（十五年）秋間事，年才三十八歲。」[144] 然則項氏當生嘉慶三年（一七九八），此作嘉慶五年生，誤也。

三七、顧廣譽

顧廣譽，字惟康，（浙江）平湖人。嘉慶五年（一八〇〇）生，同治六年（一八六七）卒，年六十八。本注：「號訪溪，《清史列傳》卷六十七。」（頁六八四）

森按：《清史列傳》卷六十七顧氏本傳，實作「同治五年（一八六六），卒於上海龍門書院，年六十八。」[145] 顧氏《悔過齋文集》卷首葉裕仁所撰〈行狀〉，亦言：「（同治）五年，兵備永康應公建龍門書院於上海，延主講席。至則仿吾鄉陳確庵、陸桴亭兩先生大學日程法以課諸生，手披口講，不敢稍自暇逸。疾革時，猶呼生徒至榻前，諄諄告諭。以是年四月二十七日卒於書院，年六十有八。」[146] 姜《表》作同治六年卒者，誤也。其年六十八，則生嘉慶四年（一七九九）。

144 項廷紀《憶雲詞》，《續修四庫全書》本，卷末。
145 《清史列傳》，頁五四一三。
146 顧廣譽《悔過齋文集》，《顧訪溪遺書》本，卷首，頁四。

三八、馮應榴

馮應榴，字星實，〔浙江〕桐鄉人。嘉慶六年（一八〇一）生，咸豐十一年（一八六一）卒，年六十一。本注：「據秦瀛〈鴻臚寺卿星實馮君墓表〉。或以生年為卒年者，誤。」（頁六八四）

森按：姜《表》所載馮應榴生卒年歲有誤。《清史列傳》卷七十一本傳載：乾隆二十六年進士，官內閣中書，歷官至鴻臚寺卿。著有《蘇詩合注》五十卷、《學語稿》等。[147] 馮氏《蘇詩合注》，錢大昕曾為之序。[148] 錢氏卒於嘉慶九年十月，使如姜《表》所定，則竹汀卒時，馮氏方四齡耳，竹汀豈能預為其書作序？其誤顯然。今檢秦瀛《小峴山人文集》卷五〈馮君墓表〉，其文開首固明言：「嘉慶五年（一八〇〇）閏四月二十二日，前鴻臚寺卿桐鄉馮君卒於家，年六十有一。」[149] 則生於乾隆五年（一七四〇）。《清史列傳》雖不載其年歲，然歷記馮氏乾隆三十五年充湖北鄉試副考官；翌年充順天鄉試同考官；五十一年，充順天鄉試同考官；五十四年，充山東鄉試正考官。[150] 不知姜氏何以失之

147 《清史列傳》，頁五八二二。

148 錢大昕《潛研堂集》，頁四三一一。

149 秦瀛〈鴻臚寺卿星實馮君墓表〉，《小峴山人文集》，《續修四庫全書》本，卷五，頁二十五；又閔爾昌纂《碑傳集補》，卷七，頁一。

150 《清史列傳》，頁五八二二。

眉睫貽誤如此？陸心源《三續疑年錄》作乾隆六年生，嘉慶六年卒，年六十一，[151]蓋姜氏本注斥言者，其說亦非。

三九、黃輔辰

黃輔辰，字琴塢，（湖南）醴陵人。嘉慶七年（一八〇二）生，同治九年（一八七〇）卒，年六十九。本注：「據郭嵩燾〈黃琴塢先生墓表〉、黃彭年〈先府君行略〉。」（頁六八六）

森按：姜《表》所載黃氏生卒年有誤。黃彭年〈先府君行略〉云：「先君諱輔辰，字琴塢，貴州貴筑人。由縣學生中道光壬午（二年）科舉人，乙未（十五年）恩科進士。……特旨簡放陝西鳳邠道。同治五年（一八六六）十一月初六日申時卒於官，年六十有九。」[152]據此，則應生嘉慶三年（一七九八）。姜《表》作嘉慶七年生、同治九年卒，生卒年俱誤；籍貫亦當改貴州貴筑。

四十、汪士鐸

151 陸心源《三續疑年錄》，卷九，頁十五。

152 黃彭年《陶樓文鈔》，《續修四庫全書》本，卷五，頁十二—十三。

汪士鐸，字振庵，別字梅村，江蘇江寧人。嘉慶九年（一八〇四）生，光緒十五年（一八八九）卒，年八十六。（頁六八七）

森按：繆荃孫《續碑傳集》卷七十四汪氏本傳云：「（光緒）十五年卒，年八十有六。」[153]此姜《表》所本。梅村晚號悔翁，鄧之誠《骨董瑣記》卷四「汪悔翁自書紀事」條，載錄梅村自述云：「嘉慶七年壬戌六月十五日子時予生」，[154]則姜《表》謂汪氏嘉慶九年生者，誤也。梅村弟子甘元煥撰〈悔翁先生行狀〉言：「以光緒十五年七月初七日巳時卒，距生于嘉慶七年六月十五日子時，春秋八十有八。」[155]汪氏生卒年壽當以此為定。

四一、周學濂

周學濂，字蓮伯，浙江烏程人。嘉慶十三年（一八〇八）生，同治元年（一八六二）卒，年五十五。（頁六九一）

---

153 繆荃孫纂《續碑傳集》，卷七十四，頁二十二。

154 鄧之誠《骨董瑣記》，一九九一年，北京：中國書店，頁一二〇。

155 甘元煥《悔翁先生行狀》，光緒間刊本，頁十三。

森按：姜《表》此未言所本，當據陸心源《三續疑年錄》。[156] 本書下表復有「周學汝，字禮傳，烏程人，嘉慶十五年（一八一〇）生，同治元年卒，年五十三」，本注：「初名學濂。」[157] 二者雖表字不一，然皆名學濂，同浙江烏程人，且俱同治元年卒，其為一人可知也。《續碑傳集》卷七十九戴望撰〈周孝廉墓表〉云：「孝廉周君既沒之七年，厥弟侍御君共望客江寧，示諸〈狀〉。……按〈狀〉，君諱學汝，字禮傳，初名學濂，後更今名。……及城陷，闔戶自經死，妻及子婦皆從，年五十有三。」[158] 又陳繼聰《忠義紀聞錄》卷二十八「周太守學濂」條亦言：「周先生學濂，字蓮伯。後更名學汝，字禮傳，烏程人。……同治元年五月三日城陷，先生闔門自經死，妻張孺人及子婦皆從，年五十有三。」[159] 則周氏當生於嘉慶十五年。其作十三年生者，誤也。

四二、汪德鉞

汪德鉞，字崇義，（安徽）懷寧人。生年不詳，嘉慶十三年（一八〇八）卒，年五十餘。本注：「據姚鼐〈禮部員外郎懷寧汪君墓誌銘〉。」（頁六九一）

156 陸心源《三續疑年錄》，卷九，頁二十七。
157 姜亮夫《歷代人物年里碑傳綜表》，頁六九四。
158 繆荃孫纂《續碑傳集》，卷七十九，頁十一—十二。
159 陳繼聰《忠義紀聞錄》，《清代傳記叢刊》本，卷二十八，頁一—二。

森按：臧庸《拜經堂文集》卷五有〈禮部儀制司員外郎汪君德鉞行狀〉，云：「君生乾隆十三年（一七四八）二月五日，以嘉慶十三年（一八〇八）十月八日卒於京邸，春秋六十有一。」[160]汪氏卒後，嘉慶十五年九月，其子時滳抱父遺書，屬臧庸為之校定，編錄為《周易義例》、《七經偶記》、《四一居士文鈔》等凡十種，並掇其經說之要者，為作〈行狀〉。[161]臧君所記汪氏生卒年歲，蓋本其家傳狀，當據補。

四三、李祖望

李祖望，字賓嵎。嘉慶十九年（一八一四）生，光緒七年（一八八一）卒，年六十八。缺其籍貫。本注：「據《碑傳集補》卷四十一。」（頁六九八）

森按：姜《表》所載李氏生卒年有誤。檢《碑傳集補》卷四十一錄《江都縣志》賓嵎本傳，不記生卒年月，但云「卒年六十八」，[162]未審姜氏此何所本？今考賓嵎《鍥不舍齋文集》卷四〈黃菊人師蘊齋詩集序〉，中言：「余今年六十有七，與君交者幾五十年」，

160 臧庸《拜經堂文集》，卷五，頁二十一。

161 參拙稿〈臧庸年譜〉嘉慶十五年條，《中國經學》第二輯，頁三〇五。

162 閔爾昌纂《碑傳集補》，卷四十一，頁十八。

文末屬光緒二年（一八七六）仲秋，[163]以此逆推之，則賓嵎生嘉慶十五年（一八一〇）。另《文集》卷末有賓嵎之孫肇偁跋，稱乃祖「光緒丁丑遽捐館」，[164]則卒於光緒三年（一八七七），享年六十八。姜《表》云生嘉慶十九年，光緒七年卒，生卒年並誤。另據《文集》每卷首題「江都李祖望」，則賓嵎江蘇江都人，當據補。

四四、孫衣言

孫衣言，字劭聞，浙江瑞安人。嘉慶十九年（一八一四）生，光緒二十年（一八九四）卒，年八十一。（頁六九八）

森按：孫延釗著《孫遜學公年譜》十卷、《孫徵君籀廎公年譜》八卷。近年徐和雍、周立人兩君整理遺稿，合編為《孫衣言孫詒讓父子年譜》，《譜》載衣言嘉慶二十年八月十七日生，光緒二十年十月二十日卒，年八十。[165]孫延釗為衣言文孫，所記生卒年壽宜可據。姚永樸〈孫太僕傳〉云：「光緒十六年卒」，[166]誤也。姜《表》云嘉慶十九年

163 李祖望《鍥不舍齋文集》，同治三年，江都李氏半畝園刊本，卷四，頁五。
164 同上注，卷末。
165 孫延釗《孫衣言孫詒讓父子年譜》，二〇〇三年，上海社會科學院出版社，頁一，又頁二六一。
166 閔爾昌纂《碑傳集補》，卷七，頁十三。

生，亦非；袁行雲《清人詩集敘錄》卷七十二沿其誤。[167]

四五、葉蕙心

葉蕙心，字蘭如。嘉慶二十年（一八一五）生，闕其籍貫、卒年、年歲。（頁六九九）

森按：姜《表》此條未記所本。葉蕙心為李祖望室人，著有《爾雅古注斠》三卷，卷首題「甘泉葉蕙心」，則江蘇甘泉人。據書後李祖望〈跋〉，云此書光緒二年（一八七六）成時，葉氏「年已六十有二」，[168]則姜《表》作嘉慶二十年生，不誤。復按《續修江都縣志》卷二十八上〈列女傳〉，據其家傳，載葉氏「卒年九十」，[169]則卒於光緒三十年（一九〇四）。

四六、周錫瓚

周錫瓚，字香巖，〔江蘇〕吳縣人。闕其生年，嘉慶二十四年（一八一九）卒，年

167 袁行雲《清人詩集敘錄》，頁二四九九。

168 葉蕙心《爾雅古注斠》，光緒二年，江都李氏半畝園刊本，卷末。

169 錢祥保等修，桂邦傑等纂《續修江都縣志》，民國十五年鉛印本，卷二十八上，頁六。

八十餘。本注：「又字仲漣，號漪塘。」（頁七〇五）

森按：周氏為乾嘉時期蘇州著名藏書家。段玉裁《經韵樓集》卷八〈周漪塘七十壽序〉，言：「自余於壬子（乾隆五十七年）居吳，借書以讀，所恃惟周子。周子以篤好聚物，自明季諸君以及何氏、朱氏之善本，每儲偫焉。……余始識周子纔五十餘，而今則七十矣。嘉慶十六年二月廿一日是為誕辰，同志皆舉觴以賀」云云。170 以嘉慶十六年（一八一一）年七十推之，則漪塘生於乾隆七年（一七四二）二月；下距嘉慶二十四年卒，享年七十八。姜《表》謂周氏「卒年八十餘」，未確。

四七、金鶚

金鶚，字秋史，號誠齋，（浙江）臨海人。嘉慶二十四年（一八一九）卒。闕生年、年壽。本注：「據《經學博采錄》四。」（頁七〇五）

森按：姜《表》此上復有一金鶚：

金鶚，字風荐，歙人。乾隆三十六年（一七七一）生，嘉慶二十四年（一八一九）卒，

---

170 段玉裁《經韵樓集》，《續修四庫全書》本，卷八，頁二十四。

年四十九。本注：「號誠齋，《碑傳集補》卷四十。」[171]

此二人同名，俱以「誠齋」為號，雖表字、籍貫不同，然實同為一人。陳奐《師友淵源記》、《清史列傳》卷六十九、《清史稿》卷四八二並云：「金鶚，字誠齋，臨海人。」[172]郭協寅〈金誠齋先生傳〉言：「先生諱鶚，字風薦，誠齋其號也。世居安徽歙縣」云云，[173]此姜《表》所本。然郭〈傳〉下文固明言：「高祖名以德者，國初順治十年始占籍臨海，以經紀起家。」下所述誠齋學行事跡並與史傳合，其為一人斷無可疑。姜氏誤析為二人，未細讀郭〈傳〉下文也。

四八、曾釗

曾釗，字敏修，廣東南海人。道光元年（一八二一）生，咸豐四年（一八五四）卒，年三十四。本注：「據《碑傳集補》卷四十一。」（頁七〇七）

森按：姜《表》所載曾釗年壽有誤，檢《碑傳集補》卷四十一所錄繆荃孫撰〈傳〉，第

---

171 姜亮夫《歷代人物年里碑傳綜表》，頁六五二。
172 陳奐《師友淵源記》，頁十六；《清史列傳》，頁三六五九；《清史稿》，頁一三二九六。
173 閔爾昌纂《碑傳集補》，卷四十，頁二十六。

言「咸豐四年卒於家」，[174]不言其年歲，《清史列傳》卷六十九、《清史稿》卷四八二本傳同。[175]姜氏以釗生道光元年，不知何據？然繆〈傳〉固明言曾釗「道光五年拔貢生」，[176]豈甫五齡已膺拔貢？此所載曾釗年壽，其誤顯然。按曾氏年歲，余未見明文。然道光六年（一八二六）阮元由兩廣總督調雲貴，臨去，以曾釗、吳蘭修、李黼平、林伯桐等為學海堂學長，[177]度其時釗年當在四十以上，則生乾隆五十二年（一七八七）以前，下距咸豐四年卒，其年應六十八以上。姜《表》云卒年三十四者，誤也。

四九、黃彭年

黃彭年，字子壽，貴州貴筑人。道光三年（一八二三）生，光緒十六年（一八九〇）卒，年六十八。本注：「據《碑傳集補》卷十七。葉昌熾《緣督廬日記》光緒十五年十二月六日條：『聞子壽師薨』，則卒於己丑十二月，公元乃一八八九年也。」（頁七一〇）

174 同上注，卷四十一，頁七—八。
175 《清史列傳》，頁五六三一；《清史稿》，頁一三二八一。
176 閔爾昌纂《碑傳集補》，卷四十一，頁七。《清史列傳》卷六十九同。
177 林伯桐《學海堂志》，一九九五年，南京：江蘇教育出版社影印本，頁一。

森按：姜《表》引葉昌熾《日記》有誤。檢《緣督廬日記》光緒十五年十二月六日條載：「初六日，晴。游南山，以子宣為導。先至其齋略坐，即同出清波門。……是游也，南山諸勝已得大概，惟以不至水樂洞為憾」云云，[178]並無「聞子壽師薨」之語。《碑傳集補》卷十七載姚永概撰〈傳〉，未記黃氏生卒年歲，第云：「調湖北布政使。是時張文襄公方督兩湖，與先生故人也，銳意興作，規模張大，用財無校量。先生每以為不可，靳之，意稍齟齬，不自得，遂以風疾卒於位。」[179]據錢實甫《清代職官年表》，黃彭年調湖北布政使在光緒十六年八月，[180]則不得光緒十五年已前卒。據陳定祥《黃陶樓先生年譜》，黃氏生道光三年六月十一日，光緒十六年十二月四日卒於湖北布政司使任所，年六十八。[181]則姜《表》前說是，惟其卒為西曆一八九一年一月十三日，姜《表》作一八九〇年，非。

五十、唐炯

唐炯，字鄂生，（貴州）遵義人。道光九年（一八二九）生，宣統元年（一九一〇）卒，

178 葉昌熾《緣督廬日記》，二〇〇二年，南京：江蘇古籍出版社，冊三，頁一七二二—一七二四。
179 閔爾昌纂《碑傳集補》，卷十七，頁二十九。
180 錢實甫《清代職官年表》，頁一九五〇。
181 陳定祥《黃陶樓先生年譜》，一九七一年，臺北：廣文書局《年譜叢書》本，頁一，又頁五十二。

年八十一。（頁七一六）

森按：唐氏有《成山老人自撰年譜》六卷，據《年譜》所載，唐氏生道光九年三月二十一日。[182]另據《譜》後其子唐堅所記，唐炯光緒三十四年十二月二十九日卒，[183]為西曆一九〇九年一月二十日，享年八十。姜《表》作宣統元年卒，誤也。

五一、譚獻

譚獻，字仲修，（浙江）仁和人。道光十年（一八三〇）生，光緒二十七年（一九〇一）卒，年七十二。（頁七一七）

森按：《碑傳集補》卷五十一載夏寅官〈譚獻傳〉，云：「卒於光緒辛丑（二十七年），年七十二。」[184]此姜《表》所本。惟考譚獻〈諭子書一〉，自述平生事歷，中言：「丁卯鄉試獲舉，年已三十六矣。」[185]以同治六年丁卯（一八六七）年三十六推之，則生於道光十二年（一八三二）。復據譚氏《復堂日記》光緒十七年辛卯（一八九一）條：「十一月

182 唐炯《成山老人自撰年譜》，一九七一年，臺北：廣文書局《年譜叢書》本，卷一，頁二。
183 同上注，卷末〈附錄〉，頁二十六。
184 閔爾昌纂《碑傳集補》，卷五十一，頁三十。
185 同上注，卷五十一，頁三十二。

十七日，友朋、親串、生徒輩，為予豫祝六十生辰。」[186]則譚獻道光十二年生審矣。姜《表》作道光十年生，誤；距光緒二十七年卒，得年七十。

五二、龔易圖

龔易圖，字靄仁，〔福建〕閩縣人。道光十年（一八三〇）生，光緒十四年（一八八八）卒，年五十九。（頁七一七）

森按：姜《表》載龔易圖生卒年有誤。據龔氏《自訂年譜》，道光十五年十二月十四日生（西曆一八三六年一月三十一日）；[187]其子晉義等為續譜，云光緒十九年（一八九三）十月十八日卒，[188]年五十九。姜《表》作道光十年生，光緒十四年卒，生卒年並誤。龔氏字藹仁，姜《表》作「靄」字，誤。

186 譚獻《復堂日記》，光緒十三年，《半厂叢書》本，卷八，頁二十四。從遊楊棠秋君云：「《復堂日記續錄》光緒二十七年：『二月望日，汪柳門札來，欲貽予壽聯云：與南極一星同壽，先東坡二日而生。』（民國二十年，《念劬廬叢刻》本，頁四十七）據宋王宗稷《東坡先生年譜》，坡公生景祐三年丙子十二月十九日，復堂先二日生，則嘉平月十七日生。」按上引〈諭子書一〉首云：「汝父生日，當百昌寂寞之際，宜其遇之塞也。」因其歲末生，故云爾。

187 龔易圖編《藹仁自訂年譜》，光緒十九年刊本，頁一。

188 同上注，頁四十三。

五三、劉坤一

劉坤一，字峴莊，（湖南）新寧人。道光十年（一八三〇）生，光緒二十七年（一九〇二）卒，年七十二。本注：「《續碑傳集》卷三十一朱孔彰〈劉忠誠公坤一別傳〉。」（頁七一八）

森按：姜《表》載劉坤一卒年有誤。據陳三立〈兵部尚書南洋大臣兩江總督劉忠誠公神道碑〉云：「光緒二十八年九月五日，兩江總督、南洋大臣新寧劉公薨於位。……享年七十有三。」[189] 馮煦〈兩江總督南洋大臣謚忠誠劉公墓誌銘〉亦言：「公生道光十年十二月二十二日，光緒二十八年九月初五日薨於位，年七十有三。」[190] 姜《表》據朱孔彰〈別傳〉作光緒二十七年卒，[191] 誤。

五四、丁丙

丁丙，字松存，浙江錢塘人。道光十三年（一八三三）生，光緒二十五年（一八九九）

---

189 劉坤一《劉忠誠公遺集》，宣統元年，新寧劉氏刊本，卷首，頁三十一，又頁三十三。

190 同上注，頁三十八。

191 繆荃孫纂《續碑傳集》，卷三十一，頁四。

卒，年六十七。（頁七二〇）

森按：丁丙，一字松生。俞樾〈丁君松生家傳〉言：「光緒二十五年三月丙辰卒於家，年六十有八。」[192]則生於道光十二年。其子丁立中纂《先考松生府君年譜》四卷，載乃父道光十二年七月二十日生於杭城，光緒二十五年三月九日考終，年六十八。[193]丁氏生卒年月當以是為定，姜《表》作道光十三年生，非是。

五五、楊守敬

楊守敬，字惺吾，宜都人。道光二十年（一八四〇）生，民國三年（一九一四）卒，年七十七。（頁七二八）

森按：姜書索引作一八三八年（道光十八年）生，《表》云道光二十年生，二者並誤。據楊氏自述《鄰蘇老人年譜》，惺吾生於道光十九年（一八三九）四月十五日。[194]另據熊會貞《年譜續編》，惺吾卒於民國四年（一九一五）陽曆一月九日，實甲寅（一九一四）十一

192 同上注，卷八十一，頁四。
193 丁立中《先考松生府君年譜》，光緒二十五年刊本，卷一，頁一；又卷四，頁二十八。
194 楊守敬《鄰蘇老人年譜》，民國四年石印本，頁二。

月廿四日，[195]年七十六。《清史稿》卷四八六本傳云「卒年七十有七」，[196]誤。

五六、桂文燦

桂文燦，字子白，廣東南海人。道光二十九年（一八四九）**生，光緒十二年**（一八八六）**卒，年三十八。本注：「據《續碑傳集》卷七十五。」**（頁七三五）

森按：姜《表》謂桂文燦道光二十九年生，惟檢桂氏《論語皇疏考證‧自序》末屬「道光二十五年十一月」；[197]又《孟子趙注考證‧自序》末繫「道光二十六年八月」。[198]如依姜《表》所定，則二書撰成時子白且未出生，其為舛誤較然明白。《續碑傳集》卷七十五本傳，載子白道光二十九年舉人，[199]《清史列傳》卷六十九、《清史稿》卷四八二並同，[200]姜氏誤以子白中舉之年為生年耳。

史傳不載子白生卒年壽。今考宣統二年《南海縣志》卷十九〈桂文燦傳〉，載子白

195 同上注，頁四十六。
196 《清史稿》，頁一三四四三。
197 桂文燦《論語皇疏考證》，《庚辰叢編》本，卷首〈自序〉。
198 桂文燦《孟子趙注考證》，《丙子叢編》本，卷首〈自序〉。
199 繆荃孫纂《續碑傳集》，卷七十五，頁四。
200 《清史列傳》，頁五六五六；《清史稿》，頁一三二八七。

光緒十年二月選湖北鄖縣知縣，七月履任，十月十二日卒於官，年六十二。[201]按《縣志》為子白之子桂坫等所修，其載子白事跡宜可信據。桂氏當生於道光三年，光緒十年卒（一八二三—一八八四）。姜《表》作十二年卒者，又不知緣何而誤也。

五七、姚椿

姚春，字春木，咸豐三年（一八五三）**卒。闕籍貫、生年、年壽。**（頁七三八）

森按：姜《表》此條不詳所據，所載亦多闕略。考姜書此前復有姚椿其人：

姚椿，字子壽，〔江蘇〕婁縣人。乾隆四十二年（一七七七）生，咸豐三年（一八五三）卒，年七十七。本注：「號春木。」[202]

據沈曰富〈姚先生行狀〉云：「先生諱椿，字子壽，一字春木，別自號樗寮生。」[203]此二者並字春木，俱咸豐三年卒，其為一人無疑。蓋傳寫誤書「椿」字作「春」，遂誤為

201 鄭藻等修，桂坫等纂《南海縣志》，宣統二年刊本，卷十九，頁七—八。按《清史列傳》卷六十九云：「光緒九年，選湖北鄖縣知縣」，誤，拙稿〈《清史列傳・儒林傳》考證〉有辨（二〇〇七年，上海社會科學院《傳統中國研究集刊》第三輯，頁五五二—五六六）。

202 姜亮夫《歷代人物年里碑傳綜表》，頁六五九。

203 繆荃孫纂《續碑傳集》，卷七十八，頁二十三—二十七。

二人耳。姚椿為姚鼐弟子，沈君〈行狀〉載其著作、行實甚詳。〈行狀〉言：「（咸豐）三年春二月二十一日考終，春秋七十有七。」《清儒學案》八十九本傳作「咸豐二年卒」，[204]誤。

五八、胡玉縉

胡玉縉，字綏之，（江蘇）吳縣人。咸豐九年（一八五九）生，闕其卒年、年壽。（頁七四二）

森按：胡玉縉《許廎學林》卷首載王欣夫〈吳縣胡先生傳略〉，胡氏卒於庚辰六月十日，即民國二十九年（一九四〇）七月十四日，年八十二，[205]當據補。

五九、宋衡

宋衡，字燕生，（浙江）平陽人。同治二年（一八六三）生，宣統三年（一九一一）卒，年四十九。（頁七四四）

204　徐世昌纂《清儒學案》，卷八十九，頁三十四。

205　胡玉縉《許廎學林》，一九五八年，北京：中華書局，卷首王欣夫〈傳略〉。

森按：宋衡，一字平子，俞樾弟子，所著《六齋卑議》，俞氏以為「實《潛夫論》、《昌言》之流亞」；梁啟超亦許之為「梨洲以後一天民」。[206] 據陳詩〈宋徵君事略〉言：「宣統二年（一九一〇）春，疾終於家，年四十有九。」[207] 陳謐〈東甌三先生年表〉云同治元年三月十二日生，宣統二年正月二十三日卒，年四十九。[208] 姜《表》所載宋氏生卒年並誤。

六十、劉師蒼

劉師蒼，字張侯，（江蘇）儀徵人。光緒元年（一八七五）生，光緒二十九年（一九〇三）卒，年二十九。本注：「據袁季枚〈劉張侯傳〉。」（頁七四七）

森按：張侯為劉文淇曾孫，劉壽曾之子。檢《碑傳集補》卷五十二袁鑣〈劉張侯傳〉云：「儀徵訓導常熟丁國鈞薦君經濟特科，辭不就。壬寅科送良甫子及誠甫子應省試，過江，乘輪船，於八月初三日夜半溺，即君生日也，年二十有九。」[209] 則張侯卒於光

206 並見馬敘倫〈召試經濟特科平陽宋君別傳〉，閔爾昌纂《碑傳集補》，卷五十二，頁二十五—二十六。

207 閔爾昌纂《碑傳集補》，卷五十二，頁二十七。

208 陳謐〈東甌三先生年表〉，民國二十四年，《浙江省立圖書館館刊》四卷第一期，頁三，又頁十七。

209 閔爾昌纂《碑傳集補》，卷五十二，頁二十一。

緒二十八年壬寅（一九〇二），享年二十九，則生於同治十三年（一八七四）。

二〇〇五年十月初稿
二〇〇六年七月十日二稿于 NEW JERSEY 旅次
二〇〇七年三月十四日三稿

本文原載《中華文史論叢》二〇〇七年第四輯

《清代人物生卒年表》訂補

生卒年歲，於文史考訂所關者甚鉅，顧史傳每闕焉不載，讀者常茫不知其人時世。自錢竹汀創《疑年錄》之書，其後增補、賡續者多家，姜亮夫《歷代人物年里碑傳綜表》最後出，遂集諸家之大成，研學之士莫不家有其書。惟姜書清人部分缺略殊甚，晚清人物所缺尤多，蓋鮮成書可資取材憑藉也。南京師範大學江慶柏教授劬學好古，勤於著述，余每相見，輒有新著見貽，蓋以撰述考訂為生活者。渠殆有見於姜《表》已不敷今日之用，因窮數年心力，編成《清代人物生卒年表》一書，[1]所收人物多達二萬五千人，較諸姜書奚啻倍蓰過之，誠治清學者涉津之筏，案頭必不可少之書也。余曩年嘗訂姜《表》舛錯數十事，[2]方撰稿時，《年表》尚未出版；及後見之，余所考所訂，往往與之合轍，因歎其書蒐

1 江慶柏編《清代人物生卒年表》，二〇〇五年，北京：人民文學出版社。
2 陳鴻森〈清代學者疑年考——姜亮夫《歷代人物年里碑傳綜表》訂訛〉，初稿曾於「屈萬里先生百歲誕辰國際學術研討會」宣讀（二〇〇六年十二月，臺灣大學中文系、臺灣國家圖書館合辦，頁四五五—四七一）；後刊於《中華文史論叢》二〇〇七年第四輯，頁一五五—一九九。

采之博與乎考據之精也。區區所識，對此汪洋人海，不免河伯自失之慨也。

古人年歲，碑誌、傳記所載時有出入；科舉、任官履歷，復有官年、實齡之差；《年表》收錄人物既多，間有微失，固所不免。余披覽所及，見有可資補益或考證同異者，輒隨手夾籤，所記或詳或略。惟素性疏懶，往往事過則忘，歷久益復難理。今退食自公，借讀諸書均已還瓻，難以一一稽核。茲擇其確有明驗者，條錄八十事，炳燭微明，庶於讀是書者稍有涓埃之益。錄成，爰書其始末如此。二〇一八年五月十五日。

目次

四六、陳逢衡
四七、羅有高
四八、周學濂
四九、鄭喬遷
五十、單之玠
五一、趙敬襄
五二、胡琨
五三、胡湜
五四、鍾大源
五五、洪朴
五六、秦瀛
五七、錢坫

五八、錢汝誠
五九、倪學洙
六十、徐良
六一、徐恕
六二、徐昌薇
六三、徐渭仁
六四、翁元圻
六五、陶元藻
六六、黃體立
六七、博明
六八、彭兆蓀
六九、蔣仁榮

七十、蔣光焴
七一、蔣廷黻
七二、蔣佐光
七三、韓應陛
七四、謝階樹
七五、慕維德
七六、管禮耕
七七、翟灝
七八、黎簡
七九、潘諮
八十、魏成憲

一、丁傳

〔正〕丁傳條，據趙坦《保甓齋文錄》卷下〈丁魯齋先生傳〉載：丁傳，字希會，康熙六十一年（一七二二）生，嘉慶四年（一七九九）卒，年七十八。（頁一）

森按：丁傳，字希曾，丁敬（龍泓山人）次子，此作「希會」者，譌文失校也。據丁傳〈新鈔武林金石錄跋〉云：

家大人著《武林金石錄》一冊，共一百四十紙，老友吳君槎客得之梧桐鄉，從海昌買棹而來，慎重見示，乃汪澄齋家藏本也。……爰付大女鈔竟，覆校珍弆，以汪本還吳君云。乾隆癸丑穀日，男傳謹跋，時年七十有三。[3]

以乾隆五十八年（一七九三）癸丑年七十三推之，則丁傳應生於康熙六十年（一七二一），此出乎丁氏自述者，尤可據也。黃裳《來燕榭讀書記》卷六「丁敬《硯林詩集》」條載平湖葛氏藏《龍泓館詩集》舊鈔本，有跋云：「丁希曾二兒於嘉慶四年己未七月十六日

3 丁丙輯《三丁詩文拾遺》，收於《西泠五布衣遺著》，二〇一五年，杭州：浙江古籍出版社，頁三五七—三五八。

卒於黃泥潭湯婿家，享年七十九。」[4]此跋未具姓名，味其語，當是希曾知友所撰，此亦可為丁傳康熙六十年生之一證也。姜亮夫《歷代人物年里碑傳綜表》誤同。[5]

二、丁士涵

〔正〕丁士涵條，據丁士涵續纂《丁氏宗譜》卷二〈世系二〉、《江蘇藝文志·蘇州卷》載：丁士涵，字永之，號剛臣，道光八年（一八二八）生，咸豐十年（一八六〇）卒，年三十三。（頁三）

森按：《丁氏宗譜》余未之見，然此所載丁氏年歲有誤則斷可知也。曹允源等纂《吳縣志》本傳云：

丁士涵，字泳之，庚午舉人，官工部員外郎。幼受業陳奐，以經學著名。同治甲子（三年）兵燹後，任采訪節孝事，興修王仁孝祠，辦理長元學兩旁先賢春秋祭祀。十餘年，積書數十萬卷，閉門謝客，年六十餘，猶燈下著述不少衰。[6]

---

4 黃裳《來燕榭讀書記》，二〇〇一年，瀋陽：遼寧教育出版社，下冊，頁一六二。

5 姜亮夫《歷代人物年里碑傳綜表》，一九五九年，北京：中華書局，頁五九九。

6 曹允源等纂《吳縣志》，民國二十二年鉛印本，卷六十八下，頁十四。

此言丁氏「同治甲子兵燹後采訪節孝事」、「年六十餘，著述不少衰」，則江《表》謂丁士涵卒咸豐十年，其誤顯然。葉昌熾《緣督廬日記》卷三甲申閏五月二十日條載：「致丁泳之丈書，借《廣陽雜記》兩冊，較趙本多刪節處，非足本也。」[7]是光緒十年丁士涵猶健在也。《日記》卷七甲午二月十三日條記：「得甘杞先生訃；又聞泳之丈歸道山。」[8]則丁氏卒於光緒二十年（一八九四），年六十七。

三、馬宗璉

〔補〕馬宗璉條，據錢仲聯編《廣清碑傳集》卷十馬其昶撰〈馬魯陳先生傳〉載：馬宗璉，字魯陳，號器之，生年不詳，嘉慶七年（一八〇二）卒。（頁十九）

森按：馬其昶纂《桐城扶風馬氏族譜》，卷首之五〈馬宗璉傳〉云：

少敦實，……從舅氏姚比部鼐學為詩文，早有時譽；既而精通古訓及地理之學。年三十，應乾隆丙午江南鄉試，解《論語》「過位」、「升堂」，合于古制，典試大

7 葉昌熾《緣督廬日記》，《續修四庫全書》本，卷三，頁九。
8 同上注，卷七，頁二。

與朱文正亟拔之。[9]

馬宗璉乾隆丙午（一七八六）年三十，據此推之，則生於乾隆二十二年（一七五七）。《馬氏族譜》卷三載馬宗璉「嘉慶壬戌七年九月二十九日卒」，距「乾隆丁丑二十二年二月十三日生」，[10] 年止四十六。馬氏事跡，舊未詳悉，余有〈馬宗璉行年考〉一文考之。[11]

四、王曇

〔正〕王曇條，據陳文述《頤道堂文鈔》卷八〈墓誌〉載：王曇，字仲瞿，號瓶山，乾隆二十五年（一七六〇）生，嘉慶二十二年（一八一七）卒，年五十八。（頁二十四）

森按：此條有誤，檢陳文述〈王仲瞿墓誌〉言：「九上春官，不得志。……以嘉慶丙子（二十一年，一八一六）秋，卒於錢塘西馬塍之紅柏山莊。……道光乙酉（五年），子人樹為

9 馬其昶纂《桐城扶風馬氏族譜》，日本東洋文庫藏民國間鉛印本，卷首之五，頁五十六—五十七。

10 同上注，卷三，頁四十二。

11 陳鴻森〈馬宗璉行年考〉，《復旦學報》二〇一五年第五期，頁七十一—八十四。

卜葬嘉興祖塋之次。」[12]此謂王曇卒嘉慶二十一年，與江《表》所記者異。龔自珍〈王仲瞿墓表銘〉則言：「己巳（嘉慶十四年）春，見龔自珍於門樓胡同西首寓齋。……越八年，走訪龔自珍東海上，留海上一月；明年遂死，則為丁丑歲（嘉慶二十二年）。自珍於是助其葬，又為之掇其大要而志其墓。……卒年五十有八。」[13]此言王曇卒於嘉慶二十二年，蓋即江《表》所本，江君偶混之耳。陳、龔兩說卒年不同，今據陳文述《頤道堂詩選》卷十五〈高堂壽讌詩〉，詩序云：「嘉慶丁丑七月十日，為家大人七十生日；越二日，即太夫人同庚帨辰。文述攝篆崇明，將至吳門稱觴。兩親以海疆赤緊，且恐以讌客故戕物命也，貽書諄諄戒勿往，勿敢違也。」其詩言：「高堂兩華髮，同庚屆七秩。海內諸文士，各各奮才筆。作頌彭宣工，摛藻王褒逸。蘭陵數蕭懿，鄴下推吳質。」元注：「甘亭、仲瞿、樊邨、清如皆為祝嘏之詞。」[14]則二十二年七月，王曇尚為陳文述兩親撰七十壽序，王氏《煙霞萬古樓文集》卷五〈陳汾川封翁查太宜人雙壽序〉，[15]即此所云仲瞿「祝嘏之詞」也，是嘉慶二十二年七月王曇尚健在，陳文述〈墓誌〉謂王氏二十一年卒者，其誤顯然。錢泳《履園叢話》卷二十二：「秀水王仲瞿曇，……嘉慶

12 陳文述《頤道堂文鈔》，《續修四庫全書》本，卷八，頁十五；又閔爾昌纂《碑傳集補》，《清代傳記叢刊》本，卷四十七，頁十二。
13 閔爾昌纂《碑傳集補》，卷四十七，頁十三—十四。
14 陳文述《頤道堂詩選》，《續修四庫全書》本，卷十五，頁四—六。
15 王曇《煙霞萬古樓文集》，《續修四庫全書》本，卷五，頁九—十一。

丙子（二十一年）七月，與余同游雲臺山，看其病重，因促之歸杭州寓館。丁丑八月初一日果死。」[16]則王曇卒於嘉慶二十二年八月也，陳氏〈墓誌〉蓋後來追憶偶誤耳。姜亮夫《歷代人物年里碑傳綜表》作乾隆二十七年（一七六二）生，嘉慶二十四年（一八一九）卒，[17]亦非。

五、王復

〔正〕王復條，據武億《授堂文鈔》卷八〈王君行實〉載：王復，字敦初，號秋塍，乾隆十三年（一七四八）生，嘉慶三年（一七九八）卒，年五十一。（頁二十五）

森按：此說未確。武億〈王明府輓詞〉云：「維嘉慶二年（一七九七）秋，秋塍明府卒於官。」[18]則江《表》作嘉慶三年卒者，誤也。復據武氏〈偃師縣知縣王君行實輯略〉云：

今歲春，君遘疾，入夏漸劇，猶幸漸有瘥。七月中，畢公（沅）薨問至自湖南，君一痛隕絕。既蘇，家人強慰藉之，益忽忽感喟，遂致不起。其卒蓋以九月二日，

16 錢泳《履園叢話》，《續修四庫全書》本，卷二十二，頁十八。

17 姜亮夫《歷代人物年里碑傳綜表》，頁六三九。

18 武億《授堂文鈔》，道光二十三年，《授堂遺書》本，卷八，頁十九。

年五十有一。[19]

據史善長編《弇山畢公年譜》，畢沅嘉慶二年七月三日卒於辰州軍次。[20] 王復聞耗哀慟，以是年九月病逝，年五十一，則生於乾隆十二年（一七四七）。姜亮夫《歷代人物年里碑傳綜表》「王復」條作乾隆三年（一七三八）生，乾隆五十三年（一七八八）卒，[21] 亦誤。

六、王豫

〔正〕王豫條，據劉寶楠《念樓集》卷八〈清故國子監生王君之銘〉載：王豫，字應和，號柳村，乾隆三十三年（一七六八）生，道光六年（一八二六）卒，年五十九。原注：「王豫，《清史列傳》卷七十三本傳作乾隆二十八年（一七六三）生，道光元年（一八二一）卒。」（頁三十一）

森按：此載王豫生卒年壽不誤，惟所述《清史列傳》之說則有誤，史云：「道光初元，舉孝廉方正，力辭不就。卒年五十九」，[22] 此文「卒年五十九」與「道光初元舉孝廉方

19 同上注，卷八，頁二十一。
20 史善長編《弇山畢公年譜》，同治十一年刊本，頁六十五。
21 姜亮夫《歷代人物年里碑傳綜表》，頁六一五。
22 《清史列傳》，一九八七年，北京：中華書局點校本，頁六〇二四。

正」為兩事，非謂王豫卒於道光元年也。此類書例，如《清史列傳·王念孫傳》云：「道光五年，重宴鹿鳴，賞給四品銜。十二年卒，年八十有九」，[23]《清史稿·王念孫傳》刪省其文作「道光五年，重宴鹿鳴。卒年八十有九」，[24]與此例正同，非謂王念孫道光五年卒也（參下第十五「白鎔」條）。

七、王九齡

〔補〕王九齡條，據《國朝耆獻類徵初編》卷十二載：王九齡，字子武，號薛澱，生年不詳，康熙四十八年（一七〇九）卒。（頁三十三）

森按：姜亮夫《綜表》「王九齡」條，亦缺生年。[25]據許汝霖〈總憲王薛澱墓誌銘〉云：「以康熙四十八年（一七〇九）十二月二十六日卒於官邸，春秋六十有七。」[26]則生於清太宗崇德八年（一六四三）。

23 同上注，頁五五三四。
24 《清史稿》，一九七七年，北京：中華書局點校本，頁一三二一一。按《清史稿》此文標點作「道光五年，重宴鹿鳴，卒，年八十有九」，此點校者不知史例而誤也。
25 姜亮夫《歷代人物年里碑傳綜表》，頁五九〇。
26 許汝霖《德星堂文集》，《四庫全書存目叢書》影印康熙間刊本，卷四，頁三十六。

八、王鳴韶

〔正〕王鳴韶條，據錢大昕《潛研堂文集》卷四十八〈墓誌〉載：王鳴韶，字克柔，號鶴溪，雍正十年（一七三二）生，乾隆五十三年（一七八八）卒，年五十七。（頁五十二）

森按：錢大昕〈鶴谿子墓誌銘〉云：「生于雍正十年某月日，歿于乾隆五十三年某月日，春秋五十有七。」[27]此江《表》所本。惟余二〇〇九年四月訪書長沙，湖南省圖書館藏王鳴韶《鶴谿文編》稿本，卷首有錢大昕手書題識，云：「鶴谿之文，其妙處有三，曰不俗，曰不腐，曰有物，較之吾鄉四先生，殆有過之無不及也。當世無謝象三其人者，遂使譔述不得流播海內；然豐城劍氣自有不可掩抑者，顯晦有時，必不終沒沒已也。」末屬「庚戌（乾隆五十五年）正月錢大昕題，時鶴谿下世已三閱月，撫卷泫然。」[28]據此推之，鶴谿應卒於五十四年十月，此當日所記，最可憑信。竹汀〈墓誌〉所記卒年，殆後來追述誤憶也。

九、王原祁

---

27 錢大昕《潛研堂集》，一九八九年，上海古籍出版社呂友仁點校本，頁八四二。

28 王鳴韶《鶴谿文編》，湖南省圖書館藏王氏原稿本，卷首。

〔補〕王原祁條，據《清史稿》卷五百四本傳載：王原祁，字茂京，號麓臺，崇禎十五年（一六四二）生，康熙五十四年（一七一五）卒，年七十四。原注：「王昶《春融堂集》卷六十五作順治三年（一六四六）生，康熙五十四年卒。」（頁五十九）

森按：王昶〈王原祁傳〉云：「（康熙）五十四年，年七十，以疾卒於位。」[29] 馮金伯《國朝畫識》卷五麓臺小傳亦言「卒年七十」，[30] 蓋本王昶之說。檢裴景福《壯陶閣書畫錄》卷十六著錄麓臺晚年山水立軸，題識云：「畫中設色之法，與用墨無異，全論火候，不在取色而在取氣，故墨中有色，色中有墨，古人眼光直透紙背，大約在此。……余因作此圖，偶有所感，遂弁數語於首。康熙癸巳仲春畫並題，婁東王原祁，年七十有二。」[31] 麓臺康熙五十二年（一七一三）年七十二，則生崇禎十五年也。《國朝耆獻類徵》卷五十六載唐孫華撰〈墓誌銘〉，云：「公生於明崇禎十五年八月十八日，卒於今康熙五十四年十月十二日，年七十有四。」[32] 此《清史稿》所本；王昶撰〈傳〉誤也。

十、方功惠

29 王昶《春融堂集》，《續修四庫全書》本，卷六十五，頁一。
30 馮金伯《國朝畫識》，《續修四庫全書》本，卷五，頁二。
31 裴景福《壯陶閣書畫錄》，民國二十六年，上海：中華書局，卷十六，頁四十六。
32 李桓輯《國朝耆獻類徵初編》，《清代傳記叢刊》本，卷五十六，頁九——十二。

〔補〕方功惠條，據《中國藏書家辭典》載：方功惠，字慶齡，號柳橋，生年不詳，光緒二十五年（一八九九）卒。（頁八十三）

森按：臺灣國家圖書館藏《宋寶祐四年丙辰歲會天萬年具注曆》影宋鈔本，有方氏手書題識長文，文末記「時光緒十有七年歲在辛卯長至後一日，巴陵方功惠識於碧琳琅館，時年六十有三」，[33]由光緒辛卯（一八九一）年六十三逆推之，則方功惠生於道光九年（一八二九）。

十一、方成珪

〔正〕方成珪條，據《輟鄦樓遺稿》卷七楊嘉撰〈傳〉載：方成珪，字國憲，號雪齋，乾隆四十九年（一七八四）生，道光二十九年（一八四九）卒，年六十六。（頁八十三）

森按：方成珪生卒年，諸說不一。《清史列傳》卷六十九本傳云：「咸豐間以老病告歸，卒」，[34]此謂方氏卒於咸豐年間，一說也。楊嘉〈方成珪傳〉云：「中式嘉慶戊辰（十三

33 國立中央圖書館編《善本題跋集錄》，一九九二年，臺北：國立中央圖書館，頁二七三—二七四。
34 《清史列傳》，頁五六一五。

年）科舉人，官海寧州學正。年六十有六卒於家，時道光二十九年也。」[35]斯即江《表》所本，二說也。陳謐〈方先生墓表〉則言：「先生生乾隆五十年（一七八五）乙巳九月二十九日，卒以道光三十年（一八五〇）庚戌六月初六日，春秋六十有六。其葬於縣北門外五里聖壽寺之側。閱八十歲，鄉人陳謐於是為表其墓。」[36]三說也。按陳謐〈墓表〉撰於方氏卒後八十年，則撰於一九三〇年前後；楊嘉〈方成珪傳〉亦撰於民國初年，[37]二者俱後來追述為之。惟楊〈傳〉所記方氏行實僅上引寥寥數語，其下悉錄方氏《集韻考正・序》，遠不及陳謐為詳也。

35 楊嘉《鹺鄦樓遺稿》，收於中國國家圖書館藏《墨香簃叢編》，民國間石印本，頁二十七。按楊書僅一薄冊，不分卷，江《表》作卷七，誤也。

36 陳謐〈方先生墓表〉，方成珪《敬業堂詩校記》卷末附載，林慶雲輯《惜硯樓叢刊》八種之一，民國間鉛印本，頁一——二。

37 楊嘉《鹺鄦樓遺稿》中復有〈書鈔本《干常侍易注疏證》後〉，即從孫氏玉海樓傳寫方成珪佚著《干常侍（寶）易注疏證》所撰之跋，文末系「庚申四月廿三日校畢」，即民國九年（一九二〇），文中述及方成珪行實，第言「中式嘉慶戊辰科舉人，官海寧學正，卒於道光二十九年」，與所撰〈方成珪傳〉同。實則方氏道光二年六月任海寧學正，二十二年陞寧波府學教授（見錢泰吉輯《海昌備志・職官》，道光二十七年刊本，卷十四，頁七），《管庭芬日記》道光二十二年十月廿一日條載：「是日雪齋夫子升任寧波教授赴任吉期，不及送。」（二〇一三年，北京：中華書局，頁一〇九八）即其事。有關方氏事歷，陳謐〈墓表〉記之為詳：「先生中式清嘉慶十三年戊辰浙江鄉試舉人，丁丑（嘉慶二十二年）考取景山官學教習；道光朝歷官海寧州學正、寧波府學教授。生平博極群書，與同縣林先生培厚、嘉興錢先生泰吉、青田端木先生國瑚友善。」茲錄以備參。

余考方成珪《寶研齋吟草》，中有道光十三年（一八三三）癸巳所作〈五十述懷〉詩，[38]以此推之，則生乾隆四十九年（一七八四），[39]此疑即楊嘉所本。至其卒年，陳謐〈墓表〉具載方氏歿時年月，當有所本。北京首都圖書館藏民國《瑞安縣志》未刊稿，卷十九〈方成珪傳〉云：「為教官數十年，清貧樂道，陋巷老屋，圖史外別無長物。生乾隆五十年乙巳九月，卒道光三十年庚戌六月，年六十六。」[40]與陳謐〈墓表〉正同，方氏卒年似當以此為正，距乾隆四十九年生，享年六十七。

十二、孔繼涵

〔正〕孔繼涵條，據翁方綱《復初齋文集》卷十四〈墓志銘〉載：孔繼涵，字體生，號誧孟、葒谷，乾隆四年（一七三九）生，四十八年（一七八三）卒，年四十五。原注：「孔繼涵卒於乾隆四十八年十二月十八日，公曆為一七八四年一月

---

38 方成珪《寶研齋吟草》，中國國家圖書館藏道光二十六年活字本，頁五十七。

39 頃檢《管庭芬日記》道光十三年八月二十八日條記：「雪齋夫子寄〈五十述懷〉四律屬和」云云（頁七三八），可為旁證。

40 民國《瑞安縣志》，卷十九，頁十。按此書余未之見，轉引自王逸明《定海黃式三黃以周年譜稿》，二〇〇〇年，北京：學苑出版社，頁二十九。據王君云：《瑞安縣志》為「民國三十八年前後鉛印本，為未刊竣本，以印樣、手稿、校樣合訂一書」，則其書並未出版。

十日。盧文弨《抱經堂文集》卷三十四〈哀辭〉，卒年作乾隆五十五年。」（頁九十六）

森按：此條注語有誤，檢《抱經堂文集》卷三十四〈孔葓谷戶部哀辭〉，篇題下記「甲辰」，[41]則乾隆四十九年撰也，自不得有「乾隆五十五年卒」之說，不知江《表》緣何致誤？戚學標《景文堂詩集》卷十一〈哭孔葓谷戶部二十韻〉，中云：「豈意蛇年逼，真成蝶夢蘧。」元注：「〈鄭玄傳〉：『夢孔子告曰：歲在龍蛇，賢人嘆嗟。』今年歲在辰，明年歲在巳。」[42]則似孔繼涵卒乾隆四十九年甲辰。惟據盧文弨〈哀辭〉言：

昨歲冬孟，文弨自太原南還，過魯訪君，蓋不相見者星一終矣。……微見君容黯黮而多涕，勸君宜少近藥餌，然亦不圖有朝夕虞也。今年仲春初旬，忽得君不祿之赴，驚噩涕零，進使者而問故，使者不能言其詳。

蓋孔氏卒於四十八年季冬，盧文弨隔年二月始得耗，乃為〈哀辭〉以祭。翁方綱有〈小松所藏范巨卿碑，託葓谷寄京題之。既而聞葓谷訃音，爰檢葓谷手札裝於冊後，邀同人為詩二首〉，此詩編於甲辰；[43]張塤〈小松藏宋拓范巨卿碑，葓谷寄京師乞同人題詠，

---

41 盧文弨《抱經堂文集》，一九九〇年，北京：中華書局，頁四六一—四六三。

42 戚學標《景文堂詩集》，《續修四庫全書》本，卷十一，頁十一。

43 翁方綱《復初齋集外詩》，《清代詩文集彙編》本，卷十八，頁二—三。

碑未還而莊谷已殤，覃谿裝其遺札碑後並寄小松二首〉，[44]其詩亦編於四十九年，是皆翌年始聞訃也。

十三、葉名澧

〔正〕葉名澧條，據《續碑傳集》卷七十九張星鑑《懷舊記》載：葉名澧，字翰源，號潤臣，嘉慶十七年（一八一二）生，咸豐九年（一八五九）卒，年四十八。（頁一〇九）

森按：張星鑑〈懷舊記〉「葉名澧」條云：君「以道員候補浙江。咸豐九年歿於杭州，年四十八」，[45]此江《表》所本，姜亮夫《綜表》同。[46]惟據朱琦〈葉中憲君傳〉，謂葉氏「以貲出為浙江試用道，中塗聞兄喪，邑邑抵浙，病痁遽卒，是為咸豐九年八月朔日也，年四十九」。[47]下云：「子恩頤與胡君心耘續刊君遺詩，丐琦為傳。先是，君南來時，飲滄浪亭，言笑竟日，猶及和君淮上詩，不意今日遂次君〈狀〉而為之傳也。」

44 張塤《竹葉庵文集》，《續修四庫全書》本，卷二十二，頁一。
45 繆荃孫纂《續碑傳集》，《清代傳記叢刊》本，卷七十九，頁八。
46 姜亮夫《歷代人物年里碑傳綜表》，頁六九五。
47 閔爾昌纂《碑傳集補》，卷五十，頁二十一。

則朱琦所記葉氏年歲事跡，乃本其家〈行狀〉，較張星鑑懷舊追憶者為可據也。葉氏卒年四十九，則生於嘉慶十六年（一八一一）。

十四、葉蕙心

〔補〕葉蕙心條，據葉氏《蘭如詩鈔》卷首李祖望〈跋〉載：葉蕙心，字蘭如，嘉慶二十年（一八一五）生，卒年闕。（頁一一二）

森按：葉蕙心為李祖望室人，別著《爾雅古注斠》三卷，書後李祖望〈跋〉，謂是書光緒二年（一八七六）告成時，葉氏「年已六十有二」，[48]則生於嘉慶二十年，江《表》所記是也。復考《續修江都縣志》卷二十八上〈列女傳〉「葉蕙心」條，據其家〈家傳〉，謂葉氏「卒年九十一」，[49]以此推算，則卒於光緒三十年（一九〇四），當據補。

十五、白鎔

〔正〕白鎔條，據《續碑傳集》卷十《畿輔通志・白鎔傳》載：白鎔，字小山，

48 葉蕙心《爾雅古注斠》，《續修四庫全書》本，卷末。
49 錢祥保等修，桂邦傑等纂《續修江都縣志》，民國十五年鉛印本，卷二十八上，頁六。

乾隆三十一年（一七六六）生，[50]道光十九年（一八三九）卒，年七十四。（頁一二二）

森按：此記白鎔生卒年有誤。《畿輔通志·白鎔傳》：「〔道光〕十三年，擢工部尚書；充武會試考官，以錯誤鐫級，左遷大理寺卿。十九年，乞病歸。卒於里，年七十有四。」[51]此江《表》所本。然細繹傳文，其言「十九年乞病歸」，斯為一事；「卒於里，年七十有四」，此另一事，非謂白鎔即於道光十九年卒也。光緒《順天府志》卷一百三〈白鎔傳〉言：「〔道光〕十九年乞病歸；二十二年卒」，[52]是其證。據郭尚先〈白小山師六十壽序〉云：「青龍戊子十有二月，實惟老夫子大人六十攬揆之辰」，[53]以道光八年（一八二八）戊子年六十推之，則白鎔生於乾隆三十四年（一七六九）。復據湯金釗〈大理寺卿前經筵講官工部尚書小山白公墓碑〉云：「道光壬寅（二十二年）四月二十三日卒於官邸，享壽七十有四。」[54]則白鎔生乾隆三十四年，卒於道光二十二年審矣。姜亮夫《綜表》，與江《表》同誤。[55]

50 江《表》「一七六六」原誤「一八六六」，今改正。
51 繆荃孫纂《續碑傳集》，卷十，頁十一。
52 張之洞纂《順天府志》，光緒十二年刊本，卷一百三，頁十二。
53 郭尚先《郭大理遺稿》，《續修四庫全書》本，卷五，頁十五。
54 湯金釗《寸心知室存稿》，《清代詩文集彙編》本，卷六，頁四十六。
55 姜亮夫《歷代人物年里碑傳綜表》，頁六四六。

十六、馮浩

〔正〕馮浩條，據《碑傳集補》卷十錄《桐鄉縣志》本傳載：馮浩，字養吾，號孟亭，生於康熙五十二年（一七一三），缺其卒年。（頁一二四）

森按：《桐鄉縣志》本傳傳末云：「乙卯（乾隆六十年，一七九五），重宴鹿鳴，壽已八十有三」，[56]此江《表》所本，斯說未確。余考葛嗣浵《愛日吟廬書畫續錄》卷八著錄明孫璽〈雲山履歷詩畫〉冊，載錄馮浩〈跋〉，末繫「嘉慶二年丁巳（一七九七）七月七日，後學馮浩拜題，時年七十有九」，[57]此出乎馮氏自言者，據此逆推之，則馮浩應生康熙五十八年（一七一九）。另考朱珪《知足齋詩集》卷十四戊午編年詩有〈壽馮孟亭同年八秩〉，云：「同科五十年，南北巋二老。君今開八秩，我髮已斑槁。（下略）」[58]以嘉慶三年（一七九八）戊午馮浩年八十推之，則生康熙五十八年審矣。戴璐《藤陰雜記》卷一載：「乙卯（一七九五），馮侍御浩以丙辰舉人，年七十七，奏請預宴（按重赴鹿鳴宴）。」[59]此可證《桐鄉縣志》馮浩乙卯年預鹿鳴宴時年八十三之誤也。

---

56 閔爾昌纂《碑傳集補》，卷十，頁四。

57 葛嗣浵纂《愛日吟廬書畫續錄》，《續修四庫全書》本，卷八，頁十二。

58 朱珪《知足齋詩集》，《續修四庫全書》本，卷十四，頁十三。

59 戴璐《藤陰雜記》，《續修四庫全書》本，卷一，頁六。

今未見馮浩行狀、碑誌之文。馮氏卒年，據阮元《孟亭居士文稿•序》云：

嘉慶六年辛酉，桐鄉馮孟亭先生終于家，冢君星實方伯前先生一年卒；[60] 季君鷺庭太史錄先生雜文四卷、賦一卷付諸梓。[61]

阮元因馮浩三子集梧（鷺庭）之請，為其集撰序，所言孟亭嘉慶六年（一八〇一）卒，當可據也。距康熙五十八年生，享年八十三。《兩浙輶軒錄》卷二十三「馮浩」條引吳蘭庭之說云：「孟亭先生領乾隆元年丙辰鄉薦，迨六十年乙卯歲預行丙辰恩科鄉試，遂重赴鹿鳴宴。以子官封鴻臚寺卿，卒年八十三。」[62] 亦其證也。

十七、邢澍

〔正〕邢澍條，據邢氏《守雅堂稿輯存》卷首〈事迹考〉、張廷濟《桂馨堂集•感逝詩》載：邢澍，字雨民，號佺山，乾隆二十四年（一七五九）生，嘉慶二十四年（一八一九）卒，年六十一。（頁一三二）

---

60 馮浩長子名應榴，乾隆十三年進士，官江西布政使，因事牽連解職；後由吏部郎中累遷至鴻臚寺卿；嘉慶五年閏四月卒。事跡詳見秦瀛〈鴻臚寺卿星實馮君墓表〉，《碑傳集補》，卷七，頁一—二。

61 馮浩《孟亭居士文稿》，《清代詩文集彙編》本，卷首〈序〉，頁一。

62 阮元《兩浙輶軒錄》，《續修四庫全書》本，卷二十三，頁五十四。

森按：《守雅堂稿輯存》為馮國瑞輯本，蒐輯邢氏詩文遺稿，附以馮氏自撰〈事迹考〉、〈著述考〉。江《表》此載邢澍卒年有誤，據張廷濟〈感逝詩〉附記：

邢佺山師，諱澍，字雨民，行一，乾隆二十四年己卯六月二十八日生。……庚戌科進士。浙江長興縣知縣，陞江西南安府知府。以病告歸，寓居嘉興郡城丁家橋側。嘉慶二十四年己卯回籍，卒年□□□。[63]

蓋邢氏嘉慶二十四年由嘉興返甘肅後，晚年事迹遂不能詳，馮國瑞〈邢佺山先生事迹考〉嘉慶二十四年條第言：「六十一歲，回籍。」[64]非謂邢氏即於是年卒也。甘肅學者李鼎文撰〈邢澍〉一文，引佺山七世孫邢之儀之說，謂「邢澍卒於道光三年八月初八日」，年六十五。[65]

十八、朱文藻

63 張廷濟《桂馨堂集·感逝詩》，《續修四庫全書》本，頁四。

64 邢澍著，馮國瑞輯《守雅堂稿輯存》，一九九二年，蘭州：甘肅人民出版社漆子揚、王諤點校本，頁七十六。

65 李君之文原載《甘肅文史叢稿》，一九八六年，甘肅人民出版社；其書余未之見，《守雅堂稿輯存》點校本〈附錄〉悉載其文，此引邢之儀之說，見頁一二六。

〔正〕朱文藻條，據《清史列傳》卷七十二本傳載：朱文藻，字映漘，號朗齋，乾隆元年（一七三六）生，嘉慶十一年（一八〇六）卒，年七十一。原注：「《浙江人物簡志》卷中作雍正十三年（一七三五）生，嘉慶十三年（一八〇八）卒。」（頁一一四六）

森按：朱文藻，字映漘，此作「漘」字，傳寫譌文也。南京圖書館藏朱文藻《碑錄》鈔本，〈自序〉末繫「嘉慶丙寅（十一年，一八〇六）暮春，碧谿居士朱文藻識於三泖漁莊，時年七十有二」；[66] 又朱氏《說文繫傳考異》，八杉齋校刊本，書後朗齋〈重校說文繫傳考異跋〉，文末記：「嘉慶十有一年歲在丙寅，立秋前五日，碧谿居士朱文藻錄畢，因再識卷末，時年七十有二」。[67] 據此推之，則朱氏生於雍正十三年（一七三五）。另據梁同書〈文學朗齋朱君傳〉云：「主少寇（按指王昶）家，疾時作。今年夏，病轉劇，亟歸，抵家一月遂不起，時嘉慶十一年丙寅八月二十四日也。生於雍正十三年乙卯五月十五日，壽七十有二。」[68] 江《表》所列朗齋生卒年兩說並誤。[69]

十九、朱昌燕

66 朱文藻《碑錄》，南京圖書館藏道光九年瞿氏清吟閣鈔本，卷首，頁二。
67 朱文藻《說文繫傳考異》，徐氏八杉齋校刊本，卷末，頁四。
68 胡敬輯《朗齋先生遺集》，道光二十五年，崇雅堂刊《東里兩先生詩》，卷首，頁二。
69 朱文藻事跡，《清史列傳》卷七十二本傳記載多誤，參拙稿〈朱文藻年譜〉，二〇一七年，南京大學《古典文獻研究》第十九輯下卷，頁一五七—二四四。

〔補〕朱昌燕條，據《朱衎廬先生遺稿・續編》卷上〈外祭議〉載：朱昌燕，字苓年，號衎廬，生於咸豐元年（一八五一），卒年不詳。（頁一五一）

森按：朱昌燕與同邑蔣學堅交善，光緒二十二年，二人同應海寧知州李圭之聘，共纂《海寧州志》。[70] 蔣氏《懷亭詩續錄》卷三庚子（一九〇〇）編年詩有〈衎廬生於咸豐紀元閏八月，今年五十，又值仲秋置閏，蓉初壽之以詩，余亦次韻二首〉，[71] 則朱氏生咸豐元年閏八月，江《表》是也。同書卷四丙午〈柬衎廬〉詩云：「……硤川談風雅，獨有沙濱朱。嗜好在典籍，與俗酸鹹殊。天乃復厄之，不使明雙矑。兀坐晝亦夜，殘編親翻疏。人言東隅失，尚可收桑榆。如君更何望，刮目金篦無。初猶茂秦似，今竟丘明如。……」[72] 蓋朱昌燕晚年喪子，哭之失明；[73] 蔣氏丙午復有〈哭衎廬〉十六章，[74] 則

70 《海寧州志稿・朱昌燕傳》云：「戊戌，江寧李圭來牧海寧，聘修《州志》，與蔣學堅分任纂修之職，設局紫薇山，不二年蕆事，昌燕之力為多。」（許傳霈等纂，朱錫恩等續纂，民國十一年排印本，卷二十九，頁五十六）此謂二人修志在光緒二十四年；惟據蔣學堅《懷亭詩續錄》卷一有丙申年（光緒二十二年）〈邑侯李小池刺史圭委修《州志》，因偕衎廬同寓清梵山房，載筆之暇，賦此遺興〉詩（《清代詩文集彙編》本，卷一，頁二十一—二十二），則二人修志應在二十二年。

71 蔣學堅《懷亭詩續錄》，卷三，頁四。

72 同上注，卷四，頁一。

73 蔣氏光緒癸卯有〈聞衎廬哭子一目失明，詩以唁之〉（同上注，卷三，頁十一—十二），蓋其初僅眇一目，後則雙目俱瞽。

74 蔣學堅《懷亭詩續錄》，卷四，頁四—六。

卒於光緒三十二年（一九〇六），年五十六。

二十、朱緒曾

〔補〕朱緒曾條，據甘熙《白下瑣言》卷十載：朱緒曾，字述之，嘉慶十年（一八〇五）生，卒年不詳。（頁一五四）

森按：朱緒曾道光二十七、八年間曾署海寧知州，[75]好蒐羅珍籍秘本，與管庭芬相善。管君《日記》咸豐十年十月初五日條載：「孫丈次公過談，以《洋涇雜事詩》一卷為贈，並言朱述之司馬已沒於越中旅次，所藏書不可復問矣，為之泫然。」[76]又張文虎《舒藝室詩存》卷五〈感逝二十首〉，其八元注：「上元朱述之太守，諱緒曾，家江寧，藏書甚富，燬於賊。君在浙，公暇寫書不倦。咸豐十年，賊破杭州，客死山陰。」[77]則朱氏卒於咸豐十年（一八六〇）太平天國之亂，年五十六。

---

75 《管庭芬日記》道光二十七年十月初五日條載：「是日新署州尊朱述之先生來晤。」（頁一二七五）又二十八年九月十八日條記：「述翁調任嘉興，貽書來別。」（頁一三〇二）同月二十日條：「往送述之刺史，五鼓已起程矣，為之悵悵。」（頁一三〇三）

76 同上注，頁一六六八。

77 張文虎《舒藝室詩存》，光緒間刊本，卷五，頁三。

二一、朱嗣韓

〔正〕朱嗣韓條，據光緒《撫州府志》卷六十本傳載：朱嗣韓，字仰山，號抑齋，生於乾隆五年（一七四〇），嘉慶十四年（一八〇九）卒，年七十。（頁一五五）

森按：此條未確，朱氏著《紅葉山房稿》，卷首盧浙〈序〉云：「仰山朱君，嘉慶戊辰（十三年，一八〇八）八月卒於京邸。予檢其篋，捃所存詩文稿，與同年友徐君曉初彙錄之。」[78]而徐旭曾（曉初）撰〈傳〉則言：「君卒於戊辰之七月九日，年七十。長子修詒早卒，幼子懿斯七歲，孤孫馴之八歲，未知述乃遺行也。爰為之傳，書藏其家，俾其後裔覽焉。」[79]盧〈序〉言卒於嘉慶十三年八月，徐〈傳〉言十三年七月卒，二說微異。惟據徐旭曾〈補傳〉，文末云：朱氏丙寅（嘉慶十一年）重九曾與渠相約，「今年七十歲，九日偕遊西山各名勝，當假歸金谿老矣。今不果，痛哉」，[80]〈補傳〉撰於七月廿八日，已痛言所約卒不果往，則朱氏應卒於嘉慶十三年七月。卒年七十，則生乾隆四年（一七三九）。

78 朱嗣韓《紅葉山房稿》，《清代詩文集彙編》本，卷首〈序〉，頁一。
79 同上注，卷首〈傳〉，頁二。
80 同上注，卷首〈傳〉，頁三。

二二、江藩

〔正〕江藩條，據閔爾昌《江子屏先生年譜》載：江藩，字子屏，號鄭堂，乾隆二十六年（一七六一）生，道光十一年（一八三一）卒，年七十一。（頁一九九）

森按：閔爾昌纂《江子屏先生年譜》，據張午橋（丙炎）〈扁舟載酒詞序〉言鄭堂「卒年七十一」，因繫其卒於道光十一年。[81]惟其下復引陳逢衡《讀騷樓詩二集》卷一〈汪冬巢寒林獨步圖序〉云：

道光庚寅（十年），江鄭堂（藩）、許楚生（珩）、李練江、周樂夫相繼殂謝。汪子哀之，為作圖以寓士衡歎逝之意。

又包世臣〈汪冬巢傳〉云：「庚寅，君之執友三數人皆以物故，為〈寒林獨步〉之圖。」[82]據此，則江藩應卒於道光十年（一八三〇）。閔氏兩說並陳，未能決其孰是。日本學者近藤光男舉黃承吉《夢陔堂詩集》卷三十二有〈江鄭堂沒已數月，秋窗坐憶，惻然成詩〉一首，[83]其詩依年代先後編次，此詩前卷之末有〈閏四月作〉一首，[84]而此詩之後則為

81 閔爾昌纂《江子屏先生年譜》，民國十六年，江都閔氏刊本，頁十八。
82 同上注。
83 黃承吉《夢陔堂詩集》，《清代詩文集彙編》本，卷三十二，頁十五—十六。

〈霜降日泛舟艤長春橋晚眺〉。[85] 檢陳垣《二十史朔閏表》，四月置閏為道光十年，則江藩之卒當在十年夏秋間。[86] 江藩〈節甫字說〉自述生於乾隆二十六年三月二十二日，[87] 則得年七十。

二三、湯貽汾

〔補〕湯貽汾條，據陳韶《湯貞愍公年譜》載：湯貽汾，字雨生，一字若儀，號粥翁，乾隆四十三年（一七七八）生，咸豐三年（一八五三）卒，年七十六。原注：「湯貽汾生年，《續碑傳集》卷六十四楊象濟〈書湯雨生將軍事〉同；蔣敦復《嘯古堂文集》卷六〈行略〉，謂得年七十七，則其生年為乾隆四十二年（一七七七）。」（頁二〇三）

森按：湯貽汾《琴隱園詩集》卷三十二〈七十感舊〉詩，元注：「乾隆四十三年六月七日申時，予生於毘陵青果巷。時方久旱，予生時大雨，大父忠義公方讀禮家居，戚友

84 同上注，卷三十一，頁十八。

85 同上注，卷三十二，頁十七。

86 近藤光男譯注《國朝漢學師承記》，二〇〇一年，東京：明治書院，上冊，頁三十六—三十七。

87 江藩《炳燭室雜文》，《清代詩文集彙編》本，頁七。

作〈雨孫詞〉為賀。」[88]又，美國哈佛大學哈佛燕京圖書館藏湯貽汾編《武進湯氏家乘》卷二「湯貽汾」條亦言：「生乾隆四十三年戊戌六月七日」，[89]此二者俱湯氏自述者，其生年當以此為正，距咸豐三年二月自沈琴隱園池，年七十六。

二四、許光治

〔補〕許光治條，據《歷代人物生卒年表補》載：許光治，字龍華，號羹梅，生年不詳，咸豐五年（一八五五）卒。（頁二〇九）

森按：《管庭芬日記》咸豐五年七月十九日條載：「余校錄羹梅所書隸並為之補跋：『今秋余重錄此冊，以補所臨之脫字，而羹梅已於春初辭世，為之黯然。余去歲曾見其所續臨尚有漢〈山陽麟鳳碑〉、建中郫縣石刻、〈張遷碑〉、〈史晨饗孔廟〉前後碑及〈祥瑞圖〉等六七通，惜未假臨。今檢其遺篋，已散佚無存，因志其目以俟補訂焉。』」[90]則許君卒於咸豐五年正月，江《表》是也。另據蔣光煦《東湖叢記》卷五「許龍華」條云：「亡友許龍華（光治），邑廩膳生。生平績學，旁及書畫篆刻，靡不精妙；辨別金石，

88 湯貽汾《琴隱園詩集》，《續修四庫全書》本，卷三十二，頁一。
89 湯貽汾編《武進湯氏家乘》，道光二十九年刊本，卷二，頁八十二。
90 《管庭芬日記》，頁一五二九—一五三〇。

如犀燭水。卒於咸豐乙卯（五年），年僅四十有八。余搜得其手定詞稿二卷付梓；惜詩文各體散佚大半，擬編輯之而未竟也。」[91] 以卒歲四十八推之，則生於嘉慶十三年（一八〇八）。管元耀編《海昌觀》卷四十九載管庭芬〈許爨梅文學小傳〉，云：「君生於嘉慶戊辰（十三年），卒於咸豐乙卯，年僅四十有八。」[92] 二者正同。姜亮夫《綜表》據《清畫家詩史》載許氏嘉慶十六年（一八一一）生，咸豐五年卒，年四十五，[93] 亦非。

二五、阮福

〔正〕阮福條，據《清代官員履歷檔案全編》冊二十五載：阮福，字賜卿，號喜齋，嘉慶七年（一八〇二）生，卒年不詳。（頁二一四）

森按：阮福為阮元次子，《雷塘庵主弟子記》嘉慶六年條記：十二月「二十七日，御賜『福』字到浙，并奉到鹿肉、麅肉、野雞之賜。是日，側室謝氏生子，即名曰福。」[94] 則阮福生於嘉慶六年十二月，此作七年生，未確。另據《揚州阮氏族譜》載阮福「生于

91 蔣光煦《東湖叢記》，《續修四庫全書》本，卷五，頁五。
92 管元耀編《海昌觀》，海寧市圖書館藏鈔本，卷四十九，頁九十六。
93 姜亮夫《歷代人物年里碑傳綜表》，頁六九五。
94 張鑑等纂《雷塘庵主弟子記》，咸豐間阮氏琅嬛僊館刊本，卷二，頁九。

嘉慶辛酉年（六年，一八〇一）十二月廿七日亥時，卒于光緒戊寅年（四年，一八七八）三月初七日巳時」，[95]年七十八。

二六、阮常生

〔補〕阮常生條，據嚴文郁《清儒傳略》載：阮常生，字彬甫，號壽昌，別字小雲，生年不詳，道光十三年（一八三三）卒。（頁二一五）

森按：阮常生為阮元嗣子，[96]《雷塘庵主弟子記》道光十二年十二月廿八日條載阮福等撰乃母〈行狀〉，末云：「先妣四子，長為大兄常生，……嘉慶初年九歲，二品廕生，娶寶應劉氏（按劉台拱長女，名繁榮，字澗芳），生子五。……」[97]以嘉慶元年（一七九六）九歲推算，則生於乾隆五十三年（一七八八）。《揚州阮氏族譜》載：阮常生「生于乾隆戊申年（五十三年）九月十三日申時，卒于道光癸巳年（十三年）三月廿七日」，[98]卒年四十六。

95 《揚州阮氏族譜》，光緒八年，阮友增訂本，頁一五〇。

96 張鑑等纂《雷塘庵主弟子記》乾隆五十八年七月條載：「二十四日，江夫人（按阮元元配）柩由通州回揚，入城治喪，封公（阮元父）命以族子常生為子成服。」（卷一，頁十三）

97 同上注，卷七，頁十。

98 《揚州阮氏族譜》，頁一四五。

二七、孫同元

〔正〕孫同元條，據汪遠孫輯《清尊集》卷首載：孫同元，字雨人，乾隆三十六年（一七七二）生，卒年不詳。（頁二二二）

森按：孫同元，民國《杭州府志》卷一三八有傳，云：「嘉慶十三年舉人。大挑知縣，改永嘉教諭，署溫州府教授。能以文字決人通塞，如瑞安孫衣言、鏘鳴兄弟未達時，知為文章家；於黃體正、體芳亦然。……著《永嘉見聞錄》四卷，補鄭《志》所未備。卒於官，年七十九。」[99]傳末記：本「諸可寶撰〈傳〉」。諸氏原傳，《碑傳集》諸書未收，其歿年未見明文。今據光緒《永嘉縣志》卷九〈秩官〉教諭項載：「孫同元，字雨人，仁和人，嘉慶戊辰（十三年）舉人，道光七年二月任。操行清廉，品學純粹，獎掖後進，靡善勿陳，迄今士林猶能道之。」[100]其後繼任者，葉誥，道光二十八年七月署；王樹棨，二十九年二月任。[101]《杭州府志》謂孫氏「卒於官」，葉誥於道光二十八年七月暫署其官，則孫氏蓋卒於二十八年春、夏間。孫詒讓之子延釗撰《孫衣言、孫詒讓父子年譜》，道光二十八年條載：「是年，孫雨人學博卒於永嘉縣學教諭任，年七十九。

---

99 李榕等纂《杭州府志》，民國十一年刊本，卷一三八〈儒林〉，頁二十四。
100 王棻纂《永嘉縣志》，光緒八年刊本，卷九，頁四十三。
101 同上注，卷九，頁四十四。

學博以舉人秉鐸是邦凡二十五年，[102]嘗兼溫州中山書院山長；復先後攝溫州府學教授，及平陽、瑞安、樂清暨處州之青田、慶元、麗水等縣學官。以在甌日久，撰《永嘉見聞錄》四卷，補郡志之所未備。」[103]所記孫氏歷官蓋本諸可寶撰〈傳〉。孫氏道光二十八年（一八四八）卒，年七十九，則生於乾隆三十五年（一七七〇）。汪遠孫《清尊集》紀年未盡可據，參下文「吳春照」條。

二八、楊文蓀

〔正〕楊文蓀條，據汪遠孫輯《清尊集》卷首，又楊象濟《汲庵詩存》卷六〈感舊十四首〉載：楊文蓀，字芸士，號秀實，乾隆四十七年（一七八二）生，咸豐五年（一八五五）卒，年七十四。（頁二四六）

森按：楊文蓀之子禮榮著《春綠山房文稿》，有〈先考芸士府君行述〉一文，累累數千言，記述芸士學行事跡極為詳悉，中云：「府君生於乾隆四十七年九月二十一日戌時，

---

102 據《永嘉縣志》所載，孫同元任永嘉教諭前後二十二年。

103 孫延釗《孫衣言、孫詒讓父子年譜》，二〇〇三年，上海社會科學院出版社，頁十四——十五。

卒於咸豐三年（一八五三）十一月十四日酉時，享壽七十有二歲。」[104] 可訂正江《表》之譌。鄭偉章《文獻家通考》「楊文蓀」條謂芸士「卒于咸豐二年，終年七十一」，[105] 亦非。

二九、李鋭

〔正〕李鋭條，據阮元《揅經室二集》卷四〈李尚之傳〉載：李鋭，字尚之，一字四香，乾隆三十三年（一七六八）生，嘉慶二十二年（一八一七）卒，年五十。原注：「李鋭生于乾隆三十三年十二月初八日，公曆為一七六九年一月十五日。」（頁二六五）

森按：阮元〈李尚之傳〉云：「君之子繼淑書來求作傳，書中于君之世系、行事及生卒年月不具，但云終於六月而已。」[106] 阮氏〈傳〉中並未記李鋭生卒年壽。《清史列傳》卷六十九本傳云：「嘉慶二十二年卒，年四十五」，[107]《清史稿》卷五百七〈疇人傳〉

104 楊禮榮《春綠山房文稿》，復旦大學圖書館藏清稿本，頁十八。此文承復旦大學王亮教授錄寄，書此以誌謝悃。

105 鄭偉章《文獻家通考》，一九九九年，北京：中華書局，頁七〇五。

106 阮元《揅經室二集》，《續修四庫全書》本，卷四，頁四十八。

107《清史列傳》，頁五五九一。

同，[108]依此，則生於乾隆三十八年（一七七三），亦與江《表》不合。今人嚴敦傑君纂〈李尚之年譜〉，考證李銳生於乾隆三十三年十二月初八日，[109]殆即江《表》所本。余考臧庸〈漁隱小圃文飲記〉載：嘉慶二年（一七九七），臧君與鈕樹玉、袁廷檮、費士璣、顧廣圻、李銳、瞿中溶諸人會飲於袁氏漁隱小圃，文中各記諸人年歲，李銳時年三十，[110]則生乾隆三十三年，與嚴〈譜〉合。江《表》所記李銳生卒年歲不誤，惟出處誤也。

三十、李遇孫

〔補〕李遇孫條，據李氏《芝首齋吟稿》卷八〈題松江汪今韓姊婿山水行看子五首〉載：李遇孫，字慶伯，號金瀾，乾隆三十年（一七六五）生，卒年不詳。（頁二九五）

森按：李富孫《校經叟自訂年譜》道光二十一年條載：「二月，金瀾從弟患膈噎，卒於栝州學署，亦冷況蕭條。」[111]則李遇孫卒於道光二十一年（一八四一）二月，距乾隆三

108 《清史稿》，頁一三九八六。
109 嚴敦傑〈李尚之年譜〉，收於梅榮照主編《明清數學史論文集》，一九九〇年，南京：江蘇教育出版社，頁四四五。
110 臧庸《拜經堂文集》，《續修四庫全書》本，卷四，頁十三。
111 李富孫《校經叟自訂年譜》，道光二十四年刊本，頁二十一。

十年生，得年七十七。

三一、李富孫

〔正〕李富孫條，據張廷濟《桂馨堂集·感逝詩》載：李富孫，字薌沚，乾隆四十九年（一七八四）生，道光二十三年（一八四三）卒，年六十一。（頁二九六）

森按：此說有誤，李富孫《校經叟自訂年譜》，自述「乾隆二十九年甲申八月初九日辰時生」，[112]江《表》作四十九年生，殊誤。復據《年譜》道光二十三年條末，薌沚表弟徐林衡〈跋〉云：「先生自述《年譜》，簡要而賅，壽享八秩。同邑張孝廉廷濟約明歲甲辰為重游泮宮之舉，詎意於上屆歲除，晨起無疾，僅欹足輕跌，旋扶牀褥，神氣猶清。予俄聞趨視，亟商投以參劑，忽痰聲漸厲，不克下飲，遂於下午長逝。」[113]則卒於道光二十三年歲除，享年八十。

三二、吳騫

112 同上注，頁一。

113 同上注，頁二十二。

〔正〕吳騫條，據王大隆編《黃蕘圃先生年譜補》載：吳騫，字槎客，號兔牀，雍正十一年（一七三三）生，嘉慶十九年（一八一四）卒，年八十二。（頁三〇六）

森按：王大隆《黃蕘圃先生年譜補》嘉慶十八年條末記：「吳騫、楊偕時卒。」[114]未言吳氏嘉慶十九年卒也，江《表》有誤。中國國家圖書館藏吳壽照、壽暘兄弟撰《顯考兔牀府君行述》，云：「卒於嘉慶癸酉（十八年）十月二十三日，壽八十有一」；[115]又吳之瑗纂《休寧厚田吳氏宗譜》載：吳騫「生雍正癸丑（十一年）十月二十一日，卒嘉慶癸酉十月二十三日」，[116]當據此訂正。

三三、吳之淳

〔補〕吳之淳條，據鄭偉章《文獻家通考》載：吳之淳，字錞和，號鱸鄉，生年不詳，道光二十五年（一八四五）卒。（頁三〇九）

森按：鱸香乃吳騫之孫、吳壽暘之子，吳之瑗纂《休寧厚田吳氏宗譜》卷四載吳之淳

---

114 江標撰，王大隆補《黃丕烈年譜》，一九八八年，北京：中華書局點校本，頁一三四。

115 吳壽照、壽暘撰《皇清例封文林郎候選知縣貢生顯考兔牀府君行述》，中國國家圖書館藏嘉慶間刊本，頁十四。

116 吳之瑗纂《休寧厚田吳氏宗譜》，上海圖書館藏道光二十三年木活字本，卷三，頁十九。

「生嘉慶庚午（十五年，一八一〇）四月初八日」，卒年闕。[117] 余考《管庭芬日記》道光二十五年十一月初七日條記：「是日驚悉鱸香訃音，余與吳氏三世論交，至鱸香尤為契合，拜經樓藏書一瓻借讀，不啻外府。今中年玉折，又乏後嗣，諸昆季與詩書不甚親近，忽舍此累累縹緗而去，佐余撰述者其誰？」[118] 又，同月十三日條：「接醒園丈書，得悉鱸香為伏暑所中，于前月十二得疾，廿四日辭世。」[119] 則卒於道光二十五年十月廿四日，年僅三十六。

三四、吳應和

〔補〕吳應和條，據曹宗載《東山樓詩續稿》吳應和〈序〉載：吳應和，字子安，號榕園，乾隆二十四年（一七五九）生，卒年不詳。（頁三一五）

森按：吳應和乃吳修之兄，原名寧，「道光元年，因初名犯宣廟諱，遂以字行，號子安。系出明少司寇中偉後，祖儀洛由海鹽之澉浦遷居硤川」。[120] 據《管庭芬日記》道光十二

117 同上注，卷四，頁十二。

118 《管庭芬日記》，頁一二〇七。

119 同上注。

120 許傳霈等纂，朱錫恩等續纂《海寧州志稿》，卷二十九，頁三十九。

年閏九月十一日條記：「是日悉吳榕園丈歸道山之信，硤川可與談風雅者絕矣。」[121]則吳氏卒於道光十二年（一八三二）閏九月，年七十四。

三五、吳春照

〔正〕吳春照條，據汪遠孫輯《清尊集》卷首載：吳春照，字子撰，乾隆四十八年（一七八三）生，卒年不詳。（頁三一八）

森按：吳春照為吳騫從子，錢泰吉《海昌備志・藝文志》云：子撰工繪事，「旁及操琴、布算、揲蓍之學，兼通岐黃家言。尤深於小學，精讎校，家藏數千卷，丹黃幾徧。錢塘汪久也重刊《咸淳臨安志》，延子撰佐校勘；并為校《史》、《漢》，惜未竟其業，以豪飲得噎疾卒。」[122]吳之瑗纂《休寧厚田吳氏宗譜》卷四「吳春照」條載：「春照，字暹卿，號子撰，杭府庠生。生乾隆甲辰（四十九年，一七八四）正月十二日，卒道光乙未（十五年，一八三五）十月初四日」，[123]年五十二。

---

121 《管庭芬日記》，頁六九九。
122 錢泰吉輯《海昌備志》，卷四十一，頁十九。
123 吳之瑗纂《休寧厚田吳氏宗譜》，卷四，頁五。

三六、吳衡照

〔補〕吳衡照條，據汪遠孫輯《清尊集》卷首載：吳衡照，字夏治，號子律，乾隆三十六年（一七七一）生，卒年不詳。（頁三二四）

森按：吳衡照亦吳騫之侄，《海寧州志稿》卷二十九〈文苑〉有傳，云：「吳衡照，……騫從子。……嘉慶戊午（三年）舉人；辛未（十六年）進士，以知縣用，具牒改教。歲己卯（二十四年），署淳安訓導。……補金華教授，卒於官。」[124]《吳兔牀日記》嘉慶十六年閏三月二十一日條記：「際晚，聞四侄南宮捷音第廿一名。」[125]即指衡照。吳之瑗纂《休寧厚田吳氏宗譜》卷四「吳衡照」條載：「衡照……生乾隆辛卯（三十六年）十一月初五日，歿道光己丑（九年，一八二九）二月十四日」，[126]年五十九。

三七、余蕭客

124 許傳霈等纂，朱錫恩等續纂《海寧州志稿》，卷二十九，頁三十五。

125 吳騫《吳兔牀日記》，二〇一五年，南京：鳳凰出版社，頁二三六。按此所記為會試名次，殿試則二甲五十九名。（江慶柏編校《清朝進士題名錄》，二〇〇七年，北京：中華書局，頁七五四）

126 吳之瑗纂《休寧厚田吳氏宗譜》，卷四，頁四。

〔補〕余蕭客條，據《碑傳集》卷一三三任兆麟撰〈墓志〉載：余蕭客，字仲林，號古農，雍正七年（一七二九）生，乾隆四十二年（一七七七）卒。原注：「余蕭客生年，《清史列傳》卷六十八本傳作雍正十年（一七三二），卒年作乾隆四十三年（一七七八）。其得年，任兆麟撰〈墓志銘〉作四十九，江藩《漢學師承記》作四十七。」（頁三三八）

森按：余蕭客生卒年歲向有兩說，吳修《續疑年錄》卷四載：「余古農蕭客，四十七歲，雍正十年壬子生，乾隆四十三年戊戌卒。」[127]此《清史列傳》所本；[128]另則江《表》所引任兆麟〈墓志〉之說。因余氏並無詩文集行世，故此二說孰為是非，迄無明驗，江《表》亦未能質言。

余考江聲為薛起鳳《香聞續集》撰序，中云：「予與古農暨香聞為莫逆交，古農少予八歲，香聞又少古農五歲。而香聞先歿，其葬也，古農猶為志其墓；尋而古農亦歿矣，距香聞之歿未三期也。」[129]按江聲生於康熙六十年（一七二一），[130]長余蕭客八歲，則余氏應生雍正七年（一七二九）。復據彭紹升〈薛家三述〉云：「薛家三（起鳳別字）……

127 吳修《續疑年錄》，《續修四庫全書》本，卷四，頁十五。
128 《清史列傳》，頁五四六九。
129 薛起鳳《香聞續集》，光緒十一年，湖北撫署刊本，卷首，頁一。
130 孫星衍〈江聲傳〉云：江氏「以嘉慶四年（一七九九）九月三日卒于里舍，得年七十有九」（《平津館文稿》，《續修四庫全書》本，卷下，頁三十七），據此逆推之，則江聲生於康熙六十年。

乾隆三十九年（一七七四）九月自沂州歸，越四旬而卒，年四十一。」[131]則薛起鳳生雍正十二年（一七三四），與江聲所言「香聞又少古農五歲」，二者正合。江聲與余蕭客同受經於惠棟，二人為莫逆之交，所述余氏年歲宜可憑信，則余蕭客生年當以雍正七年為是。乾隆二十三年（一七五八），沈德潛為余蕭客序所著《文選音義》，序中言「仲林年三十」，[132]亦其證也。

至其卒年，吳修《續疑年錄》云「乾隆四十三年戊戌卒」，年四十七；光緒《蘇州府志》卷八十九〈余蕭客傳〉同；[133]江藩《漢學師承記》卷二、錢林《文獻徵存錄》卷五本傳俱言「卒年四十七」，[134]蓋與吳修同，此一說也；任兆麟〈余君蕭客墓誌〉則言：「君沒於乾隆四十二年某月日，年四十有九。」此另一說。[135]據前引江聲〈香聞續集序〉言：古農之卒「距香聞之歿未三期」，而彭紹升〈薛家三述〉謂薛起鳳卒於三十九年冬；余氏之卒距薛君歿未三期年，則卒於四十二年。臺灣國家圖書館藏《周官新義》孔繼涵鈔本，卷六末孔君識語云：「丁酉（乾隆四十二年）八月二十五日校。是日聞

131 彭紹升《二林居集》，《續修四庫全書》本，卷二十二，頁二。
132 余蕭客《文選音義》，《四庫全書存目叢書》影印乾隆二十三年靜勝堂刊本，卷首，頁一。
133 馮桂芬纂《蘇州府志》，光緒九年刊本，卷八十九，頁十二。
134 江藩《國朝漢學師承記》，一九八三年，北京：中華書局點校本，頁三十三；錢林輯，王藻編《文獻徵存錄》，《續修四庫全書》本，卷五，頁二十五。
135 錢儀吉纂《碑傳集》，《清代傳記叢刊》本，卷一三三，頁二十一。

江孝廉震蒼、余布衣蕭客仲林皆下世。」則余氏卒四十二年秋審矣，享年四十九。136

三八、余鵬翀

〔正〕余鵬翀條，據《中國美術家人名辭典》載：余鵬翀，字少雲，號月村，生於乾隆二十年（一七五五），四十九年（一七八四）卒，年三十。（頁三三八）

森按：此記余鵬翀生卒年未確。余氏與武億交好，生平事跡詳武氏〈余少雲哀詞〉：

余少雲，諱鵬翀，安慶淮寧人。乾隆歲丁酉，年始二十有二，自攜裝游淮陽，歷徐、豫、秦、夏。……入都，謁其師故翰林侍讀學士大興朱公（按朱筠），遂大為所稱賞。是歲予方游學士門，初與少雲識。……其後，與予應楊君懋珩校書之役，居館中日久，益相歡好，始盡得其所蘊。137

以乾隆四十二年（一七七七）丁酉年二十二逆推之，則余氏生乾隆二十一年（一七五六）。

136 有關余氏學行事跡，參拙作〈余蕭客編年事輯〉，二〇一二年，北京清華大學《中國經學》（桂林：廣西師範大學出版社），第十輯，頁六十五—九十五。

137 武億《授堂文鈔》，卷五，頁十。

〈哀詞〉下文言：「其卒也，年蓋二十有八，乾隆四十八年（一七八三）某月日也。」[138]另據朱錫庚乾隆四十八年六月撰〈黃余二生傳〉云：

今年夏，有客自山西來者，曰「黃生死矣。」未旬日而余生訃至。黃生年三十七而卒，余生年二十六而卒，卒之月同也。[139]

黃生即黃景仁，黃、余二人皆長於詩，時有「二妙」之稱。[140]惟朱君所記黃、余兩人年歲並誤，據王昶〈黃仲則墓志銘〉云：「仲則生乾隆庚午（十五年，一七五〇）某月某日，卒于癸卯（四十八年，一七八三）五月某日，年三十有五。」[141]洪亮吉〈候選縣丞附監生黃君行狀〉亦言：「乾隆四十八年歲在癸卯，黃君景仁以瘵疾卒於解州。……距生乾隆十四年，年三十有五。」[142]則朱錫庚謂黃景仁卒年三十七，誤也；其言余鵬翀卒年二十六，亦未確。惟言兩君「卒之月同」，則余氏卒於乾隆四十八年五月，年二十八。姜

138 同上注，卷五，頁十一。

139 朱錫庚《未之思軒雜著》，日本京都大學人文科學研究所藏朱氏原稿本，冊一，無頁碼。

140 王復〈過法源寺僧舍，追懷黃仲則、余少雲〉詩：「香林留屋古，苔徑入門斜。二妙曾聯榻，三春此看花。……」（《晚晴軒稿》，《清代詩文集彙編》本，卷八，頁四）

141 王昶《春融堂集》，卷五十八，頁七。按黃景仁卒於乾隆四十八年，年三十五，則應生乾隆十四年（一七四九）；黃景仁《兩當軒集》卷十八〈沁園春・壬辰生日自壽，時年二十四〉詞，可以為證。王昶〈墓志〉云「仲則生乾隆庚午」者，誤也。

142 洪亮吉《卷施閣文甲集》，《續修四庫全書》本，卷十，頁七—十。

亮夫《綜表》雖亦據武億〈余少雲哀詞〉，然誤謂余氏乾隆二十年（一七五五）生，嘉慶四十七年（一七八二）卒。[143]

三九、汪師韓

〔補〕汪師韓條，據汪氏《上湖紀歲詩稿》題注載：汪師韓，字韓門，號上湖，康熙四十六年（一七〇七）生，卒年不詳。（頁三五〇）

森按：《清儒學案》卷六十八〈息園學案〉，汪氏小傳云：「主蓮池書院講席。〔乾隆〕三十九年（一七七四），將南歸而卒，年六十八。」[144]此言韓門卒於乾隆三十九年，其說未確。考阮元《兩浙輶軒錄》卷十八「汪師韓」條，引朱文藻之說云：

韓門先生，余生也晚，未獲一見。自蓮花書院歸里，攜所刻著述，曰《春星堂詩集》，曰《上湖紀歲詩編》，曰《文編》，曰《詩學纂聞》，曰《談書錄》，曰《韓門綴學》，曰《孝經約義》，曰《觀象居易傳箋》，凡八種，刷印流傳。因得雒誦一過，輒校正其譌字，而於《詩編》亦間有商改之處，先生悉從改易。越數日，齋中闇

143 姜亮夫《歷代人物年里碑傳綜表》，頁六三二。

144 徐世昌纂《清儒學案》，民國二十七年，天津徐氏原刊本，卷六十八，頁三十。

人持柬報客至，視其柬，則云「汪師韓恭謁」，字小如菉豆。既見，則四拜而起，曰「謝讎校之德」，余於是始獲見先生。次日答拜，劇談，所學非輓近可及。未久，而先生歸道山矣。[145]

此述汪氏自保定蓮池書院辭歸返杭，朱文藻親與之交接始末甚悉，然則《清儒學案》謂韓門「將南歸而卒」，其誤顯然。朱文藻為王杰編《葆醇堂藏書錄》，集部著錄《汪上湖合集》十四冊，末言：

韓門自雍正間成進士，授館職，出視學政。罷歸，主講保定蓮花書院幾三十年，還家未久而卒。此集皆手定，刻於保定。其後攜板南歸，刷印無幾，傳世未廣。卒後無子，其書誰為之傳？幸存此本，可寶惜也。[146]

朱文藻一則言「自蓮花書院歸里，……未久而先生歸道山」，再則言「還家未久而卒」，則汪氏南歸後未久即去世。據韓門所刻家集《春星堂詩集》，汪汝謙《夢香樓集》後，韓門識語云：「乾隆四十年歲次乙未，師韓自保州南還，黃君小松以是刻見贈」云云，[147] 則汪氏自保定南歸在乾隆四十年。盧文弨〈書韓門綴學後〉亦言：「罷官後，主保定之

145 阮元《兩浙輶軒錄》，卷十八，頁十。
146 朱文藻《葆醇堂藏書錄》，中國國家圖書館藏道光九年劉喜海味經書屋鈔本，下冊，頁二十九。
147 汪師韓編《春星堂詩集》，《叢睦汪氏遺書》本，卷五，頁三十二。

蓮池書院最久，晚歸里，未幾卒。」148則韓門應卒於乾隆四十年（一七七五），距康熙四十六年生，享年六十九。149

四十、沈大成

〔正〕沈大成條，據黃達《一樓集》卷十七撰〈傳〉載：沈大成，字嵩峰，號學子、沃田，江蘇華亭人，康熙三十九年（一七〇〇）生，乾隆三十六年（一七七一）卒，年七十二。原注：「沈大成生卒年，汪大經撰〈行狀〉（《碑傳集》卷四十一）、《疑年錄彙編》卷十一同；郭麐撰〈墓志銘〉作乾隆二十七年（一七六二）生，嘉慶四年（一七九九）卒。」（頁三五九）

森按：《皕宋樓藏書志》卷十四著錄宋張有《復古編》沈大成校本，有沈氏手跋，文末系「乾隆丙戌□夏日在天街，沃田老人沈大成書於廣陵客舍，時年六十有七」。150以乾隆三十一年（一七六六）丙戌年六十七逆推之，則沈氏生康熙三十九年不誤。姜亮夫《綜

148 盧文弨《抱經堂文集》，頁一五九。

149 參拙稿〈汪師韓生卒年小考〉，二〇一六年，《中國經學》第十九輯，頁一九五—一九八。

150 陸心源《皕宋樓藏書志》，《續修四庫全書》本，卷十四，頁十。按引文所缺之字，河田羆《靜嘉堂秘籍志》卷十六引作「首」（二〇一六年，上海古籍出版社點校本，頁五六四），當據補。

表》據汪大經撰〈行狀〉，載沈大成康熙四十九年（一七一〇）生，乾隆四十六年（一七八一）卒。[151]然〈行狀〉固明言沈氏「生於康熙庚辰（三十九年）十月二十五日，歿於乾隆辛卯（三十六年）十月二十九日，年七十又二」，[152]不知姜氏緣何而誤也？

另檢郭麐〈沈集元墓誌銘〉云：「嘉善沈君大成，字集元，為諸生有名，屢試危得復失。自詭以為必可得，益自奮，日夜治其業，病甚，不輒竟死。……卒于嘉慶四年七月，年三十八。」[153]此為浙江嘉善人，字集元；沃田則江蘇華亭人，二者同名，然年代、里貫皆異，江《表》誤合為一人，注語當刪。

四一、宋棟

〔補〕宋棟條，據黃金臺《木雞書屋文四集》卷二〈宋樗里先生雞窗四續稿序〉載：宋棟，字宗彝，號樗里，乾隆二十八年（一七六三）生，卒年不詳。（頁三六九）

森按：《管庭芬日記》道光二十二年十二月十三日條載：「是日樗里丈寄〈八十自壽〉詩來，係用七十壽言原韻者，因錄於此……其四……元注：『〔道光〕二十年庚子，

151 姜亮夫《歷代人物年里碑傳綜表》，頁五九〇。

152 錢儀吉纂《碑傳集》，卷一四一，頁一—二。按江《表》附注引作「卷四十一」，誤。

153 郭麐《靈芬館雜著》，《清代詩文集彙編》本，卷一，頁一。

英吉利果蠢動，首陷定海縣，猖獗日盛。今年壬寅（二十二年）始得寧靜。』」[154]以道光二十二年（一八四二）年八十推算，則宋棟生乾隆二十八年，江《表》是也。《海昌藝文志》卷十五「宋棟」條云「卒年八十四」，[155]《海寧州志稿》卷二十九本傳同，[156]則卒於道光二十六年（一八四六）。

四二、宋世犖

〔補〕宋世犖條，據《清代官員履歷檔案全編》冊二十五載：宋世犖，字卣勛，乾隆三十二年（一七六七）生，卒年不詳。（頁三七一）

森按：王棻《台學統》卷九十五載洪頤煊〈文林郎陝西扶風縣知縣宋君墓表〉，云：

君素有痰疾，庚辰（嘉慶廿五年）冬以積勞復發，遂決意去官歸，道光元年辛巳五月初八日抵家。君方自幸半生旅宦，乍賦倦游，家中藏書萬餘卷，金石鼎彝，璀璨滿目，日與故人鄰戚歡然道故，僉謂君當享優游之福。不意遽嬰末疾，以是年七

154 《管庭芬日記》，頁一一〇三—一一〇四。

155 管庭芬輯，蔣學堅續輯《海昌藝文志》，二〇〇八年，北京：國家圖書館出版社，卷十五，頁十三。

156 許傳霈等纂，朱錫恩等續纂《海寧州志稿》，卷二十九，頁四十一。

月十六日終於正寢，年僅五十有七。[157]

宋氏卒於道光元年（一八二一），年五十七，則生於乾隆三十年（一七六五）。洪頤煊與宋氏並浙江臨海人，年相若，自少交好，[158]所撰〈墓表〉蓋本其家〈行述〉，宋氏生卒年當以此為正，《官員履歷》短報兩歲也。

四三、宋咸熙

〔補〕宋咸熙條，據宋氏《思茗齋集・自序》載：宋咸熙，字德恢，號小茗，生乾隆三十一年（一七六六），**卒年不詳。**（頁三七三）

森按：柯愈春《清人詩文集總目提要》卷三十六「宋咸熙《思茗齋集》」條，亦言：「咸熙生於乾隆三十一年，卒年不詳。……道光五年〈自序〉，稱『今歲春為余六十生辰』；道光十四年為葉樹枚集作序。」[159]則宋氏應卒於道光十四年以後。檢《管庭芬日記》，道光十六年七月初七日條記：「是日得悉宋小茗學博（按宋氏官桐鄉教諭）訃音。古芸齋

157 王棻《台學統》，《續修四庫全書》本，卷九十五，頁二。

158 洪頤煊〈陝西扶風縣知縣宋君墓表〉云：「余與君年相若，居相近，又志趣相同，少年竟夕過從，抵掌劇談，鄰里驚愕。」（同上注）

159 柯愈春《清人詩文集總目提要》，二〇〇二年，北京古籍出版社，頁一〇一四。

一別，頓成千古，為之悵然。」[160]則宋咸熙卒於道光十六年（一八三六），年七十一。

四四、張星鑒

〔補〕張星鑒條，據張氏《仰蕭樓文集·自序》載：張星鑒，字問月，號緯餘，嘉慶二十四年（一八一九）生，卒年不詳。原注：「張星鑒卒年，《文獻家通考》作光緒三年。考張星鑒《文集》光緒六年陳倬〈序〉，僅稱光緒三年張星鑒倦遊返吳，老而貧，貧而病，未幾卒。並未明言卒于何時，故本書未著錄其卒年。」（頁四〇六）

森按：張星鑒，光緒《崑新兩縣續修合志》卷三十一〈文苑〉有傳，傳末言：「光緒三年（一八七七），知崑山縣金吳瀾興修邑志，延司協修，未逾月而病中風，尋卒，年五十九。」[161]則張氏卒於光緒三年不誤。此《志》即金吳瀾所修，其記張氏卒年當可據也。

四五、陳祖范

---

160 《管庭芬日記》，頁八五一。

161 金吳瀾修，朱成熙等纂《崑新兩縣續修合志》，光緒六年刊本，卷三十一，頁三十九—四十。

〔正〕陳祖范條，據《潛研堂文集》卷三十八錢大昕撰〈傳〉載：陳祖范，字亦韓，號見復，康熙十四年（一六七五）生，乾隆十八年（一七五三）卒，年七十九。（頁四五七）

森按：此條有誤，錢大昕〈陳先生祖范傳〉云：

乾隆十五年，……薦舉經明行修之士，於是雅知先生者交章列薦。明年，上命閣部大臣於所舉中核其名實允孚者，得四人，先生裒然居首，其三人則無錫顧棟高、金匱吳鼎、介休梁錫璵也。得旨，皆授國子監司業。……又三年，卒於家，年七十有九。[162]

今覈此文，錢大昕謂陳祖范卒於乾隆十九年（一七五四），非十八年也；依其說，則生康熙十五年（一六七六），此一說也。《清史列傳》卷六十八本傳則言：「〔乾隆〕十八年，卒於家，年七十有九。」[163]《清史稿‧儒林傳》同，[164]斯則江《表》所本，二說不同。今考陳祖范《司業文集》卷四〈自序〉云：「予以康熙丙辰年（十五年）五月二十日生」，[165]

162 錢大昕《潛研堂集》，頁六八四。
163 《清史列傳》，頁五四七七。
164 《清史稿》，頁一三一五〇。
165 陳祖范《司業文集》，乾隆二十九年，《陳司業全集》本，卷四，頁三十二。

則錢〈傳〉是，史傳、江《表》誤也。

至其卒年，顧楝高《經咫‧序》云：「乾隆歲甲戌（十九年），海虞陳見復先生年七十九，以疾卒」；[166] 邵齊燾撰見復《掌錄‧序》，亦言：「今歲次甲申（乾隆二十九年）月建癸酉，剞劂告竣，實公歿後之十年也。」[167] 二者俱言見復乾隆十九年卒，與錢大昕撰〈傳〉合。陳祖范生卒年當以康熙十五年生，乾隆十九年卒為正，姜亮夫《綜表》不誤。[168]

四六、陳逢衡

〔正〕陳逢衡條，據陳氏《讀騷樓詩初集‧自序》、《碑傳集補》卷四十九金長福撰〈傳〉載：陳逢衡，字履長，號穆堂，乾隆四十五年（一七八〇）生，道光三十年（一八五〇）卒，年七十一。原注：「陳逢衡生卒年著錄不一，其道光九年撰詩集〈自序〉云『年已五十矣』；金長福撰〈陳徵君傳〉，云『卒年七十有一』，本書即據此定其生卒年。」（頁四五八）

166 陳祖范《經咫》，《廣雅叢書》本，卷首，頁一。
167 陳祖范《掌錄》，《廣雅叢書》本，卷首，頁一。
168 姜亮夫《歷代人物年里碑傳綜表》，頁五六六。

森按：陳逢衡生卒年歲，諸說不一，江《表》所考，亦未得其實。今考群籍，除江《表》所列乾隆四十五年生，道光三十年卒之說外，另有下列三說：

（一）《清史列傳》卷六十九本傳云：「道光十一年（一八三一）卒，年七十一。」[169]依此，則穆堂生乾隆二十六年（一七六一）。

（二）《清儒學案》卷一三一穆堂小傳云：「咸豐五年（一八五五）卒，年七十有八。」[170]依此，則生乾隆四十三年（一七七八）。

（三）姜亮夫《歷代人物年里碑傳綜表》則載穆堂生乾隆四十三年，道光二十八年（一八四八）卒，年七十一。[171]

四說年代頗為參差。江《表》據《讀騷樓詩初集·自序》謂穆堂道光九年年五十，斯說非是，江氏誤讀其文耳。按穆堂〈序〉云：

嘉慶癸酉（十八年，一八一三），刻成《竹書紀年集證》五十卷；道光乙酉（五年，一八二五），刻成《逸周書補注》二十二卷，俱已問世；其未刻者有《博物志考證》十卷。半生精力，坐耗居諸，故於歌詩一道未能專意，間有投贈，多不存稿。丙

169 《清史列傳》，頁五六〇四。
170 徐世昌纂《清儒學案》，卷一三一，頁二十五。
171 姜亮夫《歷代人物年里碑傳綜表》，頁六六〇。

戌、丁亥兩年（道光六、七年），又復稍稍從事，故所得僅此，而年已五十矣。今年孟冬鈔錄一帙，友人過予索觀，促付梓氏。……[172]

此〈序〉末屬「道光九年歲在己丑仲冬辛卯朔」。〈序〉中言丙戌、丁亥稍復有詩，「而年已五十」，非謂道光九年時年五十也，味其文意甚明。以道光丁亥（一八二七）年五十推之，則穆堂應生乾隆四十三年（一七七八）。中央研究院歷史語言研究所傅斯年圖書館藏穆堂《穆天子傳注補正》原稿本，卷首有道光二十年（一八四〇）十一月朔穆堂〈後序〉，云「時年六十三」，[173] 則生乾隆四十三年審矣。穆堂此序自述生平為學次第甚詳：

予少承庭訓，家有藏書。自嘉慶甲子年（九年，一八〇四），予二十七歲，集證《竹書紀年》，十年而成。又十餘年，而《逸周書補注》成，蓋其年已將五十矣。嗣是家漸凋零，書日散去，然幸于五十歲前將二書前後災梨。……道光庚寅（十年），予續有《穆天子傳注補正》底本，繕寫一通，藏之匣笥。偶有改更，輒加塗乙，至是又十年矣。……予則凡注一書，必以十年為期，如此求道者日向河水而拜，積之歲年，必有功效，亦可見矣。

其言嘉慶甲子年二十七，亦穆堂生乾隆四十三年之一證也。上述四說言穆堂生年，惟

172 陳逢衡《讀騷樓詩初集》，《清代詩文集彙編》本，卷首，頁一。
173 陳逢衡《穆天子傳注補正》，中央研究院史語所傅斯年圖書館藏陳氏原稿本，卷首。

《清儒學案》與姜氏《綜表》為是，兩說俱言本於《碑傳集補》卷四十八金長福〈陳徵君傳〉，乃二者卒年相差七歲。今核金氏撰〈傳〉，但言穆堂晚年薄滋味、節飲食，「喜服峻利之劑，遂至暴下不起。其呻吟牀褥時，猶手一編，注視不倦。卒年七十有一」，[174]此傳並無姜《表》所載穆堂生卒年，亦無《學案》「咸豐五年卒，年七十八」之說，不知二者何所本而云然？今依金長福卒年七十一之說推算，則卒道光二十八年為是。

四七、羅有高

〔正〕羅有高條，據王昶《春融堂集》卷五十八〈墓誌〉載：羅有高，字臺山，雍正十一年（一七三三）生，乾隆四十三年（一七七八）卒，年四十六。（頁四九〇）

森按：此條有誤，王昶〈羅臺山墓志〉明言：「丁酉（乾隆四十二年），偕邵君（洪）入都，都中士大夫相從問學。……明年四月得疾，七月南歸，余寓書于南雄太守，請主書院。抵蘇州，復病，居數月行。己亥（四十四年）正月歸家，逾旬而歿。……距生于雍正癸丑（十一年，一七三三）某月日，年四十有六。」[175]則羅氏卒於乾隆四十四年（一七七九）甚明，王昶云雍正十一年生，則卒年四十七，〈墓志〉乃云年四十六，是王氏固自抵牾

174 閔爾昌纂《碑傳集補》，卷四十八，頁二十六—二十七。江《表》作「卷四十九」，誤也。

175 王昶《春融堂集》，卷五十八，頁四—五。

矣；而江《表》逕改為四十三年卒，亦失其實。按羅有高與彭紹升論學深契，交誼尤密。羅氏卒後，彭紹升為裒輯遺文，並撰次行實以傳之，《二林居集》卷二十二〈羅臺山述〉云：

四十二年，偕海圖（按邵洪）入京，京中士大夫聞其至，多相從論學。……明年，會試報罷；得風疾，日消損，海圖為購人葠治之，疾良已。其秋南還，道（森按：疑「過」字之譌）予家，居兩月，疾復發，杖而後行。又明年正月六日抵家，甫逾旬而卒，年四十六。[176]

此出乎彭氏親歷者，尤翔實可據也。羅氏卒於乾隆四十四年正月，年四十六，則生雍正十二年（一七三四），其年歲當以此為是。章學誠〈庚辛之間亡友列傳〉，謂羅有高卒於乾隆四十五年，[177]此事後得諸傳聞者，尤不足據。

四八、周學濂

176 彭紹升《二林居集》，卷二十二，頁九。

177 章學誠〈庚辛之間亡友列傳‧羅有高傳〉云：「余與君久相知也，見於丁酉（四十二年）冬，而別於戊戌（四十三年）夏。……中夏，別君赴永清館。聞君秋初歸家，同人多勸君留京期再試，余亦有書止之，而君意決矣。其卒於家也，得之傳聞，且以謂未審也，後屢詢而益真，蓋在庚子（四十五年）之歲，不知為何月日。」（《章學誠遺書》，一九八五年，北京：文物出版社，頁一九三）

〔補〕周學濂條，據同治《湖州府志》卷七十六本傳載：周學濂，字元緒，號蓮伯，同治元年（一八六二）卒，生年不詳。（頁五一二）

森按：江《表》此上復有「周學汝」其人，據戴望《謫麐堂遺集》卷二〈周孝廉墓表〉載：周學汝，字禮傳，號蓮伯，嘉慶十五年（一八一〇）生，同治元年卒，[178]二者實同一人。戴望〈墓表〉云：「孝廉周君既沒之七年，厥弟侍御君共望客江寧，示諸〈狀〉。……按〈狀〉，君諱學汝，字禮傳，初名學濂，後更今名。……及城陷，闔戶自經死，妻及子婦皆從，年五十有三。」[179]又陳繼聰《忠義紀聞錄》卷二十八「周太守學濂」條亦言：「周先生學濂，字蓮伯；後更名學汝，字禮傳，烏程人。……同治元年五月三日城陷，先生闔門自經死，妻張孺人及子婦皆從，年五十有三。」[180]斯其證也。

四九、鄭喬遷

〔補〕鄭喬遷條，據鄭氏《藏密廬文稿》卷三〈鄭氏續人物傳〉附注載：鄭喬遷，字仰高，號耐生，乾隆四十五年（一七八〇）生，卒年不詳。（頁五二四）

---

178 江慶柏《清代人物生卒年表》，頁五一二。
179 戴望《謫麐堂遺集》，《續修四庫全書》本，文卷二，頁十三——十四。
180 陳繼聰《忠義紀聞錄》，《清代傳記叢刊》本，卷二十八，頁一——二。

森按：鄭喬遷為二老閣鄭溱七世孫，與吳德旋、馮登府等交好。卒後，馮氏為誌其墓，〈鄭明經墓志銘〉云：「君生於乾隆四十五年五月二十四日，卒於道光一十九年（一八三九）十月十一日，年六十。」[181]當據補。

五十、單之珩

〔正〕單之珩條，據顧雲《盋山文錄》卷四〈行狀〉載：單之珩，字白也，嘉慶三年（一七九八）生，光緒十五年（一八八九）卒。（頁五二八）

森按：顧雲〈單白也師行狀〉云：「生嘉慶三年四月十二日，卒光緒十五年七月十五日，年七十有二。」[182]此江《表》所本。惟如所記，則單氏卒年九十二，非七十二也。然〈行狀〉不言單氏耄耋乃卒，意其生年「三」字上蓋脫「廿」字。〈行狀〉云：「同治元年，從合肥相國援滬，周旋湘、淮諸將間。……老湘軍統將黃鎮軍中元軍於虹橋，用北面禮延治幕府事。……論功，以知縣保留江蘇，嗣累功擢同知補缺後，以知府用。……

---

181 鄭喬遷《藏密廬文稿》，《南開大學圖書館藏稀見清人別集叢刊》影印道光二十一年原刊本，卷首〈墓志〉，頁二。

182 顧雲《盋山文錄》，《清代詩文集彙編》本，卷四，頁二十一。

於是需次二十年有奇矣。」[183]以嘉慶二十三年（一八一八）生推算，同治元年（一八六二）年四十五，正當盛年，自可隨幕軍中。倘嘉慶三年生，則同治元年已六十五歲，年事已高。而事後論功，復需累功待擢同知補缺後，乃以知府用，則年逾七十矣，殊非情理。其生年當改嘉慶二十三年為是。

五一、趙敬襄

〔正〕趙敬襄條，據趙氏《竹岡鴻爪錄》附趙耀南〈哀辭〉載：趙敬襄，字瑞星，號隨軒、竹岡，乾隆二十一年（一七五六）生，道光九年（一八二九）卒，年七十四。（頁五四七）

森按：此記趙氏卒年有誤，《鴻爪錄》卷後附〈竹岡師哀辭〉云：「維道光戊子（八年，一八二八）冬十一月乙卯，……日午，吾師竹岡趙先生凶問至。越翼日丙辰，耀南為位于日省堂書屋，謹奉心喪之禮，訃告闔郡同學諸友。」[184]則趙敬襄應卒於道光八年十一月，年七十三。

183 同上注，卷四，頁十九—二十。

184 趙敬襄編《竹岡鴻爪錄》，《北京圖書館藏珍本年譜叢刊》影印道光間刊本，頁二十六。

五二、胡琨

〔正〕胡琨條，據《浙江忠義錄》卷七載：胡琨，字次瑤，生年不詳，咸豐十一年（一八六一）卒。（頁五五二）

森按：胡君死於太平天國之難，《管庭芬日記》咸豐十年三月四日條記：「之硤，痛悉余友胡次瑤孝廉琨全家殉節之信，為之一哭。」[185] 又閏三月廿六日條：「榮甫為其尊人次瑤并殉難眷屬設位於許氏澹圃，往弔。」[186] 據此，則胡琨卒於咸豐十年甚明，《浙江忠義錄》作十一年卒者，誤也。

五三、胡湜

〔正〕胡湜條，據《嘉慶二十四年己卯恩科同年齒錄》載：胡湜，字守初，號嘯雯，又號耐緣。乾隆五十四年（一七八九）生，卒年不詳。（頁五五二）

森按：鄭喬遷《藏密廬文稿》卷四〈翰林院庶吉士胡君墓誌銘〉，載胡湜「生於乾隆五

185 《管庭芬日記》，頁一六四三。
186 同上注，頁一六四九。

十年（一七八五）四月初一日，卒於嘉慶二十五年（一八二〇）九月初二日，年三十六」，[187]當據改，所引《同年齒錄》有誤。

五四、鍾大源

〔正〕鍾大源條，據鍾氏《東海半人詩鈔》應時良〈序〉載：鍾大源，字晴初，號篛溪，又號東海半人，乾隆二十八年（一七六三）生，嘉慶二十二年（一八一七）卒，年五十五。（頁五六七）

森按：此條有誤，應時良嘉慶丁丑（二十二年）為鍾氏詩稿撰〈序〉，但言「今年君五十又五矣」，[188]不謂渠是年卒也。《管庭芬日記》嘉慶二十三年條載：「篛溪先生手定《東海半人詩鈔》五十卷，心血盡耗，鬚髮皆白，棗梨甫竣，即歸道山，聞訃後哭以詩」云云，[189]則鍾氏應卒於二十三年。據《詩鈔》壬申（嘉慶十七年，一八一二）〈五十初度述懷〉詩，[190]則鍾大源生乾隆二十八年，不誤。《海昌備志》卷十八本傳云：大源「女亦

187 鄭喬遷《藏密廬文稿》，卷四，頁七。
188 鍾大源《東海半人詩鈔》，《清代詩文集彙編》本，卷首應時良〈序〉，頁四。
189 《管庭芬日記》，頁七十二—七十三。
190 鍾大源《東海半人詩鈔》，卷二十，頁六。

知詩，嫁徐紹曾之子家駒，紹曾為集資刻《東海半人詩稿》二十四卷，應時良以駢體序之。……刻成之明年，晴初卒，年五十六。」[191] 蓋嘉慶二十二年徐氏為刻詩稿，故應時良〈序〉即撰於是年；明年大源卒，則卒於二十三年（一八一八）審矣，正符《備志》「卒年五十六」之數。姜亮夫《綜表》，與江氏誤同。[192]

五五、洪朴

〔正〕洪朴條，據《清代官員履歷檔案全編》冊二十載：洪朴，字素人，號伯初，乾隆十一年（一七四六）生，卒年不詳。（頁五八四）

森按：洪朴與弟洪榜、洪梧並以才學稱，當時有「三珠」之譽。[193] 江氏下《表》據《清人別集總目》載洪榜乾隆十年（一七四五）生，四十四年（一七七九）卒，[194] 則洪朴生年不應反在其弟洪榜之後，此當有誤。今覈《官員履歷檔案》所收洪朴履歷，生年不一。乾隆三十六年（一七七一）七月初二日所書履歷云：「臣洪朴，安徽徽州府歙縣進士，年

191 錢泰吉輯《海昌備志》，卷十八，頁二十一—二十二。
192 姜亮夫《歷代人物年里碑傳綜表》，頁六四一。
193 王昶《湖海詩傳》，《續修四庫全書》本，卷三十二，頁二十三。
194 江慶柏編《清代人物生卒年表》，頁五八五。

二十六歲，現任工部虞衡司額外主事，軍機處司員上行走。」[195]依此，則生乾隆十一年，此江《表》所本；而乾隆四十八年（一七八三）正月二十九日所書履歷則言：

臣洪朴，安徽徽州府歙縣進士，年四十歲，現任刑部陝西司郎中。……四十七年十二月分輪俸籤，陞直隸順德府知府缺。[196]

依此，則生乾隆九年（一七四四），二者歧互。蓋官員履歷時有短報年歲者，此謂「官年」，與實年往往有差，難為確據。余考邵晉涵撰〈洪篠洲先生六十雙壽序〉云：

世或以歙縣三洪比諸宋鄱陽三洪，以我友素人及其仲、季相繼以召試高等入薇省，與景伯、景嚴、景盧並以詞科起家，先後有同揆也。晉涵與素人為齊年生，因得盡交其仲、季。……歲壬寅（乾隆四十七年，一八七二）二月，先生行年六十。年家子之在京師者，謀舉近世所為生日獻壽之儀，屬晉涵為序。[197]

此京中同好諸友公推邵氏為洪父所作〈六十壽序〉，其言「晉涵與素人為齊年生」，所言洪朴年歲當不誤。據錢大昕〈翰林院侍講學士邵君墓誌銘〉所載，邵晉涵卒於嘉慶

195 秦國經主編《中國第一歷史檔案館藏清代官員履歷檔案全編》，一九九七年，上海：華東師範大學出版社，冊二十，頁八十八。

196 同上注，冊二十一，頁四八二。

197 邵晉涵《南江文鈔》，《續修四庫全書》本，卷七，頁十。

元年（一七九六）六月十五日，因「醫者誤投藥，遂不起，……春秋五十有四」，198 以此逆推之，則邵氏生於乾隆八年（一七四三），洪朴亦當生於是年。

洪朴卒年今尚可考，朱錫庚〈洪先生哀辭并敘〉云：

先生以刑部郎中出知順德府事，余謂先生以文學侍從之才固當在內，不宜出守，先生乃欣然若有可施其抱負者。既出，乃案諸縣積弊若干事，欲懲汰之，以勵其餘，上書大吏，不少顧藉。大吏置不省，先生歎曰：「吾志求民瘼，豈以溫飽為官哉！」遽以疾引歸。舟至東昌道上，悒鬱以卒。其弟梧為設位于京師寓舍，徧告所知者弔之。余既哭先生于靈側，歸作〈哀詞〉，用傷先生之志。199

此文篇題下記「癸卯十一月初七日」，則洪氏卒於乾隆四十八年（一七八三）。另檢淩廷堪《校禮堂詩集》卷四有〈癸卯二月，洪素人比部出守順德，覃溪師以所藏成化七年順德守黎永明所笵銅爵贈行，兼送以詩，屬廷堪和作〉，200 其下復有〈聞洪素人太守訃二首〉，其二云：

索米長安市，曾分清俸錢。我邀知己重，人愛使君賢。回首成千古，分襟甫半年。

198 錢大昕《潛研堂集》，頁七八六。
199 朱錫庚《未之思軒雜著》，冊一，無頁碼。
200 淩廷堪《校禮堂詩集》，《續修四庫全書》本，卷四，頁十四。

墓門何日拜，灑淚望江天。201

據詩中「分襟甫半年」語推之，則洪朴蓋卒於乾隆四十八年秋，距乾隆八年生，年僅四十一。

五六、秦瀛

〔正〕秦瀛條，據陳用光《太乙舟文集》卷八〈墓志銘〉載：秦瀛，字淩滄，號小峴、遂庵。乾隆五十八年（一七九三）生，道光元年（一八二一）卒，年二十九。（頁六〇〇）

森按：此載秦氏生卒年歲有誤。《清史列傳》卷三十二本傳云：

秦瀛，江蘇無錫人，乾隆三十九年舉人。四十一年，上巡幸山左，召試一等，欽賜內閣中書，充軍機章京。……五十四年，陞侍讀。五十七年二月，京察一等；十月，遷戶部江西司郎中。五十八年，授浙江溫處道；五十九年，調杭嘉湖道。202

201 同上注，卷四，頁十五。

202 《清史列傳》，頁二五一〇。

《清史稿》卷三五四本傳亦言：「〔乾隆〕五十八年，出為浙江溫處道，有惠政。嘉慶五年，擢按察使。」[203]如江《表》所記，則秦瀛嘉慶五年官浙江按察使時，年方八齡耳，其誤顯然。陳用光〈予告刑部右侍郎秦公遂庵墓志銘〉云：「公生於乾隆癸丑（五十八年）正月二十八日，卒於道光辛巳（元年）七月初十日」，[204]此江《表》所本，然未審其生年干支有誤也。按〈墓志〉開首言：「道光元年秋七月初十日，予告刑部右侍郎秦公遂庵以疾卒於家」，[205]文內載其晚年歷官：

> 嘉慶九年病痊，補廣東按察使；擢浙江布政使。……以三品頂帶為左副都御史；擢內閣學士兼禮部侍郎，遷兵部右侍郎，調刑部右侍郎，以目疾乞病歸。自是家居者十有一年，卒時享年七十九。[206]

以道光元年（一八二一）卒年七十九逆推之，則生於乾隆八年（一七四三）癸亥，陳用光〈墓志〉誤書作「癸丑」，繆荃孫纂《續碑傳集》卷八、[207]江《表》悉仍其誤，則生年謬差五十歲矣。

203 《清史稿》，頁一一二九二。
204 陳用光《太乙舟文集》，《續修四庫全書》本，卷八，頁四十四。
205 同上注，卷八，頁三十八—三十九。
206 同上注，卷八，頁四十—四十一。
207 繆荃孫纂《續碑傳集》，卷八，頁五。

五七、錢坫

〔正〕錢坫條，據《藝舟雙楫》包世臣撰〈傳〉載：錢坫，字獻之，乾隆六年（一七四一）生，嘉慶十一年（一八〇六）卒，年六十六。（頁六二七）

森按：錢坫生卒年歲向有兩說，《清史列傳》卷六十八、《清史稿》卷四八一、桂文燦《經學博采錄》卷七並從包世臣之說，[208]姜亮夫《歷代人物年里碑傳綜表》同，[209]此一說也。吳修《續疑年錄》卷四「錢坫」條則作嘉慶十一年卒，年六十三；[210]光緒《嘉定縣志》卷十六〈錢坫傳〉亦言：「嘉慶丙寅（十一年）卒，年六十三。」[211]張啟秦《望仙橋鄉志稿》本傳同。[212]依此，則錢坫生乾隆九年（一七四四），此別一說。因錢坫並無詩文集行世，二者孰為是非，迄未論定。余考楊芳燦《芙蓉山館師友尺牘》，有錢坫寄札，其一通云：

208 《清史列傳》，頁五五〇二；《清史稿》，頁一三一九六；桂文燦《經學博采錄》，《續修四庫全書》本，卷七，頁十八。

209 姜亮夫《歷代人物年里碑傳綜表》，頁六一八。

210 吳修《續疑年錄》，卷四，頁十六。

211 楊震福等纂《嘉定縣志》，光緒七年尊經閣刊本，卷十六，頁五十三。

212 張啟秦《望仙橋鄉志稿》，二〇〇四年，上海社會科學院出版社點校本，頁七十二。

年將半百，俛仰多悲，乃以餘閒纂成《史記注》百三十卷、《漢書地里志注》三十二卷。此生此世僅此區區，倘得良友分囷，必欲及時付梓。[213]

信末繫「壬歲十一月望日」，當為乾隆五十七年（一七九二）壬子仲冬撰也。今以前述二說驗之，包世臣撰〈傳〉作乾隆六年生，則是年已五十二歲；乾隆九年生，則是年四十九歲，與「年將半百」之說正合，則當以《續疑年錄》之說為是也。中國國家圖書館藏《黃小松友朋書札》，中有錢坫手札六通，其一通云：「僕年四十有一，與足下同歲生，而月在足下之先。」[214] 按潘庭筠撰〈山東兗州府運河同知錢唐黃君墓志銘〉，載黃易「生乾隆九年十月十九日」，[215] 與錢坫正同歲生。此二者皆出錢坫自道者，其生卒年當以《續疑年錄》為確也。[216]

五八、錢汝誠

〔補〕錢汝誠條，據《國朝耆獻類徵初編》卷七十五載：錢汝誠，乾隆四十四

213 楊芳燦《芙蓉山館師友尺牘》，光緒十三年，賜書堂活字本，頁二十八；又拙輯〈錢坫遺文小集〉，二〇〇九年，《中國典籍與文化論叢》第十二輯（南京：鳳凰出版社），頁二七四。

214 陳鴻森〈錢坫遺文小集・與黃小松書一〉，《中國典籍與文化論叢》第十二輯，頁二七二。

215 潘庭筠〈墓志〉，收於《中國古代書畫圖目》，一九九四年，北京：文物出版社，冊十一，頁一三一。

216 有關錢坫生平事跡，參拙稿〈錢坫年譜〉，二〇一二年，《中國經學》第九輯，頁一〇九—一六六。

年（一七七九）卒，生年不詳。（頁六三一）

森按：江《表》闕錢氏字號，錢汝誠為錢陳群之子，字立之，號東麓，乾隆十三年進士，由編修歷官至內閣學士兼禮部侍郎、戶部侍郎兼順天府府尹、刑部侍郎等。錢儀吉《文端公年譜》康熙六十一年條載：「是年三月，公長子東麓先生汝誠生。」[217] 又《海鹽錢氏家譜》卷八載：「錢汝誠，生康熙壬寅（六十一年，一七二二）三月初十日，卒乾隆己亥（四十四年，一七七九）五月初七日，壽五十八」，[218] 當據補。

五九、倪學洙

〔正〕倪學洙條，據《乾隆二十二年丁丑科會試同年齒錄》載：倪學洙，字敏修，號蘭畹，雍正五年（一七二七）生，卒年不詳。（頁六三七）

森按：管庭芬《海昌藝文志》卷十二著錄倪學洙著《備忘錄》十卷，云：「倪學洙，字敏修，號蘭畹，乾隆丁丑進士，官沭陽知縣。」[219] 即其人。周春《耄餘詩話》卷十云：

---

217 錢儀吉編，錢志澄增訂《文端公年譜》，光緒二十年刊本，卷中，頁四。

218 錢臻等輯《海鹽錢氏家譜》，道光六年刊本，卷八，頁七。

219 管庭芬輯，蔣學堅續輯《海昌藝文志》，卷十二，頁六。

敏修，號蘭畹，制藝擅長，兼工書法。丁丑成進士，初任洑陽，後任褒城，慈和愛民；分校稱得士。甲辰，乞休歸。……戊申卒，年六十有八。君次子為楷，余姪聟也。220

倪氏乾隆五十三年（一七八八）卒，年六十八，則生康熙六十年（一七二一），與《同年齒錄》異者，蓋科舉同年錄、官員履歷所載，常短報年歲也。

六十、徐良

〔正〕徐良條，據錢載《蘀石齋文集》卷二十二〈墓誌銘〉載：徐良，字鄰哉，號又次，生崇禎七年（一六三四），卒於康熙四十三年（一七〇四），年七十一。（頁六三八）

森按：此條有誤，錢載《蘀石齋文集》卷二十二〈知夔州府事徐君墓誌銘〉明言：「君生康熙四十三年十月二十六日，享年七十有一。」又言：「甲午（乾隆三十九年，一七七四）三月，告部假輿歸。四月三日，去其家十數里，歿於舟。」221 張塤《竹葉庵文集》甲

220 周春《耄餘詩話》，《續修四庫全書》本，卷十，頁三。
221 錢載《蘀石齋文集》，《續修四庫全書》本，卷二十二，頁一—二。

午編年詩有〈徐鄰哉太守前輩挽詩二首〉，題下注：「扶病還華亭，將及家百里而殂。」[222]可為旁證。江《表》誤以徐氏生年為卒年也。

六一、徐恕

〔補〕徐恕條，據光緒《青浦縣志》卷十八本傳載：徐恕，字心如，號芳圃，乾隆四十四年（一七七九）卒，生年不詳。（頁六四〇）

森按：徐恕，乾隆十六年進士，[223]官山東布政使，卒於官，畢沅為撰〈墓誌〉，云：「乾隆己亥（四十四年）十二月十七夜，方伯補桐徐公遭回祿於東藩官廨，赴火護印，倉卒受傷，翼日不起。」下文云「距其生雍正庚戌（八年，一七三〇）十月二十七日，得年五十歲」，[224]可補江《表》之缺。

六二、徐昌薇

222 張塤《竹葉庵文集》，卷七，頁九—十。

223 江慶柏編校《清朝進士題名錄》，頁四九七。

224 孫岱、陳樹德編《安亭志》，二〇〇三年，上海社會科學院出版社，頁二五四—二五五。

〔正〕徐昌薇條，據《全清詞•順康卷》卷十七載：徐昌薇，字紫凝，又字紫珊，號蓑衣老漁，浙江錢塘人，順治十二年（一六五五）生，乾隆五年（一七四〇）卒，年八十六。（頁六四九）

〔正〕徐逢吉條，據查羲等輯《國朝詩因》冊五載：徐逢吉，字紫山，浙江錢塘人，順治十六年（一六五九）生，卒年不詳。（頁六五二）

森按：徐昌薇、徐逢吉，其實一人。吳顥輯《國朝杭郡詩輯》卷十「徐逢吉」條云：

徐逢吉，字子寧，一字紫山（原注：或作紫珊），號青蓑老漁。原名昌薇，字紫凝。錢唐諸生，有《黃雪山房集》。225

阮元《兩浙輶軒錄》卷五「徐逢吉」條亦言：

徐逢吉，字紫山，一字子寧，號青蓑老漁。原名昌薇，字紫凝。錢塘諸生，著《黃雪山房集》。226

合此兩文，知徐逢吉原名昌薇，後改今名。《兩浙輶軒錄》引朱彭之說云：

---

225 吳顥輯《國朝杭郡詩輯》，同治十三年丁氏重刊本，卷十，頁五。

226 阮元纂《兩浙輶軒錄》，卷五，頁二十。

紫山少能詩，毛稚黃稱其詩高逸，可希古作者。遠遊四方，足跡半天下，與蘗亭、獨漉、蒲衣輩相倡和，詩格益高。[227]

徐逢吉為西泠後十子之一，工詞，有《柳州清響》等集，另著《清波小志》二卷。徐氏未有傳誌傳世，乾隆《杭州府志・文苑傳》僅寥寥數語，[228]未載其年歲。余考紫山《清波小志・序》云：「予七歲，從先處士由城中芝松里遷居清波門外之學士港，迄今七十二年矣。」文末記「時雍正十二年歲次甲寅仲春」，[229]以雍正十二年（一七三四）年七十九推之，則生順治十三年（一六五六）。另陳景鐘《清波小志補》「黃雪山房」條云：

黃雪山房在學士港，徐紫珊老人隱居所也。……齋中一榻一几，插架皆書。老人暮年以足病鍵戶不出，約十稔，未嘗一日輟丹黃。……乾隆庚申壽八十有五，以疾卒於山房。[230]

按陳景鐘〈清波小志補跋〉云：「《小志補》作於乾隆著雍敦牂（戊午，三年）冬十月，蓋

227 同上注。
228 邵晉涵纂《杭州府志》本傳云：「徐逢吉，字紫凝，號紫珊，錢塘諸生。住清波門外，晚年病足，杜門不出，日耽吟詠，蕭然自得。」（乾隆間刊本，卷九十四，頁十一）
229 徐逢吉《清波小志》，丁氏《武林掌故叢編》本，卷首，頁一。
230 陳景鐘《清波小志補》，丁氏《武林掌故叢編》本，頁三。

承紫珊老人之囑而為之也。未幾，老人以壽終。」[231]則紫山晚年，陳君頗與之交接。渠言紫山乾隆五年（一七四〇）卒，年八十五，則生順治十三年審矣。《杭郡詩輯》紫山小傳亦言：「乾隆五年卒于山房，年已八十五矣。」[232]其生卒年當以此為定，江《表》兩說俱非。惟江《表》下復出「徐紫珊」一條，缺其字號，云生順治十三年，乾隆五年卒，[233]斯說則是，然不知其與徐逢吉、徐昌薇實同一人。

六三、徐渭仁

〔正〕徐渭仁條，據俞劍華《中國美術家人名辭典》載：徐渭仁，字文台，號紫珊，一號隨軒，生年不詳，咸豐三年卒。（頁六五四）

森按：此條未確，余考《藏園群書題記》卷一〈宋拓本《隸韻》跋〉，中錄紫珊跋，文末記「咸豐四年（一八五四）二月二十一日，滬上徐渭仁，時年六十七」，[234]則咸豐四年春徐渭仁尚健在，俞氏作咸豐三年卒者，其誤顯然。以咸豐四年年六十七推之，則生

231 同上注，卷末，頁一。
232 吳顥輯《國朝杭郡詩輯》，卷十，頁五。
233 江慶柏編《清代人物生卒年表》，頁六五四。
234 傅增湘《藏園群書題記》，一九八九年，上海古籍出版社，頁五十七。此本現藏上海圖書館，見《上海圖書館善本題跋真蹟》，二〇一三年，上海辭書出版社，冊三，頁二三〇—二三一。

乾隆五十三年（一七八八）。至其卒年，諸說不一。比閱河南大學宋戰利教授據該校圖書館藏《隨翁臨七姬志妙品》冊頁，為道光壬寅徐渭仁臨明人宋克書〈七姬權厝志〉，冊後有咸豐五年李善蘭一跋，敘及紫珊死事：

> 隨軒徐君臨此志，用筆極精妙。歲癸丑（咸豐三年，一八五三）曾出以見示，乞作跋，諾之，未果。會以事旋里，未半月，滬城變作，君陷賊中。明年（一八五四）五月，復來申江，下榻墨海書館。戶外即戰場，炮聲晝夜不絕。與君僅隔一城垣，苦不得見。又明年（一八五五）正月，城破。急入城訪君，君已出城，往鄉間視其孥。既而流言起，君檻車赴吳門，遂顛沛困苦以死。死後半月，大楳山人從冷攤獲是冊，為書此數行，不知是墨是淚？乙卯孟夏，海寧李善蘭。

跋中所云「滬城變作」，即咸豐三年八月五日，上海小刀會劉麗川等起事，占領縣城，紫珊陷城中，諸友移書勸之出，紫珊答書往復，終未出。事平後，流言四起，紛言渠與會黨有私，卒以通逆罪，「檻車赴吳門」被誅。[235] 宋君據此跋，論紫珊應卒於咸豐五

---

235 按王韜《瀛壖雜志》卷五云：「癸丑（咸豐三年）會黨之亂，徐紫珊上舍陷於圍城中。余寄書力勸之出，紫珊答書往復，深自剖晰，且言在閩人會館定計復城，已有成謀。不料事忽中變，喋血倒地。當難初作，蔣君劍人往諗之。紫珊屬作袁公傳，且令詳敘殉難本末。袁公蓄有四犬，皆不食死，更屬作〈義犬記〉，而為袁公成殮如禮。劍人將別，取篋贈金數笏，指其新居歎曰：『此將為墟矣！』言極沈痛。惟裹足不出城，是大失著處。即使名重逼留，要可用計脫也，戀戀危地何為哉？卒至蜚語相誣，無以自白。平素

年（一八五五）春，[236]其說可據；距乾隆五十三年生，年六十八。

六四、翁元圻

〔正〕翁元圻條，據《國朝耆獻類徵初編》卷一九二載：翁元圻，字載青，號鳳西，乾隆十五年（一七五〇）生，道光五年（一八二五）卒，年七十六。（頁六五八）

〔補〕翁元圻條，據《乾隆四十六年辛丑科會試同年齒錄》載：翁氏字鳳西，乾隆十六年（一七五一）生，卒年不詳。（頁六五八）

森按：此二者同為一人，而所載生年不一。今檢《耆獻類徵初編》卷一九二余坤撰〈傳〉，第言：「上意方嚮用公，而公已老矣，因陛見力求內用，授太常寺少卿，未幾致仕，卒於里，年七十有六。」[237]未記翁氏生卒年。惟據〈傳〉內言「二十四以解首舉於鄉；

知交，將其昔日詩文贈答悉行删薙，則殊可喟也。紫珊生平為邑中籌辦公事，以能敏稱，惟功罪不相掩，故德怨亦時參半耳。紫珊來書，為錄二通，特語多過激，斯其所以取禍也。……」（一九八九年，上海古籍出版社點校本，頁一〇四）可與李善蘭〈跋〉相參也。繹兩君之文，並不以紫珊誠有謀逆事。王韜下文復引紫珊〈二十七日賊以脅資不遂將斬，余已脫衣矣，忽釋之，因於花神樓，因題壁上〉及絕粒諸詩，蓋將藉此白其心跡也。

236 宋戰利〈徐渭仁生卒年考〉，《史學月刊》二〇一二年第十二期，頁一二五—一二六。

237 李桓輯《國朝耆獻類徵初編》，卷一九二〈補錄〉，頁四。

三十二成進士」，[238]檢法式善《清秘述聞》卷七載乾隆三十九年（一七七四）甲午科鄉試，浙江解元翁元圻，[239]時年二十四，則生於乾隆十六年（一七五一），與《同年齒錄》合。考翁氏《困學紀聞注·自序》，末記：「道光五年（一八二五）春三月，翁元圻自識於佚老之巢，時年七十又五」，[240]則翁氏生於乾隆十六年審矣。〈傳〉言卒年七十六，則歿於道光六年（一八二六）。翁氏乾隆四十六年（一七八一）二甲十六名進士，[241]時年三十一，《同年齒錄》同；余坤撰〈傳〉誤算作三十二，江《表》殆緣此而誤歟？姜亮夫《綜表》其誤亦同。[242]

六五、陶元藻

〔補〕陶元藻條，據陶氏《泊鷗山房集》卷二十八〈臘月初五日初度，時年五十有七〉詩載：陶元藻，字篁村，號鳧亭，康熙五十五年生（一七一六），卒年不詳（頁六八四）。

238 同上注，卷一九二〈補錄〉，頁一。
239 法式善《清秘述聞》，一九八二年，北京：中華書局，頁二四三。
240 翁元圻《困學紀聞注》，《續修四庫全書》本，卷首，頁十五—十六。
241 江慶柏編校《清朝進士題名錄》，頁六二八。
242 姜亮夫《歷代人物年里碑傳綜表》，頁六二六。

森按：梁同書〈㒬亭陶君生壙志〉云：「余交於㒬亭四十年，㒬亭長余七歲，以兄事之。」又言：「君生於康熙五十五年十二月初五日，於乾隆五十七年秋營生壙於山陰謝墅。」[243]與江《表》所載生年合。楊士龍纂《蕭山縣志稿》卷十八本傳但言「嘉慶初年卒」，[244]未載其歿之年。頃檢陶在銘纂《會稽陶氏族譜》，卷十三有㒬亭傳，云「嘉慶辛酉三月卒，年八十有六」，[245]則卒於嘉慶六年（一八〇一），當據補。

六六、黃體立

〔正〕黃體立條，據《咸豐六年丙辰科會試同年齒錄》載：黃體立，字淳卽，號卣卿，道光十四年（一八三四）生，卒年不詳。（頁六九八）

森按：黃體立號卣薌，此作「卿」字，誤也。溫州圖書館藏《白巖黃氏家譜》，今未見。孫延釗嘗纂黃體正（菊漁）、黃體立、黃體芳（漱蘭）兄弟，並體芳子紹箕、體立子紹第五人事跡，為《瑞安五黃先生繫年合譜》，道光十年（一八三〇）條載：「十一月廿八日，卣薌先生生」；又光緒元年（一八七五）條載：「四月十六日，卣薌先生卒於京師」，年四

243 梁同書《頻羅庵遺集》，《續修四庫全書》本，卷八，頁十九—二十一。
244 楊士龍纂《蕭山縣志稿》，民國二十四年鉛印本，卷十八，頁三。
245 陶在銘纂《會稽陶氏族譜》，光緒二十九年刊本，卷十三，頁七—九。

十六。[246]孫《譜》所記卣薌生卒年月，未言所據，蓋即本諸《黃氏家譜》。比閱俞天舒編〈黃體芳先生年譜〉，道光十二年黃體芳一歲條載：「按先生行三，上有長兄名體正，字菊漁，《譜》名淳希，生於嘉慶十五年正月初四日，是年二十三歲。次兄名體立，字卣薌，《譜》名淳罃，生於道光十年十一月廿八日，是年三歲。」[247]又光緒元年條記：「四月二十六日，兄卣薌卒於京師，年四十六。」云本「《家譜》、《越縵堂日記》」，[248]斯其證。江《表》據《同年齒錄》載卣薌道光十四年生，非其實年。姜亮夫《綜表》作道光十年生，不誤，惟缺卒年。[249]

六七、博明

〔補〕博明條，據《清代蒙古族人物傳記資料索引》載：博明，字希哲，號晰齋、西齋，生年不詳，乾隆五十四年（一七八九）卒。（頁七四〇）

森按：法式善《八旗詩話》稱西齋「於朝廷掌故、世家大族譜系，尤能口授指畫，條

246 周立人、徐和雍編《孫延釗集》，二〇〇六年，上海社會科學院出版社，頁二二四，又頁二四〇。

247 俞天舒編〈黃體芳先生年譜〉，收於俞氏所編《黃體芳集》附錄，二〇〇四年，上海社會科學院出版社，頁三八四。

248 同上注，頁三九〇。

249 姜亮夫《歷代人物年里碑傳綜表》，頁七一七。

分目析，真一代行秘書也」。[250]顧其年歲，未見碑誌、傳記明文，論者皆闕焉不錄。近年朱則杰、盧高媛撰〈清代八旗詩人叢考〉、方華玲撰〈博明生卒年份考辨〉，並據乾隆御極五十年，正月初六日於乾清宮舉行千叟宴，宴親王以下暨士民等年六十以上者三千人，博明與焉。《欽定千叟宴詩》卷十二載博明詩，云年六十五，據此推斷西齋生於康熙六十年（一七二一）。[251]然此類官書記載，非皆實齡，難為確據。余考《西齋詩輯遺》卷三有〈乙巳九日同樂槐亭寶藏寺登高和壁上韻〉，云：「六十衰顏太瘦生，喜無風雨涉旬晴。呼朋選勝臨初地，扶病題襟怯遠行。……」[252]此出乎西齋自道者，以乾隆五十年（一七八五）乙巳年六十推之，則西齋應生於雍正四年（一七二六），諸君考據，此皆失諸眉睫。至其卒年，未見明文，惟翁方綱撰〈西齋雜著二種序〉，云：

> 西齋與予生同里，乾隆丁卯（十二年）同舉鄉試，壬申（十七年）同中會試，同出桐城張樹彤先生之門，又同選庶常，同授編修。……其後予視學粵東，西齋觀察粵西，予寄詩有〈十同篇〉之詠，蓋知西齋莫予若也。而西齋之卒，予適出使江西。

250 法式善《八旗詩話》，收於張寅彭、強迪藝編《梧門詩話合校》，二〇〇五年，南京：鳳凰出版社，頁五一二。

251 朱則杰、盧高媛〈清代八旗詩人叢考〉，《蘇州大學學報》二〇一三年第二期，頁一二五—一二八；方華玲〈博明生卒年份考辨〉，《石家莊學院學報》二〇一四年第一期，頁九—十一。

252 博明《西齋詩輯遺》，《清代詩文集彙編》本，卷三，頁六。

西齋以所著此二編，於疾革時始託同里邵楚帆給諫。[253]

此言西齋卒時，覃谿適「出使江西」。據《翁氏家事略記》，翁方綱乾隆五十一年九月奉命提督江西學政，十一月到任；五十四年九月任滿，二十六日起程，十月一日抵京，[254]則西齋當卒於此三年間。考《西齋詩輯遺》之末有〈戊申首夏欒槐亭初度〉詩，[255]是乾隆五十三年四月西齋尚健在，其卒當在五十三年四月以後，五十四年十月以前，年六十三、四。朱則杰據江《表》定為五十四年卒，尚無確據。

六八、彭兆蓀

〔正〕彭兆蓀條，據姚椿《晚學齋文集》卷八〈墓誌銘〉載：彭兆蓀，字湘涵，號甘亭，乾隆三十三年（一七六八）生，道光元年（一八二一）卒，年五十四。（頁七四二）

253 博明《西齋雜著二種》，民國二十三年，《國學文庫》排印本，卷首，頁一—二。

254 翁方綱《翁氏家事略記》，民國十三年，上海博古齋《蘇齋叢書》本，頁四十五—四十七。

255 博明《西齋詩輯遺》，卷三，頁八。按《西齋偶得》卷下「外國紀年」條言：「西洋稱今乾隆五十三年戊申為一千七百八十八年，漢哀帝庚申年乃其國之第一年。予嘗詢之會同館肄業之俄羅斯官生，則云今歲戊申為一千七百八十八年，蓋彼國久奉西洋教法，故紀年與西洋同」云云（《西齋雜著二種》，頁一〇五—一〇六），此亦西齋乾隆五十三年尚存世之一證也。

森按：姚椿〈彭甘亭墓誌銘〉云：「以辛巳（道光元年）正月五日寅時卒，年五十四。」256 此江《表》所本。惟據繆朝荃《年譜》所考，彭氏實生於乾隆三十四年，繆《譜》云：「先生有〈除夕賦得「四十明朝過」〉詩；又〈展墓〉詩云：「蹉跎四十年」，俱嘉慶戊辰（十三年，一八〇八）作。〈懺摩錄自序〉云：「我生四十四年矣」，為嘉慶壬申（十七年，一八一二）作。以此推之，當生是年（乾隆三十四年）無疑。」257

彭兆蓀卒道光元年，享年五十三。

六九、蔣仁榮

〔補〕蔣仁榮條，據蔣學堅《懷亭詩續錄》卷一〈子通兄歿于武義〉詩注載：蔣仁榮，字彬亭，卒於咸豐十年（一八六〇），生年不詳。（頁七五四）

森按：蔣仁榮字杉亭，此作「彬」字，誤也。《海寧州志稿》卷二十九〈文苑傳〉：

仁榮，字修華，號杉亭。承其家學，幼即工詩，與同里李善蘭、許增輩時相唱和。

256 姚椿《晚學齋文集》，《清代詩文集彙編》本，卷八，頁十五—十六。
257 彭兆蓀《小謨觴館全集》，光緒間刊本附刻繆朝荃《年譜》，卷一，頁二。

後從長洲陳奐游，潛研訓詁，而於宋孫奭《孟子音義》用力尤深，成《考證》二卷，刊入《皇清經解續編》；其《大戴禮集說》一書尚未卒業。咸豐庚申（十年，一八六〇），以寇警驚悸而卒，年僅四十有二。[258]

以庚申年四十二推之，則生嘉慶二十四年（一八一九）。蔣學堅〈先考杉亭府君行略〉，云：「咸豐庚申春，粵賊犯浙西，杭城陷。……里中大擾，府君挈眷至外祖崔蓮舫先生德華家，忽遭暴疾。不孝侍奉無狀，竟爾易簀，嗚呼痛哉！時九月初三日也，距生於嘉慶己卯（二十四年）十一月十一日，享年四十有二歲。」[259]二者正合。

七十、蔣光焴

〔正〕蔣光焴條，據鄭偉章《文獻家通考》載：蔣光焴，字寅昉，號吟舫，道光五年（一八二五）生，光緒二十一年（一八九五）卒，年七十一。（頁七五五）

---

258 許傳霈等纂，朱錫恩等續纂《海寧州志稿》據李善蘭撰〈傳〉，卷二十九，頁四十。

259 蔣學堅《懷亭文錄》，卷三，頁十一。按《懷亭文錄》稿本未刻，族孫同濟大學蔣通教授家藏鈔本，茲承復旦大學王亮教授之介，蔣教授惠然遠賜複印件，書此敬誌謝忱。

森按：此條未確，鄭氏蓋襲顧志興《浙江藏書家藏書樓》之說而誤也。[260] 據蔣光焴女夫查燕緒〈外舅蔣寅昉府君行狀〉云：「府君生道光乙酉（四年，一八二四）正月十一日午時，以光緒壬辰（十八年，一八九二）五月望日午時卒於蘇寓，享年六十有八。」[261] 又蔣述彭等纂《海寧硤石蔣氏支譜》「蔣光焴」條云：「原名世焴，字繩武，號寅昉，又號吟舫，亦號敬齋。貢生，主事銜，候選大理寺評事。……道光乙酉正月十一日午時生，光緒壬辰五月十五日午時卒」，[262] 二者正同，當據正。

七一、蔣廷黻

〔正〕蔣廷黻條，據《清代官員履歷檔案全編》冊七載：蔣廷黻，字稚鶴，號直博、盟廬，生咸豐七年（一八五七）生，卒年不詳。（頁七五五）

森按：蔣氏光緒三十三年八月所書履歷云：「蔣廷黻，現年五十一歲，係浙江海寧州人。

260 鄭偉章《文獻家通考》「蔣光焴」條（頁九六四—九六七），所述蔣氏事跡，多本顧志興之說。檢顧氏《浙江藏書家藏書樓》標示蔣光焴年代作一八二五—一八九五（一九八七年，杭州：浙江人民出版社，頁二二〇），蓋即鄭君所本。

261 查燕緒〈外舅蔣寅昉府君行狀〉，陳從周《梓室餘墨》卷一〈海寧蔣氏衍芬草堂藏書史與藏書樓調查記〉嘗錄其全文，一九九七年，臺北：臺灣商務印書館，頁七十八—八十二。

262 蔣述彭等纂《海寧硤石蔣氏支譜》，民國十八年鉛印本，頁二十九。

由廩生中式光緒二年丙子科本省鄉試舉人；十六年庚寅恩科中式貢士。十八年壬辰科補應殿試，奉旨以部屬用。……三十三年五月，補文選司郎中。」[263]此江《表》所本。檢《海寧硤石蔣氏支譜》：蔣廷黻，「光煦子，原名學燾，字稚鶴，號山傭。優廩生。光緒丙子科舉人；……庚寅恩科進士，補行殿試，籤分吏部文選司主事、驗封司幫掌印，文選司郎中，記名御史，廣東韶州府知府。」[264]蔣學堅《懷亭詩續錄》卷六有壬子（一九一二）年撰〈哭稚鶴從弟〉，其二云：「京曹久慨困英雄，纔報官階晉粵東（元注：去年奉旨由吏部郎中簡放廣東韶州知府）。不料一麾將出守，恰逢九域盡興戎。歸來南海風波後，讀罷西臺慟哭中。兩載春申江上住，鳥飛兔走感悤悤。」[265]蓋因辛亥革命，未就韶州知府任；民國元年，卒於上海。上引《蔣氏支譜》載：蔣廷黻「道光庚戌（三十年，一八五〇）十二月十五日子時生，民國元年（一九一二）十一月廿二日（壬子九月十二日）[266]巳時卒」，年六十三。官員履歷所載，非實年也。

---

263 秦國經主編《中國第一歷史檔案館藏清代官員履歷檔案全編》，冊七，頁七五三—七五四。
264 蔣述彭等纂《海寧硤石蔣氏支譜》，頁七十—七十一。
265 蔣學堅《懷亭詩續錄》，卷六，頁二十—二十一。
266 按民國元年十一月廿二日，為壬子十月十四日，此作九月十二日，誤。蔣祖康、蔣德隆續纂《海寧硤石蔣氏支譜》已改正（二〇〇八年，蔣氏家印本，頁一五五），惟蔣廷黻字稚鶴，新《譜》誤「雅鶴」。此譜承蔣通教授惠貺，特書此誌謝。

七二、蔣佐光

〔正〕蔣佐光條，據《海寧州志稿》卷二十九本傳載：蔣佐光，字賓日，號邠石，道光二十六年（一八四六）生，光緒三十一年（一九〇五）卒，年六十。（頁七五五）

森按：《海寧州志稿》卷二十九〈文苑〉並無蔣佐光傳；而〈蔣佐堯傳〉云：「字賓日，號邠石，歲貢生。年十五，避寇湖北。……會其父光熺自澉浦祠中移書百簏至於鄂，授以讀書之法，肄業勺庭書院。游武昌張裕釗之門，朝夕攻錯而業大進。亂平，延張孝廉主其家，自是器識、文藝絕出流輩。學使者至，歲、科兩試輒冠其曹。顧屢躓於秋試，繼以家運多屯，於家事壹不何問，獨自整理書籍。……卒年六十，著有《賓日樓詩文集》。」[267] 則「蔣佐光」顯為「佐堯」之誤，鄭偉章《文獻家通考》誤同，[268] 江《表》蓋襲其誤也。《州志》未記邠石歿年，鄭偉章由「年十五避寇湖北」推算，謂蔣氏「生於道光二十六年，卒於光緒三十一年」，即江《表》所本，然其說實誤。據《海寧硤石蔣氏支譜》載：邠石為衍芬草堂主人蔣光熺四子，原名學曉，後改今名，「道光丁未（二十七年，一八四七）十二月十八日生，光緒丙午（三十二年，一九〇六）十二月廿一

267 許傳霈等纂，朱錫恩等續纂《海寧州志稿》，卷二十九，頁五十七—五十八。

268 鄭偉章《文獻家通考》，頁一一五七—一一五八。

日卒」，[269]當據此改正。

七三、韓應陛

〔補〕韓應陛條，據《碑傳集補》卷四十二諸可寶撰〈傳〉載：韓應陛，字對虞，號綠卿，生年不詳，咸豐十年（一八六〇）卒。（頁七六一）

森按：鄒百耐輯《雲間韓氏藏書題識彙錄》，韓氏題跋未有述及年歲者，惟其藏書章有「韓應陛字鳴唐號綠卿行三嘉慶癸酉生」一印，則韓氏生嘉慶十八年（一八一三）。[270]另據張文虎《舒藝室詩存》卷五〈感逝二十首〉，其四原注：「婁縣韓綠卿中翰，諱應陛，顏其室曰讀有用書齋，其為學可知也。……歲庚申（咸豐十年），賊犯松郡，君居被燬，

269 蔣述彭等纂《海寧硤石蔣氏支譜》，頁八十八。

270 鄒百耐輯《雲間韓氏藏書題識彙錄》卷首，石菲〈整理說明〉云：「考韓應陛之生日有兩說，其一，檢道光二十四年恩科江南鄉試朱卷，其履歷題『嘉慶乙亥年（二十年，一八一五）五月初一日吉時生』。其二，檢上海圖書館藏韓氏家抄本《章子留書》、《新參梅花泉全譜秘本》，分別鈐有大小不同的『韓應陛字鳴唐號綠卿行三嘉慶癸酉生』白文方印。」（二〇一三年，上海古籍出版社，頁十二）石君兩說並存，未斷二者孰是。余按科舉履歷、官員履歷所載多虛齡（參上文及《儒林外史·范進中舉》）；藏書章自記名號年歲，斯藏家欲藉其印與此珍籍同傳不朽，所記當為實年。

書籍、板片俱煨燼，鬱鬱發病死。」[271]則卒於咸豐十年，與江《表》合，得年四十八。

七四、謝階樹

〔補〕謝階樹條，據謝氏《守約堂詩稿》丁卯年〈三十初度〉詩載：謝階樹，字子玉，號向亭，乾隆四十三年（一七七八）生，卒年不詳。（頁七九一）

森按：謝階樹，嘉慶十三年戊辰一甲二名進士。[272]錢林《玉山草堂續集》卷四有〈去年哭官侍讀煥，今年謝學士階樹繼逝，皆密友也。雨窗孤坐，吟抱增淒，口念二十八字以志哀輓，道光五年乙酉九月十九日〉詩，[273]則謝氏卒於道光五年（一八二五），距乾隆四十三年生，年四十八。同治《宜黃縣志》卷三十一本傳云「卒年四十八」，[274]二者正合。

七五、慕維德

271 張文虎《舒藝室詩存》，卷五，頁三。

272 江慶柏編校《清朝進士題名錄》，頁七二七。

273 錢林《玉山草堂續集》，《粵雅堂叢書》本，卷四，頁十一—十二。

274 謝煌等纂《宜黃縣志》，同治十年刊本，卷三十一，頁十九。

〔補〕慕維德條，據《嘉慶二十四年己卯恩科同年齒錄》載：慕維德，字淇瞻，號如山，又號笠舟，乾隆四十四年（一七七九）生，卒年不詳。（頁八〇八）

森按：光緒《蓬萊縣續志》卷十四〈藝文志中〉，錄周悅讓〈慕光祿寺少卿傳〉，記載慕氏事跡綦詳，云慕氏「以〔道光〕壬寅（二十二年，一八四二）十月二十日寅時卒，年六十四」，[275] 則生於乾隆四十四年，與《同年齒錄》合。

七六、管禮耕

〔補〕管禮耕條，據《江蘇藝文志》載：管禮耕，字申季，號操羖，道光二十一年（一八四一）生，卒年不詳。（頁八一四）

森按：管氏與葉昌熾交好，光緒十二年，汪鳴鑾任廣東學政，二人同在學幕。葉氏《奇觚廎文集》有〈祭管君申季文〉，云：「光緒丙戌（十二年）之冬，昌熾與管君申季同客嶺南。越歲正月，管君病歸，歸未浹月而凶問至。」[276] 則管禮耕卒於光緒十三年（一八八七），距道光二十一年生，卒年四十七。

275 王爾植纂《蓬萊縣續志》，光緒八年刊本，卷十三，頁八—十。
276 葉昌熾《奇觚廎文集》，《續修四庫全書》本，卷下，頁五十四。

七七、翟灝

〔正〕翟源條，據梁同書《頻羅庵遺集》卷九撰〈傳〉載：翟源，字大川，號晴江，生年闕，乾隆五十三年（一七八八）卒。（頁八一九）

〔補〕翟灝條，據《碑傳集》卷一三四梁同書撰〈傳〉載：翟灝，字大川，號晴江，乾隆五十三年（一七八八）卒，生年不詳。（頁八一九）

森按：此二者同為一人，其作「翟源」者，傳寫譌文也，此條當刪。翟灝《無不宜齋續稿》，辛卯編年詩有〈六十初度，同人欲醵文酒之會賦謝〉一首，277 以乾隆三十六年（一七七一）年六十推之，則生於康熙五十一年（一七一二），距乾隆五十三年卒，年七十七。

七八、黎簡

〔正〕黎簡條，據《清史列傳》卷七十二本傳載：黎簡，字簡民，號二樵山人，乾隆十三年（一七四八）生，嘉慶四年（一七九九）卒，年五十二。（頁八二五）

277 翟灝《無不宜齋續稿》，二〇一六年，杭州：浙江古籍出版社，頁一三二。

森按：黎簡《五百四峰堂詩鈔》卷六丙申編年詩〈三十〉云：「年年未三十，三十忽然來。」[278]以乾隆四十一年（一七七六）丙申年三十推之，則生於乾隆十二年（一七四七）；又《詩鈔》卷十〈庚子生日〉云：「吾年三十四，半度客中春。」[279]乾隆四十五年（一七八〇）庚子年三十四，則生乾隆十二年無疑。此出乎黎氏自道者，其生年當以此為定。《碑傳集三編》卷三十七載黃丹書〈明經二樵黎君行狀〉，云：「君生於乾隆丁卯（十二年）五月二十三日，卒於嘉慶己未（四年）十一月七日」，[280]年五十三。

七九、潘諮

〔補〕潘諮條，據陳澹然《江表忠略》卷三載：潘諮，字誨叔，號少白，生年不詳，咸豐三年（一八五三）卒。（頁八二九）

森按：潘諮有《潘少白先生集》十五卷傳世，李靈年、楊忠主編《清人別集總目》、柯愈春《清人詩文集總目提要》著錄，並云：生年不詳，咸豐三年卒。[281]余考本集卷七

---

278 黎簡《五百四峰堂詩鈔》，《續修四庫全書》本，卷六，頁一。

279 同上注，卷十，頁十六。

280 汪兆鏞編《碑傳集三編》，一九八八年，上海書店影印本，卷三十七，頁二十一。

281 李靈年、楊忠主編《清人別集總目》，二〇〇〇年，合肥：安徽教育出版社，頁二四〇五；柯愈春《清人詩文集總目提要》，頁一二九二。

〈程司勳傳〉言：程君「長予十四歲，與予交年已六十矣」，[282]按程厚（敦慎）道光庚寅（十年，一八三〇）秋卒，年七十二，則生乾隆二十四年（一七五九）。潘諮少程氏十四歲，則生乾隆三十八年（一七七三），距咸豐三年卒，年八十一。陳奐〈簡學齋館課試律序〉言：「山陰潘少白名諮，曾與姚先生（按學塽）相酬酢；陳蓮史方伯師事少白，集其詩文以傳。癸丑年七十八，瞽兩目，潛蹟鍾阜，城陷，不食賊粟死。」[283]此言潘諮咸豐三年卒，年七十八，則生乾隆四十一年（一七七六）；袁行雲《清人詩集敘錄》卷五十六從其說。[284]然此年歲得諸傳聞，究不如潘氏自言者為可據也。

八十、魏成憲

〔正〕魏成憲條，據魏氏《仁庵自記年譜》載：魏成憲，字寶臣，號仁庵、春松，乾隆二十一年（一七五六）生，道光二十一年（一八四一）卒，年八十六。（頁八四五）

森按：此條未確，《仁庵自記年譜》載乾隆二十一年九月二十六日生；原《譜》記至道

282 潘諮《潘少白先生集》，《清代詩文集彙編》本，卷七，頁八。
283 陳奐《三百堂文集》，《清代詩文集彙編》本，卷上，頁十二。
284 袁行雲《清人詩集敘錄》，一九九四年，北京：文化藝術出版社，頁一九四〇。

光十一年（一八三一）辛卯四月止。[285]《譜》末其子謙晉、焜棟附識，云乃父即於是年七月二十九日卒，年七十六。[286]姜亮夫《綜表》缺其卒年；[287]江《表》作道光二十一年卒，則誤增十歲也。

本文原分載於《中國典籍與文化》二〇一九年第四期及二〇二〇年第一期

285 魏成憲《仁庵自記年譜》，道光間魏氏家刻本，頁一，又頁二十六。
286 同上注，頁二十七。
287 姜亮夫《歷代人物年里碑傳綜表》，頁六三三。

錢坫事跡考證

錢坫，字獻之，號十蘭，錢大昕族子，錢塘之弟。家貧篤學，無以自存，嘗入都依錢大昕，得其指授，所學益進。復從王昶、翁方綱、朱筠等都人士遊，聞見日廣，中乾隆三十九年北闈副榜。遊關中，客畢沅陝西巡撫幕，與孫星衍、洪亮吉等同治訓詁、輿地之學。入貲州判，畢氏賢其才，奏留陝西，久乃補乾州州判。工篆書，論者以為不在李陽冰、徐鉉之下。晚年病風痹，以左手作書，尤精絕，為世所珍。[1]《清史列傳》卷六十八、《清史稿》卷四八一有傳。[2]

獻之勤苦力學，博極群書，與錢大昕並稱「嘐城二錢」。[3] 顧中歲遠宦陝西，文人學士

1 江藩《國朝漢學師承記》，一九八三年，北京：中華書局，頁五十二。

2 《清史列傳》，一九八七年，北京：中華書局點校本，頁五五〇二；《清史稿》，一九七七年，北京：中華書局點校本，頁一三一九六。

3 包世臣〈錢獻之傳〉云：「君沈博不及詹事，而精當過之，學者所為稱『嘐城二錢』者也。」（《藝舟雙楫》，道光二十六年，《安吳四種》本，附錄二，頁三）

罕接風采；復無詩文集行世，遺聞韻事無述於後。故其卒迄今不過二百年，治清學者已罕識其人；而諸家傳記所載，時復參差。本文擬就獻之生卒年壽、盛涇錢氏世系、獻之監修西安城始末、病風痹之年，並其已刊、未刻著作等五事合考之，以裨知人論世之資。

一、錢坫生卒年歲考

包世臣《藝舟雙楫》謂獻之晚年自撰〈墓銘〉及〈行述〉，[4]其文包君當日已不及見，今更無從尋訪矣。現存錢坫傳記材料，有江藩《國朝漢學師承記》卷三〈錢坫傳〉、[5]潘奕雋〈陝西乾州州判錢獻之傳〉及包世臣〈錢獻之傳〉[6]三文，為《清史列傳》、《清史稿》所本。

錢坫生卒年壽，舊有二說，包世臣〈錢獻之傳〉云：「嘉慶十一年（一八〇六）十一月某日卒于吳寓，年六十有六。」《清史列傳》、《清史稿》、《經學博采錄》卷七並從此說。[7]依

4 包世臣《藝舟雙楫》，附錄二，頁五。

5 江藩《國朝漢學師承記》，頁五十一—五十二。

6 潘奕雋〈陝西乾州州判錢獻之傳〉，《三松堂集》，《續修四庫全書》本，卷四，頁十九—二十。包世臣〈錢獻之傳〉，《藝舟雙楫》，附錄二，頁三—六。

7 《清史列傳》，頁五五〇二；《清史稿》，頁一三一九六；桂文燦《經學博采錄》，《續修四庫全書》本，卷七，頁十八。

此，則獻之生於乾隆六年（一七四一），姜亮夫《歷代人物年里碑傳綜表》、江慶柏《清代人物生卒年表》同，[8] 此一說也。吳修《續疑年錄》卷四作嘉慶十一年卒，年六十三；[9] 光緒《嘉定縣志》卷十六〈宦蹟・錢坫傳〉亦云：「嘉慶丙寅（十一年）卒，年六十三。」[10] 張啟秦纂《望仙橋鄉志稿》本傳同。[11] 依此，則獻之生於乾隆九年（一七四四），此別一說。

由於錢坫並無詩文專集行世，二者孰為是非，迄無定說。而《清史稿》、《清史列傳》流播較廣，學者多承用之。今考楊芳燦《芙蓉山館師友尺牘》有獻之與楊君書兩通，其一云：

> 年將半百，俛仰多悲。乃以餘閒纂成《史記注》百三十卷、《漢書地里志注》三十二卷。此生此世僅此區區，倘得良友分囷，必欲及時付梓。[12]

乾隆五十七年，錢坫著《漢書地理志斠注》稿成，擬與前此所著《史記補注》同謀付梓，

8 姜亮夫纂《歷代人物年里碑傳綜表》，一九五九年，北京：中華書局，頁六一八；江慶柏編《清代人物生卒年表》，二〇〇五年，北京：人民文學出版社，頁六二七。
9 吳修《續疑年錄》，《續修四庫全書》本，卷四，頁十六。
10 楊震福等纂《嘉定縣志》，光緒七年尊經閣刊本，卷十六，頁五十三。
11 張啟秦纂《望仙橋鄉志稿》，二〇〇四年，上海社會科學院出版社點校本，頁七十二。
12 錢坫〈與楊蓉裳書一〉，收入楊芳燦《芙蓉山館師友尺牘》，光緒十三年，賜書堂活字印本，頁二十八；又陳鴻森〈錢坫遺文小集〉，二〇〇九年，《中國典籍與文化論叢》第十二輯，南京：鳳凰出版社，頁二七四。

因寓書諸友，乞能惠助刻資。此札末署「壬歲十一月望日」，當為乾隆五十七年（一七九二）壬子。茲以前述二說驗之，依包世臣乾隆六年生之說，則是年獻之年五十二；依吳修九年生之說，則是年四十九歲，與「年將半百」之說合，則獻之年歲應以《續疑年錄》等作「卒年六十三」為是。惟獻之為方正澍《子雲詩集》撰序，中云：

子雲長余一歲，余今四十有四矣。五十之年，行將近之。[13]

此序末署「乾隆歲在丙午陽月」，丙午為五十一年（一七八六），是年獻之四十四歲，則生於乾隆八年（一七四三），與乾隆九年生之說歧互。然此序言「子雲長余一歲」，按《子雲詩集》卷五有方氏壬寅〈四十生辰〉詩；[14]以乾隆四十七年（一七八二）年四十推之，則方正澍生於乾隆八年（一七四三）癸亥；又卷七〈五十生辰自述四首〉，元注明言：「余癸亥年生。」[15]方氏長獻之一歲，則獻之生於乾隆九年，不誤；〈子雲詩集序〉云丙午「年四十有四」為誤記矣。

復次，中國國家圖書館藏《黃小松友朋書札》十三冊，中有錢坫致黃易手札六通，其

---

13 方正澍《子雲詩集》，嘉慶間刻本，卷首，頁一；陳鴻森〈錢坫遺文小集〉，《中國典籍與文化論叢》第十二輯，頁二六八。

14 方正澍《子雲詩集》，卷五，頁十九—二十。

15 同上注，卷七，頁十四。

一函云：「僕年四十有一，與足下同歲生，而月在足下之先。」[16] 按潘庭筠撰〈山東兗州府運河同知錢唐黃君墓志銘〉，載黃易「生乾隆九年十月十九日」，[17] 正與獻之同年生。上引諸文並出獻之自述，其年歲當可據也。然則獻之年壽當以嘉慶十一年卒，年六十三為正也。

二、盛涇錢氏世系

江藩、潘奕雋、包世臣三家撰傳，皆未記錢坫先世。今人或以獻之為錢大昕兄子，[18] 然竹汀文中述及獻之，例稱「族子」或「族侄」，如《潛研堂答問》七：問「小山岌大山峘」云云，曰：「予族子坫嘗引《晉書地道記・恆山》『北行四百五十里，得恆山岌，號飛狐口』，證『峘』即『恆』字之譌，此證甚分明。」[19] 又〈與李南澗書〉云：「僕兩三年內學問無所進，惟於聲音文字訓詁，稍窺古人小學之本。有族侄名坫字獻之者，亦好此學，與

16 陳鴻森〈錢坫遺文小集〉，《中國典籍與文化論叢》第十二輯，頁二七二。

17 潘庭筠〈墓志銘〉，錄於魏謙升跋黃易《山水》六開冊（浙江省博物館藏本），收入《中國古代書畫圖目》，一九九四年，北京：文物出版社，第十一冊，頁一三一。按拙稿〈清代學者疑年考——姜亮夫《歷代人物年里碑傳綜表》訂訛〉，曾據乾隆五十七年翁方綱撰〈黃秋盦四十九歲像贊〉，推定黃易乾隆九年生；另據王宗敬《我暇編》推定黃氏卒於嘉慶七年二月（《中華文史論叢》二〇〇七年第四輯，頁一七〇—一七一），與潘庭筠〈錢唐黃君墓志銘〉正合。

18 包世臣〈錢獻之傳〉云：「君季父少詹事大昕，通經史百家言，為三吳老宿。」學者或本此為說。

19 錢大昕《潛研堂集》，一九八九年，上海古籍出版社呂友仁點校本，頁一五二—一五三。

我同志。」[20]據此，則獻之非竹汀兄子明矣。

獻之之兄錢塘卒後，竹汀為作〈溉亭別傳〉，云：

溉亭姓錢氏，名塘，……世居嘉定之望仙橋。曾大父惟亮，廩膳生，與先奉政公為從祖昆弟。生太學生衡臣，有三子，彥昭早卒，彥輝、永輝皆太學生。溉亭為永輝長子，甫在抱而彥輝撫以為後。[21]

按此，知獻之曾祖惟亮與竹汀之祖王炯為從祖昆弟。日本學者近藤光男譯注《國朝漢學師承記》，曾據竹汀〈先考小山府君行述〉，參合〈溉亭別傳〉等文，排次兩家世系；[22]然獻之大父以上俱闕其名。頃閱上海圖書館藏錢師儀《嘉定錢氏盛涇支世系考》鈔本一冊，書中載兩家先世甚備。此書未刊，僅有鈔本傳世，向未見學者引及。

《世系考》雖稱先世為吳越王錢鏐之裔，然錢大昕〈盛涇先塋之碣〉則言：「江浙錢氏，

---

20 錢大昕〈與李南澗書〉，見陳鴻森〈錢大昕潛研堂遺文續補〉，二〇一一年，《中國典籍與文化論叢》第十三輯，頁一八〇。

21 錢大昕《潛研堂集》，頁七一六。按錢坫之父名煌，字永暉，錢大昕〈溉亭別傳〉作「輝」字；下引錢師儀《嘉定錢氏盛涇支世系考》則「煇」、「輝」二字錯見。今據錢坫《論語後錄》卷一「指其掌」條引其父說作「暉」字；《世系考》乃兄煒，字彥昭；燿字彥暉（亦書作「輝」），並從日旁，則似「暉」字為正也。

22 近藤光男譯注《國朝漢學師承記》，二〇〇一年，東京：明治書院，上冊，頁四八二。

多稱吳越武肅王之裔。吾始祖之遷，失其譜系，其出于吳越與否，不敢知也。」[23] 明初有從浙避難海虞者，乃占籍焉。始祖鎡，明正德間自常熟雙鳳里贅于嘉定盛涇管氏，遂世居嘉定。錢鎡生浦（北郊），浦生炳（順郊），炳生珍（守郊）與珠（侍郊），珠為竹汀高祖；珍生岀，是為獻之高祖。今將兩家世系排次如下，以便學者參考焉。

23 錢大昕《潛研堂集》，頁八六五。

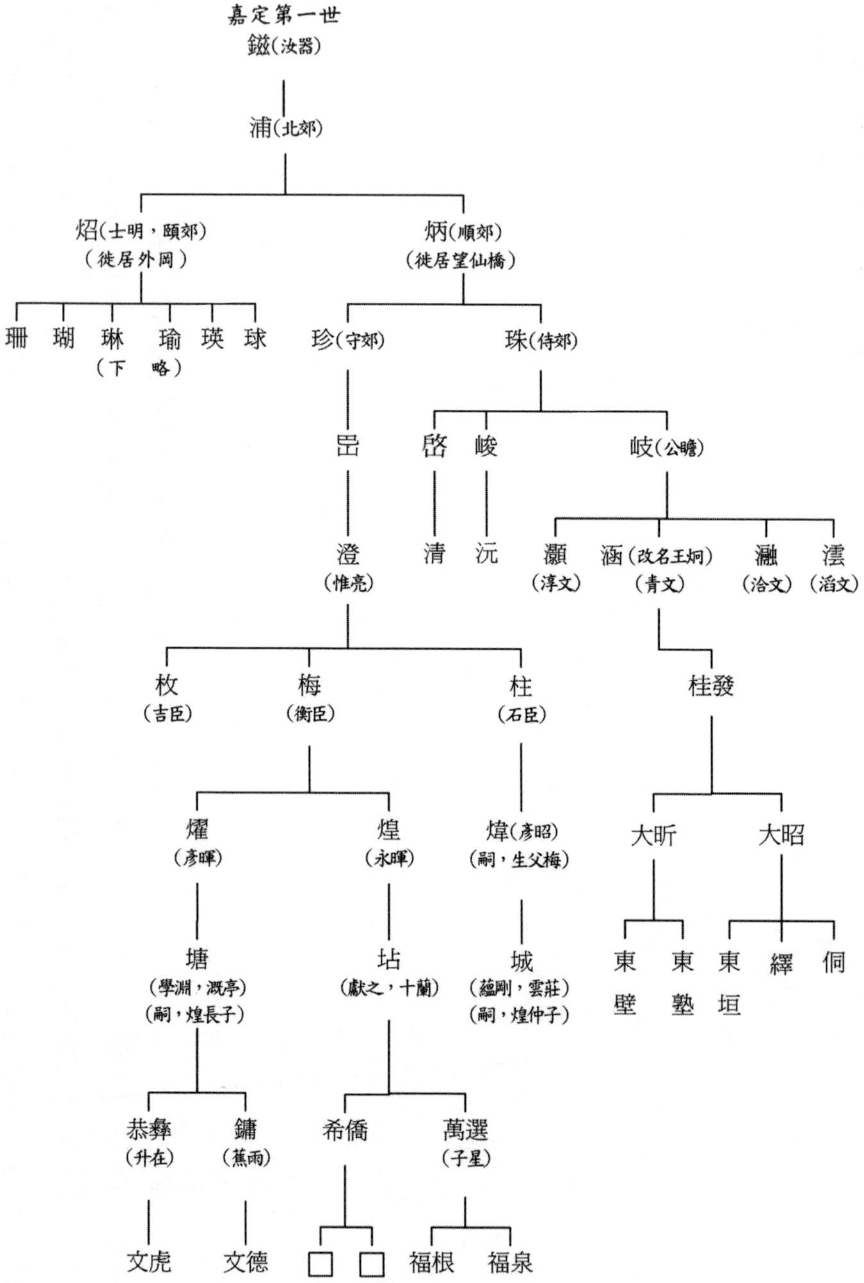
嘉定第一世
鎡(汝器)
浦(北郊)
炤(士明，頤郊)
(徙居外岡)
炳(順郊)
(徙居望仙橋)
珊
瑚
琳
瑜
瑛
球
(下 略)
珍(守郊)
珠(侍郊)
昆
启
峻
岐(公瞻)
澄
(惟亮)
清
沅
灝
(淳文)
涵(改名王炯)
(青文)
瀜
(洽文)
澐
(滔文)
枚
(吉臣)
梅
(衡臣)
柱
(石臣)
桂發
燿
(彥暉)
煌
(永暉)
煒(彥昭)
(嗣，生父梅)
大昕
大昭
塘
(學淵，溉亭)
(嗣，煌長子)
坫
(獻之，十蘭)
城
(蘊剛，雲莊)
(嗣，煌仲子)
東
壁
東
塾
東
垣
繹
侗
恭彝
(升在)
鏞
(蕉雨)
希僑
萬選
(子星)
文虎
文德
□
□
福根
福泉

三、錢坫監修西安城始末

獻之乾隆四十一年赴秦，入畢沅陝西撫部幕。[24]其後，遞捐州判，畢氏奏留陝西試用，遂官於陝。惟三家撰傳，於獻之在陝西宦歷事蹟，皆語焉不詳。江藩《國朝漢學師承記》僅「後就職州判，監修陝西城；授乾州州判，得末疾歸」寥寥四語。包世臣〈錢獻之傳〉則言：

以副榜貢生就職直隸州州判，從陝西巡撫畢沅遊，遂官於陝二十餘年，歷署文山縣、乾州、華州事。

潘奕雋撰〈傳〉云：

遊關中，巡撫畢公沅以其才，奏留陝西，補乾州直隸州州判。歷署興平、韓城等縣；又以乾州兼署武功縣，請終養回籍。

三家所記詳略不一，互有異同。蓋獻之官卑秩低，轉徙各地，久之乃補授乾州州判。[25]其

24 錢坫《十六長樂堂古器款識考・自序》云：「余以乾隆四十一年始游關中，客大府鎮洋畢公幕。」（《續修四庫全書》本，卷首，頁一）。

25 按光緒《乾州志稿・職官表》，錢坫任乾州州判在乾隆五十八年。二〇〇七年，南京：鳳凰出版社《中國地方志集成》影印光緒十年乾陽書院刊本，卷三，頁十六。

署各州縣事，為時皆不長；且陝西經白蓮教之變，簿牘損毀，各州、縣志〈職官〉多闕獻之之名，故渠在陝西宦歷歲月，殊難一一考知。然參伍鉤稽，猶可得其大略。惟「監修陝西城」一事，僅見於《漢學師承記》，江藩一語帶過，事殊未憭，近藤光男《譯注》、漆永祥《箋釋》對此俱無注釋；歷檢陝西志乘筆記，亦無相關記載。

西安為陝西省垣，西北要衝。其城牆因歲歷年久，傾圮毀損嚴重，有清一代曾數次維修，就中以乾隆四十八年至五十一年整修工程為最鉅。其事志乘記載殊略，近陝西師範大學史紅帥教授撰〈清乾隆四十六年至五十一年西安城牆維修工程考〉一文，據中國第一歷史檔案館所藏相關奏摺檔案，對此整修工程之緣起、施工過程、城工經費，及主要工料產地、數量、運輸等，逐加考證，始末俱詳。[26] 江藩《師承記》載獻之「就職州判，監修陝西城」者，即指其事。今就所見零星史料，考之如次，以輔近藤、漆永祥兩君注釋之缺。

考獻之嘉慶元年撰《十六長樂堂古器款識考·自序》，有「乾隆癸卯以後宦游秦甸，至今十餘歲」之語，[27] 則其始就官在四十八年癸卯。檢臺北故宮博物院藏乾隆四十八年六月十八日畢沅奏摺，時獻之遞捐州判，將赴吏部籤掣省分，畢氏奏請將渠分發陝西試用候補。此奏摺史君未見，所述若干細節，可補充其文之缺：

---

26 史紅帥〈清乾隆四十六年至五十一年西安城牆維修工程考〉，二〇一一年，《中國歷史地理論叢》二十六卷第一輯，頁一一二—一二六。按臺北故宮博物院所藏乾隆朝奏摺及軍機處檔案，有若干史料可補充史君之缺者，以非本文論旨所在，茲不具述。

27 錢坫《十六長樂堂古器款識考·自序》，卷首，頁一。

> 竊照西安城垣仰蒙皇上大發帑金重加興輯，任鉅費繁。臣於上年五月內業將總辦、分修及局內司事各員詳加遴選，恭摺奏聞在案。……此時正居開工，所有城身地腳、形勢高下，以及支用銀糧，估計數目，必得善于測量並嫻習算法之人細心詳覈，于工程方能妥協。查有就職直隸州州判錢坫，江蘇嘉定縣人，甲午科順天鄉試副榜貢生，長于測算，向在臣署，所有城工估計冊籍俱令逐一悉心查核，極為詳細。現在大興工作，擬將該州判飭交工所，專司核對、測量、銷算等事。查該員係已經遵例遞捐分發，應即赴部籤掣省分，可否仰懇皇上天恩俯准，即將錢坫分發陝西試用候補。該員本係佐貳微員，陝省他省同一供職，于銓法既無違礙，而辦理要工，得一熟手，臣亦可收指臂之效。謹繕摺具奏，伏祈皇上睿鑒，謹奏。

高宗批示「如所請行」。[28]西安城垣修護工程於是年六月十八日開工，[29]畢沅當日上奏，請將獻之分發陝西試用，專司城工核對、測量、銷算等事。

惟四十八年六月開工後，並未立即展開大規模修建工程，而是先築南面一帶城身、地腳等，并拆卸舊磚，反覆估算新舊工料之數，當屬試築籌備階段。[30]因初期城工尚不繁鉅，

---

28 臺北故宮博物院編《宮中檔乾隆朝奏摺》，一九八六年，臺北：故宮博物院，第五十六輯，頁四八七。

29 見畢沅乾隆四十八年六月十八日〈奏報西安城工所需料物現已湊集擇日開工事〉，《宮中檔乾隆朝奏摺》第五十六輯，頁四八八—四八九。

30 參畢沅乾隆四十八年九月二十七日〈奏報辦理西安城垣工程事〉（《宮中檔乾隆朝奏摺》第五十七輯，頁五一九—五二〇）；又德成、畢沅乾隆四十八年十二月十六日〈奏報查看商辦重葺西安城垣情形摺〉（《宮中檔

兼以入冬祁寒，工程暫歇，故是年冬，畢沅屬修《韓城縣志》，獻之為「精其義例，密其體裁」。[31] 翌年二月二十一日，工部侍郎德成於東、西兩面城牆各選一段試築之，以為後續工程標尺。三月，獻之〈與黃小松書〉云：

僕年四十有一，……肌肉漸退，筆力漸衰，視身世茫茫如也。此時雖為邑中之黔，而奔走勞苦，無時或息。我輩不過為衣食起見，知之而又行之，行之而又悔之，未免為行路所笑矣。[32]

文中「邑中之黔」，用《左傳》襄公十七年築者謳歌之典，[33] 知其時獻之忙於城工之役，「奔走勞苦，無時或息」。四月，城垣修建全面施工，由於西安城城牆長逾二十八里，工程浩大，

乾隆朝奏摺》第五十八輯，頁七二二—七二四）。

31 傅應奎〈韓城縣志序〉云：「歲在癸卯（四十八年），余筮仕得韓城令。披覽前《志》，多漶漫不可卒讀。蓋自前令康君修輯，至今八十餘年，其間時事日殊，人才輩出，當補入者不啻十之五六。余旋因奉檄分校鄉闈，欲重加編纂而未暇也。適大中丞畢公有繕治之命，於是與邑紳士徵文考獻，屬嘉定錢君精其義例，密其體裁。書未竣，而錢君署漢陰通守篆以去。」（錢坫等纂《韓城縣志》，乾隆四十九年刻本，卷首，頁一）繹其文意，錢坫修《韓城志》在傅氏分校鄉闈之後，應在乾隆四十八年冬。

32 錢坫〈與黃小松書一〉，見陳鴻森〈錢坫遺文小集〉，《中國典籍與文化論叢》第十二輯，頁二七二。

33 《左傳》襄公十七年：「宋皇國父為大宰，為平公築臺，妨於農收。子罕請俟農功之畢，公弗許。築者謳曰：『澤門之皙，實興我役。邑中之黔，實慰我心。』」（《左傳注疏》，嘉慶二十年，江西南昌府學刊本，卷三十三，頁七）

經理不易，故將城牆分東、西、南、北四段，每段委派兩名正印知縣承辦；[34]另設城工總局，負責采購工料、支放銀兩、管理賬目，及保存錢糧冊籍等工程檔案。此時獻之階段性任務已了，故是年夏署興安府撫民通判篆，[35]分防漢陰。[36]乾隆五十年，錢坫寄陝西按察使王昶書云：

漢陰一缺，處深山之中，又乏明師益友執經問業之處。鎮日寂坐，篋中惟有《漢書》一本，亦別無他書互斠。自去夏至今，惟專注十〈表〉，業已寫定成冊，尚俟進謁時附呈鈞定。[37]

34 據畢沅〈復奏委派正印州縣八員分段承修西安城垣工程事〉（第一歷史檔案館藏錄副檔奏摺，檔號〇三—一一三四—〇二九）所載，八名知縣為咸寧縣知縣郭履恆、長安縣知縣高珺、渭南縣知縣（奏升華州知州）汪以誠、盩厔縣知縣徐大文、鄠縣知縣李帶雙、興平縣知縣王垂紀、旬邑縣知縣莊炘、永壽縣知縣許光基；參上引史紅帥文，頁一一七。

35 李國麒纂修《興安府志・職官志》，《中國地方志集成》影印道光二十八年刻本，卷十三，頁十八；又嘉慶《漢陰廳志》，《中國地方志集成》影印嘉慶二十三年刻本，卷五，頁八。

36 臺北故宮博物院藏乾隆四十七年正月二十九日，畢沅〈奏為陝省興漢二屬暨終南山一帶地方險要請改設官屬摺〉言：興安州人口驟增數十餘倍，五方雜處，訟獄繁興。請將興安州升為府，州屬漢陰縣改為附府首縣，易名安康縣；其漢陰舊治「另設興安府撫民通判一員，駐劄其地，專司捕盜、緝匪及查拏地方私販鹽茶、私宰、私燒、賭博、打降等事。」（《宮中檔乾隆朝奏摺》第五十輯，頁七一二—七一四）獻之攝篆者即此官。

37 錢坫〈上王述庵先生書〉，見陳鴻森〈錢坫遺文小集〉，《中國典籍與文化論叢》第十二輯，頁二七〇。

蓋漢陰地僻官閒，獻之得以重理舊業，故居官一載，已成《漢書十表注》十卷。38

綜上所考，乾隆四十六、七年修建西安城垣勘估籌備階段，獻之因長於測算，曾佐畢沅核計工料工費，「所有城工估計冊籍」，俱由獻之逐一查核。四十八年六月開工伊始，畢氏奏請將錢坫分發陝西試用，「飭交工所，專司核對、測量、銷算等事」；蓋其所事，仍屬佐幕性質。及四十九年四月，工程全面施工，諸項工務各有專員職掌。其夏，獻之出署興安府通判，迄五十一年九月城垣修建工竣，未再回任工所，則所謂「監修陝西城」者，僅四十八年六月至翌年三月短期任事耳。

四、錢坫病風痹之年

《國朝漢學師承記》本傳：「獻之工於小篆，不在李陽冰、徐鉉之下。晚年右體偏枯，左手作篆，尤精，世人藏弆其書如拱璧云。」39此未記錢坫病風痹之年，近藤光男、漆永祥兩君注解亦缺。《清史列傳》、《清史稿》本傳止言「以積勞得末疾，引歸」，亦未詳其事。包世臣撰〈傳〉載：嘉慶二年，白蓮教徒擾陝川豫鄂，時獻之署華州，州為陝西入河南要道，獻之率眾乘城，力遏其衝，「前後接戰者四次，守城者八月，未嘗敗衄。三年春，河南

38 此書未刊，光緒《嘉定縣志·藝文志》著錄，卷二十五，頁一。

39 江藩《國朝漢學師承記》，頁五十二。

有謀啟賊者眾數萬人，招賊渠張添倫取道君部者三，卒不能東。……督師以功上部，前後得軍功加五級。賊勢漸衰，而君以積勞偏廢，引疾歸，囊橐蕭然」。據此，則獻之病風疾應在嘉慶三年以後。而潘奕雋撰〈傳〉則言：「歷署興平、韓城等縣；又以乾州兼署武功縣。請終養回籍，病風痹。親沒終制，不復出。」則似獻之自陝乞終養，南歸後乃病，二說迥異。

今考趙希璜《四百三十二峰草堂詩鈔》卷二十四有辛酉〈寄懷錢獻之同年〉詩，中云：「憐君已抱偏枯病，過鄴猶留左手書。」元注：「獻之於二月內挈眷南歸，過鄴見訪，留住七日。」40 則獻之嘉慶六年二月攜眷南歸前，已病偏枯。另據《漢學師承記》本傳載：

〔獻之〕嘗注《史記》，詳於音訓及郡縣沿革、山川所在。兵部侍郎松筠為陝甘總督時，重其學品，親至臥榻問疾，索未刊著述。獻之以《史記注》付公，泣曰：「坫疾不起矣。三十年精力盡於此書，惟明公憐之，勿使蠟以覆車焉。」是時侍郎有伊犁將軍之命，曰：「塞外不能事剞劂，當錄一副本，原稿必寄子也。」41

按此，則獻之風疾時，松筠任陝甘總督，曾索獻之未刊著述，擬付之梓人；旋因松筠有伊犁將軍之命，事未果。據《清史列傳》卷三十二〈松筠傳〉載：嘉慶四年，「二月，授陝甘

40 趙希璜《四百三十二峰草堂詩鈔》，《續修四庫全書》本，卷二十四，頁二。
41 江藩《國朝漢學師承記》，頁五十二。

總督。……五年正月，授伊犁將軍；尋命署理湖廣總督，馳往湖北剿賊。閏四月，入覲，請弛私鹽、私鑄之禁。」忤旨，降副都統銜，赴伊犁為領隊大臣。[42]按松筠嘉慶五年正月八日授伊犁將軍，[43]則獻之病風痹當在五年正月以前。復考洪亮吉嘉慶四年八月二十四日，上疏陳言時政，語過激，革職逮問。二十七日，發往伊犁管束。[44]洪氏《伊犁日記》載：十月四日，道經華州，獻之邀之至署；翌日復騎馬送至少華山。[45]然則獻之病風當在嘉慶四年十月以後、五年正月之前。

五、錢坫著述考略

獻之勤於著述，所著書或刊或否，《清史列傳》、《清史稿》本傳所載多缺略。今就所知，記之如次：

已刊行者十一種：（一）《詩音表》一卷，有乾隆四十二年篆秋草堂刻本；嘉慶七年，與《車制考》、《論語後錄》、《爾雅釋地四篇注》合為《錢氏四種》。另有民國二十年渭南嚴氏刻本，《續修四庫全書》據嚴刻影印。

42 《清史列傳》，頁二四五〇——二四五三。
43 錢實甫編《清代職官年表》，一九八〇年，北京：中華書局，頁二三二六。
44 呂培等編《洪北江先生年譜》，光緒三年，洪氏授經堂刊本，頁三十一。
45 洪亮吉《伊犁日記》，光緒間洪氏授經堂刊《洪北江全集》本，頁六。

（二）《車制考》一卷，有乾隆四十二年篆秋草堂刻本，後收入《錢氏四種》；另有光緒十四年《清經解續編》本及《木犀軒叢書》本。《續修四庫全書》據篆秋草堂本影印。

（三）《論語後錄》五卷，此書收入《錢氏四種》，《續修四庫全書》有影印本。

（四）《爾雅釋地四篇注》一卷，有乾隆四十六年原刊本，後收入《錢氏四種》，《續修四庫全書》有影印本；另有《清經解續編》本。

（五）《爾雅古義》二卷，有《清經解續編》本，《續修四庫全書》據湖北省圖書館藏傳硯齋鈔本影印。

（六）《說文解字斠詮》十四卷，有嘉慶十二年吉金樂石齋刊本、光緒九年淮南書局重刊本；《續修四庫全書》據吉金樂石齋本影印。

（七）《十經文字通正書》十四卷，46 嘉慶二年文章大吉樓刻本；《四庫未收書輯刊》有影印本。

（八）《異語》十九卷，有宣統二年羅振玉《玉簡齋叢書》本。

（九）《新斠注地里志》十六卷，有嘉慶二年原刊本；又同治十三年會稽章氏刊本，與徐松《集釋》合刻。

（十）《十六長樂堂古器款識考》四卷，有嘉慶元年原刻本、民國二十二年北平開明書

46 按此書前身為《九經通借字考》，洪亮吉曾為之序，見《卷施閣文乙集》卷六。（《洪亮吉集》，二〇〇一年，北京：中華書局點校本，頁三三八—三三九）南京圖書館藏一鈔本，丁丙善本書室舊藏，《中國古籍善本書目・經部》著錄，一九八五年，上海古籍出版社，頁三六四。

局翻印本；《續修四庫全書》據原刊本影印。

（十一）《浣花拜石軒鏡銘集錄》二卷，有嘉慶二年原刊本，又民國十年陳乃乾《百一廬金石叢書》本。

未刊著作十三種：（一）《內則注》三卷，錢師璟《嘉定錢氏藝文志略》、光緒《嘉定縣志》卷二十四〈藝文志〉著錄；[47] 潘奕雋〈錢獻之傳〉作二卷。[48]（二）《春秋解例》，見徐書受《教經堂詩集》卷十六〈丹徒雪夜贈錢秀才獻之〉詩本注。[49]（三）《爾雅釋義》十卷，《錢氏藝文志略》、光緒《嘉定縣志・藝文志》著錄。[50]（四）《異音》七卷，《錢氏藝文志略》、光緒《嘉定縣志・藝文志》著錄。[51] 按徐書受《教經堂詩集》卷十六〈丹徒雪夜贈錢秀才獻之〉本注，謂獻之著《篆隸異音考》，[52] 與此

---

47 錢師璟《嘉定錢氏藝文志略》，道光二十三年，錢氏家刻本，頁九；楊震福等纂《嘉定縣志》，卷二十四，頁七。按《嘉定縣志・藝文志》所載錢坫著作，與錢師璟《錢氏藝文志略》悉合（頁九—十），蓋修志者即本錢書耳。

48 潘奕雋《三松堂集》，卷四，頁十九。

49 徐書受《教經堂詩集》，嘉慶間刊本，卷十六，頁三。

50 楊震福等纂《嘉定縣志》，卷二十四，頁十二。

51 同上注，卷二十四，頁十六。

52 徐書受《教經堂詩集》，卷十六，頁三。

疑同一書。

（五）《史記補注》一百三十卷，見錢坫〈與楊蓉裳書〉、[53]潘奕雋〈錢獻之傳〉；《錢氏藝文志略》、光緒《嘉定縣志》卷二十五著錄。[54]按此書蓋以《史記》各篇為一卷，包世臣〈錢獻之傳〉、桂文燦《經學博采錄》卷七錢坫條作百二十卷，[55]誤。

（六）《漢書十表注》十卷，見潘奕雋〈錢獻之傳〉，《錢氏藝文志略》、光緒《嘉定縣志》卷二十五著錄。[56]

（七）《十六國地里志》，見包世臣〈錢獻之傳〉、桂文燦《經學博采錄》卷七錢坫條。[57]桂氏云：「《史記補注》百二（三）十卷、《十六國地理志》及詩文集稿本並藏嘉定宣承奎家。承奎，道光甲午舉人，州倅（錢坫）之外孫也。」則此二書稿本同、光間尚存，今不知尚在天壤間否？

（八）《聖賢冢墓考》一卷，《錢氏藝文志略》、光緒《嘉定縣志》卷二十五著錄；[58]潘奕雋〈錢獻之傳〉作〈聖賢冢墓圖考〉十二卷。[59]

---

53 楊芳燦《芙蓉山館師友尺牘》，頁二十七。
54 楊震福等纂《嘉定縣志》，卷二十五，頁一。
55 包世臣《藝舟雙楫》，附錄二，頁五；桂文燦《經學博采錄》，卷七，頁十八。
56 楊震福等纂《嘉定縣志》，卷二十五，頁一。
57 包世臣《藝舟雙楫》，附錄二，頁五；桂文燦《經學博采錄》，卷七，頁十八。
58 楊震福等纂《嘉定縣志》，卷二十五，頁十四。
59 潘奕雋《三松堂集》，卷四，頁十九。

（九）《昭陵石略》，見何紹基《東洲草堂詩鈔》卷十六〈乙卯嘉平月半出游咸陽醴泉盩厔，十九日宿樓觀臺，因知李鐵梅前輩為坡公作生日，作此詩寄請教和，用坡公石鼓歌韻〉本注。60

（十）《西番水地記》一卷，此書未聞，據和琳纂嘉慶《衛藏通志》卷三引。61

（十一）《篆人錄》八卷，《錢氏藝文志略》、光緒《嘉定縣志》卷二十六著錄。62

（十二）《十蘭駢體文》二卷，見潘奕雋〈錢獻之傳〉；《錢氏藝文志略》、光緒《嘉定縣志》卷二十七著錄。63

（十三）《金鳳玉笙詩》二卷，《錢氏藝文志略》、光緒《嘉定縣志》卷二十七著錄。64

本文與潘妍艷合撰，原載《中國典籍與文化》二〇一一年第四期

60 何紹基《東洲草堂詩鈔》，《續修四庫全書》本，卷十六，頁二十。
61 和琳纂嘉慶《衛藏通志》，《漸西村舍叢刊》本，卷三，頁八。
62 楊震福等纂《嘉定縣志》，卷二十六，頁十六。
63 同上注，卷二十七，頁四十。
64 同上注。

陳鱣事跡辨正

陳鱣（一七五三—一八一七），字仲魚，號河莊，又號簡莊，浙江海寧人。嘉慶元年舉孝廉方正，三年本省舉人中式。嘗從錢大昕、盧文弨、段玉裁、丁杰、王念孫等游處，質疑問難，所學日進。又雅好藏書，遇宋元佳槧及罕見之本，不惜重值收之，與同邑吳騫、吳門黃丕烈等互相鈔傳。《清史列傳》卷六十九、《清史稿》卷四八四有傳。

仲魚博極群書，研精許、鄭之學，復長於史才，著述閎富，乾嘉樸學名宿也。錢大昕《十駕齋養新錄》卷十四云：「潘岳〈閒居賦〉，《注》引安革猛詩：『祁祁我徒』。予向疑安革猛不知何人，詢之海寧陳仲魚鱣，乃知『革猛』為『韋孟』之譌，『安』乃衍字也。檢《漢書・韋賢傳》，果如仲魚言。」[1]又《吳兔牀日記》乾隆五十七年四月朔日條載：「謝靈運〈山居賦〉云：『兩智通沼』，『智』字書無考，竹汀嘗舉問河莊。」[2]知其博識多聞，雅為

1 錢大昕《十駕齋養新錄》，光緒十年，龍氏家塾重刊《潛研堂全書》本，卷十四，頁二十五—二十六。

2 吳騫《吳兔牀日記》，二〇一五年，南京：鳳凰出版社，頁九十二。

當時通人碩儒所推重。嘉慶六年入京會試，與朝鮮使者朴齊家、柳得恭邂逅相識，雖言語不通，各操筆以談，極相投契。柳氏《燕臺再游錄》記：

> 與仲魚問答多用漢語，或有談草，橫寫竪書，模糊不可辨，大略如此。紀曉嵐云：「近來風氣趨《爾雅》、《說文》一派，仲魚蓋其雄也。」余所答或中其意，則大歡樂之，連日約會于五柳居。[3]

則其名當時已流播東國異域矣。所著《說文解字正義》三十卷，在段玉裁《說文注》之前，王鳴盛曾為之序，[4]推崇甚至。惜著書滿屋，窘於生計，生前付刻者無多，[5]身後遺稿蕩佚，致今學者罕能舉其名姓。史傳群籍載其著作，述其行實，時或譌舛。今聊就所見，條舉若干事商訂之，以質諸並世大雅云。

3 〔朝鮮〕柳得恭《燕臺再游錄》，金毓黼輯《遼海叢書》第一集，民國二十三年，瀋陽：遼海書社鉛印本，頁十一。

4 謝啟昆《小學考》，《續修四庫全書》本，卷十，頁二十三—二十四。

5 陳鱣所著書，今刊布者，僅《論語古訓》十卷、《禮記參訂》十六卷、《簡莊疏記》十七卷、《經籍跋文》、《續唐書》七十卷、《鄭君年紀》一卷、《恆言廣證》六卷、《對策》六卷、《簡莊文鈔》六卷、《文鈔續編》二卷，《河莊詩鈔》、《新坂土風》各一卷；另輯鄭玄《孝經鄭注》、《六藝論》等，凡十數種。其未刊者有五十餘種，詳拙作〈陳鱣年譜〉附〈著述考略〉，一九九三年，《中央研究院歷史語言研究所集刊》六十二本第一分。

一

《清史列傳》卷六十九〈儒林傳下〉陳鱣本傳載：

> 嘉慶元年，舉孝廉方正，督學阮元稱浙中經學鱣為最深，手摹漢隸「孝廉」二字以顏其居，復為書「士鄉堂」額以贈。[6]

據《阮元年譜》嘉慶元年條載，詔舉孝廉方正，浙江省舉者十二人：邵志純、翁名濂、陳振鷺、陳鱣、楊秉初、莊鳳苞、李轂、張燕昌、袁鈞、鄭勳、李巽占、樓錫裘。[7]此十二人中，袁鈞、張燕昌輩皆以著述名家，阮元獨稱陳鱣經學為最深，蓋渠深研許、鄭之學，造述尤富也。《清史稿》卷四八一〈程瑤田傳〉載此事云：

> 嘉慶元年，舉孝廉方正。同時舉者，推錢大昭、江聲、陳鱣三人，阮元獨謂瑤田足以冠之。[8]

史以錢大昭、江聲、陳鱣三人齊名並稱，未詳所本。惟考陳鱣《簡莊文鈔》卷五〈尚友圖

---

6 《清史列傳》，一九八七年，北京：中華書局點校本，頁五五五七。

7 此書原名《雷塘庵主弟子記》，阮元門人張鑑及其子阮常生、阮福等纂。黃愛平點校本易名《阮元年譜》，一九九五年，北京：中華書局，頁十五。

8 《清史稿》，一九七七年，北京：中華書局點校本，頁一三一九〇。

記〉云：

嘉慶元年，孝廉方正之舉，陳東浦（奉茲）方伯告人曰：「有好古之學者，必有高世之行，如錢晦之（大昭）、胡雒君（虔）、陳仲魚，庶幾稱鼎足哉！」[9]

謝啟昆〈三子說經圖〉詩小注亦言：「東浦方伯每語人曰：『有好古之學者，必有高世之行，如可廬（大昭）、雒君、仲魚，可稱鼎足。』三君感其意，因繪此圖。」[10]此俱以錢大昭（一七四四—一八一三）、胡虔（一七五三—一八〇四）、陳鱣並舉，蓋三人年輩相若，膺薦時，各皆盛年。江聲（一七二一—一七九九）則遠較三人年輩為長，嘉慶元年舉孝廉方正時，年已七十六；[11]且錢大昭、江聲二人同為江蘇所舉，非復陳奉茲所言「鼎足」之意矣。按阮元《定香亭筆談》卷二云：

海寧陳仲魚鱣，於經史百家靡不綜覽，嘗輯鄭司農《論語注》諸書而考證之，浙西諸生中經學最深者也。舉孝廉方正，江南陳方伯（奉茲）嘗謂：「所舉孝廉方正，江蘇錢可廬（大昭）、安徽胡雒君（虔）、浙江陳仲魚三人，可概其餘。」余謂方伯之言誠

9 陳鱣《簡莊文鈔》，《續修四庫全書》本，卷五，頁十二。

10 謝啟昆《樹經堂詩續集》，《續修四庫全書》本，卷一，頁十。

11 按孫星衍〈江聲傳〉云：「以嘉慶四年（一七九九）九月三日卒于里舍，得年七十有九。」（《平津館文稿》，《續修四庫全書》本，卷下，頁三十七）則江氏生於康熙六十年（一七二一）。

能識拔宿儒，然安徽當以程易田（瑤田）為第一，而胡君亞之。[12]

此蓋即《清史稿》所本，惟史臣失於按覈，誤記其事耳。今據阮氏《筆談》，則《清史稿・程瑤田傳》所列三人，「江聲」當為「胡虔」之誤也。而阮元之語，謂安徽所舉孝廉方正，當以程瑤田為第一，其學視胡虔尤愈也。即江蘇、安徽、浙江三省所舉，應以錢大昭、程瑤田、陳鱣為最。《清史稿》引述阮說，乃謂程氏之學足冠陳鱣等三人，斯大失阮元本意矣。然程瑤田雍正三年（一七二五）生，嘉慶十九年（一八一四）卒，其年輩較錢大昭、陳鱣、胡虔三人為長。阮元但就程瑤田、胡虔二人學養論之，似未得陳奉茲所言三省「鼎足」之意也。

二

《清史列傳》卷六十九仲魚本傳云：「鱣學宗許、鄭，嘗繼其父志，取《說文》九千言，〔以〕聲為經，偏旁為緯，竭數十年之心力，成《說文正義》一書。」[13]《清儒學案》卷八

12 阮元《定香亭筆談》，《續修四庫全書》本，卷二，頁二十三。

13 《清史列傳》，頁五五五七。按「以聲為經」句，史傳原脫「以」字，依阮元《論語古訓・序》補，說詳下。

十七同。[14]《說文正義》一書，為陳鱣數十年心力之所萃，惜其書不傳。然此傳謂《正義》「以聲為經，偏旁為緯」，說則不然。梁啟超《中國近三百年學術史》嘗疑之：

陳仲魚《說文正義》，阮芸臺謂其「以聲為經，偏旁為緯」（本注：《論語古訓・序》，《小學考》引）。果爾，則當與後此姚文田、朱駿聲各書同體例；但書名「正義」，似是隨文疏釋，頗不可解。[15]

按任公所疑者甚是，使《說文正義》其書「以聲為經，偏旁為緯」，則與姚文田《說文聲系》、嚴可均《說文聲類》等書為近，非復《正義》疏證之體矣。實則仲魚《說文正義》與所謂「以聲為經，偏旁為緯」者，截然二書，史臣誤混之耳。按謝啟昆《小學考》卷十云：

《說文解字》之學，今日為盛，就所知者有三人焉：一為金壇段玉裁若膺，著《說文解字讀》三十卷；一為嘉定錢大昭晦之，著《說文統釋》六十卷；一為海寧陳鱣仲魚，著《說文解字正義》三十卷、《說文解字聲系》十五卷，皆積數十年之精力為之。[16]

14 徐世昌纂《清儒學案》，民國二十七年，天津徐氏原刊本，卷八十七，頁十五。
15 梁啟超《中國近三百年學術史》，民國二十六年，上海：中華書局，頁二〇九—二一〇。
16 謝啟昆《小學考》，卷十，頁二十—二十一。

謝氏《小學考》，由陳鱣、胡虔佐其纂輯，[17]所述仲魚著述當不誤。據此文，知仲魚《說文》著作，除《正義》外，另有《說文聲系》一書。復據阮元序仲魚《論語古訓》云：

陳君精于六書，嘗著《說文解字正義》；又以《說文》九千言，以聲為經，偏旁為緯，輯成一書，有功學者益甚。[18]

此即史傳所本，繹阮氏所謂「又以《說文》九千言」云者，自指《說文聲系》而言，與《正義》非同一書，味其文意，較然甚明，中國國家圖書館藏仲魚《聲系》稿本，[19]蓋即其書。至《說文正義》一書，《小學考》載王鳴盛〈序〉，云：

凡訓詁，當以毛萇、孟喜、京房、鄭康成、服虔、何休為宗；文字當以許氏為宗。然必先究文字，後通訓詁，故《說文》為天下第一種書。……鄙見以為吾輩當為義疏，步孔穎達、賈公彥之後塵，不當作傳注，僭毛、鄭、孟、京之坐位。是書名曰「正義」，所以發明解說，既博且精，似更勝於張守節之《史記正義》矣。[20]

17 見謝啟昆《小學考・序》，卷首，頁八。
18 陳鱣《論語古訓》，《續修四庫全書》本，卷首，頁二。
19 北京圖書館編《北京圖書館古籍善本書目》（一九八七年，北京：書目文獻出版社）頁一九七、《中國古籍善本書目・經部》（一九八六年，上海古籍出版社）頁四八八著錄。
20 謝啟昆《小學考》，卷十，頁二十三——二十四。

據王氏「發明解說」之語，則《正義》為義疏之體，主於發明許君說解，與《聲系》主於聲者，迥然異趣。史臣粗疏，忽略阮〈序〉「又以」之文，致誤合《正義》、《聲系》為一書。而梁任公雖疑其事，且引及阮元〈論語古訓序〉，乃未能覆核原文以訂史傳之誤，則猶有遺憾焉。[21]

陳鱣《說文正義》，殫精竭慮，費心多年，其稿當時學者頗有見之者。乾隆六十年正月，淩廷堪為題詩二章：

打窗密雪晝紛紛，有客攜書過訪殷。十載京華久傾倒，衡寒今日始逢君。

二徐去後久塵埃，許氏榛蕪此再開。體例不嫌同孔賈，通經原自六書來。[22]

所謂「體例不嫌同孔賈」，則《說文正義》為義疏之體，可無疑義矣。張廷濟《清儀閣筆記》己卯四月十六日記：

陳仲魚同年，一生勤學，其用功尤在許南閣一書。朱履伯云：「乙亥、丙子兩年，寓居硤石，日取舊時所著《說文正義》，盡情改勘，日課數字。遇客至少輟，夜必篝燈以補，雖嗽作不止。至十一卷稿脫，病劇，不能舉筆。」今此書尚未斷手，可痛可

21 朱維錚校注《中國近三百年學術史》（《梁啟超論清學史二種》，一九八五年，上海：復旦大學出版社），於此亦未能舉正其事，以釋任公之疑。

22 淩廷堪《校禮堂詩集》，《續修四庫全書》本，卷九，頁五。

痛。[23]

丙子為嘉慶二十一年，翌年二月仲魚卒，此書前後為之三十餘年，[24]誠可謂畢生以之矣。其稿身後蕩佚無傳，《海寧州志稿》卷十四〈典籍十三〉陳璘條，引吳振棫之說云：「谿齋（仲魚之父名璘，號谿齋）嘗欲為《說文解字》作疏，未竟。命其子鱣仲魚續為之，稿本已得十九。仲魚沒，其子愚瞢，斥賣藏書，即折所錄稿裏書以畀售者，此書遂飄散不可復問。」[25]今僅段玉裁《說文注》「菑」字下，[26]嚴可均《說文校議》「虍」、「我」字下，[27]桂馥《說文義證》「鶩」字下引仲魚之說，[28]此其遺說之可考者。

另按查元偁〈說文字通序〉云：

23 張廷濟《清儀閣筆記》，余未見其書，此轉引自王欣夫《蛾術軒篋存善本書錄》，二〇〇二年，上海古籍出版社，頁一九二。

24 乾隆五十四年二月，仲魚在京，寄吳騫書，有云：「拙著《說文解字正義》草稿將完，挂漏尚多，當以畢生為斷耳。」（詳拙稿〈陳鱣年譜〉乾隆五十四年條）又嘉慶四年冬〈廣雅疏證跋〉云：「鱣之《說文正義》用力已十餘年，草創未就。」（陳鱣《簡莊文鈔》卷三，頁六）假設其書創稿於乾隆五十年，下距嘉慶丙子則已三十二年。

25 許傳霈等纂，朱錫恩等續纂《海寧州志稿》，民國十一年排印本，卷十四，頁四。

26 段玉裁《說文解字注》，嘉慶二十年，經韵樓原刊本，卷一下，頁四十一。

27 嚴可均、姚文田《說文校議》，《續修四庫全書》本，卷五上，頁六—七；又卷十二下，頁十。

28 桂馥《說文解字義證》，《續修四庫全書》本，卷十，頁三十九。

余弱冠，受業於同里陳仲魚先生鱣。先生之學，長於《說文》，作《繫傳釋詁》十餘萬言，援據精博，丹鉛不去手。……所著書屢易稿，迄未授剞劂。迨余歷西臺，乞假南旋，則師已歿。後裔式微，求所著釋《說文繫傳》書，零落不可考。[29]

仲魚曾館查家多年，元偁從之受業，[30]說宜不誣。惟所云「作《繫傳釋詁》十餘萬言」，疑指《說文正義》一書。蓋《正義》為仲魚半生心力之所注，其著作中屢屢言及，如〈埤倉拾存自敘〉云：「鱣著《說文解字正義》，思盡讀《倉》、《雅》字書，每訓詁遺文，單詞片語，零行依附，獲則取之，以資左證。」[31]又〈廣雅疏證跋〉言：「鱣之《說文正義》，用力已十餘年」云云，[32]即其例也。而仲魚著作，絕不見齒及《繫傳釋詁》者。蔣汝藻《傳書堂藏善本書志》著錄陳鱣《說文繫傳》校本：

汪啟淑刻本。陳仲魚以大徐《說文》（王、周二氏藏宋刊本；葉石君、趙靈均鈔本、汲古閣初印本等）、《五音韻譜》、《古今韻會》及諸字書手校，訂正頗多。卷末有「儀徵阮元借

---

29 查元偁〈說文字通敘〉，見高翔麟《說文字通》，《續修四庫全書》本，卷首〈序〉，頁一──二。

30 查元偁〈陳河莊先生詩集序〉云：「元偁未弱冠，執贄于先生。……先生通今古，又嫺籌筴，先比部公重其才品，請庀家事，授館幾三十年。」見查氏《㚄齋文存》稿本，收入《四庫未收書輯刊》第十輯，一九九七年，北京出版社，頁五十九。

31 陳鱣《簡莊文鈔》，卷二，頁七。

32 同上注，卷三，頁六。

觀」隸書一行。[33]

此本現藏中國國家圖書館。[34]查氏或見仲魚校勘《繫傳》，事歷年久，致追述誤憶，以《說文正義》為《繫傳釋詁》耳。

三

《續修四庫總目提要》經部詩類著錄陳鱣著《蜀石經毛詩考異》二卷，拜經樓刊本。張壽林所撰〈提要〉云：

《蜀石經毛詩考異》二卷，清陳鱣撰。……其書都凡二卷，據蜀石經《毛詩》殘本句訂而字正之，以訂經文之異同，故以《蜀石經毛詩考異》名其書。按蜀石經《毛詩》殘本，其文字之異同，多足證舊本之譌誤，儀徵阮元作《十三經注疏校勘記》，時加援引，固足為校勘之助。……按蜀石經《毛詩》殘本，海寧吳騫、餘杭嚴杰皆有考證，其體例與是編略近，而校訂互有異同。考陳氏與吳、嚴二氏雖為同時人，然嚴

33 蔣汝藻《傳書堂藏善本書志》，一九七四年，臺北：藝文印書館影印密韻樓原稿本，卷一，頁八十二。按文中所云「王、周二氏藏宋刊本」，即王昶、周錫瓚二氏所藏宋本。王本今流入日本，《續古逸叢書》、《四部叢刊》有影印本。

34 《中國古籍善本書目・經部》，頁四〇六。

氏之書，據嘉慶十一年丙寅臧庸題辭，已惜其刻本求之數年卒不可得，則其書當時或未嘗刊行。陳氏蓋未見兩家之書，故不知而為此屋上之屋歟。[35]此〈提要〉所述者，頗多違誤。按歷代石經，僅刻經文；蜀石經則經文之外，兼刻注文，故《考異》據以校勘者，並及毛《傳》、鄭《箋》，非特《提要》所言「以訂經文之異同」也。

至《提要》言：「蜀石經《毛詩》殘本，其文字之異同，多足證舊本之訛誤，阮氏作《校勘記》，時加援引」云云，此說殊誤。《提要》此文出張壽林所為，張君似並阮書亦未經寓目。按《毛詩注疏校勘記》卷首〈引據各本目錄〉，「《孟蜀石經殘本》二卷」條下，引晁公武《石經考異》之說，論蜀石本《毛詩》「其注或羨或脫，或不同」，並數舉其本之誤，歸結而言：

其餘乖異甚多，均無足采。惟〈甘棠・箋〉「重煩勞百姓」，較今本少「不」字，與《漢書・司馬相如傳》「方今田時，重煩百姓」合，是條差為可取。今此《記》概不錄入，餘詳嚴杰《蜀石殘本毛詩考證》。[36]

35 中國科學院圖書館整理《續修四庫全書總目提要・經部》，一九九三年，北京：中華書局，頁三六三。
36 阮元《毛詩注疏校勘記》，《清經解》，道光九年，廣東學海堂刊本，卷八百四十，卷首「引據各本目錄」，頁二—三。

蓋蜀石經授寫非精，未可依據，嚴杰《考證》既已辨之，故阮氏《毛詩校勘記》但於序目略舉其本之非，稱蜀石本僅〈甘棠・箋〉一條「差為可取」；其他異同，「此《記》概不錄入」，其文明白如此，《提要》乃謂阮校「時加援引」，豈非眯目道黑白乎！

而其尤誤者，《蜀石經毛詩考異》乃吳騫之書，非陳鱣撰也。《提要》所據者，既為《拜經樓叢書》本，其書每卷首標明「海寧吳騫學」；書前〈自序〉，亦見吳騫《愚谷文存》卷一，[37]則《考異》為吳氏所撰，灼然無疑。其次，《提要》臆言仲魚未見吳騫之書，此說亦誤。嘉慶九年十二月，仲魚為吳書撰〈序〉，〈序〉中明言：

蜀石經《毛詩》二卷，吾友錢唐魏君禹新客震澤得之苕谿書賈者。復為一賈以它物易去，今歸吳中黃君紹甫（丕烈），裝以藏經箋，函以香柟木，目為鎮庫之寶。……是冊〔紹甫〕既得之後，急以示余，屬其影寫一本，蓋余曾著《石經說》，見此不啻獲一珍珠船也。未幾，自吳攜呈兔牀先生，欣然賞之，遂作《考異》二卷，以證今本之失，可為蜀石經之功臣矣。[38]

據仲魚〈序〉所述，嘉慶九年，黃丕烈購得蜀石經《毛詩》殘本，存〈召南・鵲巢〉迄〈邶

---

37 吳騫《愚谷文存》，嘉慶十二年，《拜經樓叢書》本，卷一，頁四—五。

38 陳鱣〈蜀石經毛詩考異序〉，《簡莊文鈔續編》，《續修四庫全書》本，卷一，頁二—三。

風〉末。[39]仲魚屬黃君影寫一本，其年六月歸海寧，攜示吳騫，即以貽之，《吳兔牀日記》嘉慶九年天貺日（六月六日）條記：「簡莊從吳中來，為予鈔得蜀石經《詩》二卷。」[40]即其事。吳騫據此撰為《考異》二卷，仲魚復為之序，豈可謂仲魚未見其書？要之，據仲魚〈序〉文，《蜀石經毛詩考異》為吳騫著，斷無疑義。至仲魚自著書則名《石經說》，為通考歷代石經之作，[41]與吳騫《考異》專考蜀石《毛詩》者異。丁丙《八千卷樓書目》卷二著錄「《蜀石經毛詩考異》二卷，陳鱣撰」，[42]其誤正同。而劉錦藻《清朝續文獻通考》分別著錄吳騫《蜀石經毛詩殘本考異》一卷，陳鱣《蜀石經毛詩考異》二卷，[43]一似二人各自為書，斯則歧之又歧矣。

39 段玉裁〈跋黃蕘圃蜀石經毛詩殘本〉云：「嘉慶甲子（九年），黃蕘圃主政得蜀刻《毛詩・召南》一卷，故杭郡黃松石老人物。」（《經韵樓集》，嘉慶十九年刊本，卷一，頁十）實則黃氏所得蜀石經《毛詩》殘本自〈召南・鵲巢〉至〈邶風〉末，非止〈召南〉也。然據此跋，可知黃丕烈得此殘卷在嘉慶九年，陳鱣〈蜀石經毛詩考異序〉撰於九年十二月，可以互證。

40 吳騫《吳兔牀日記》，頁一七七。

41 陳鱣〈唐石經校文敘〉云：「鱣于乾隆五十五年作《石經說》六卷，蓋取漢熹平、魏正始、唐開成、蜀廣政、宋至和、宋紹興歷代所刻石而稽考其異同也。」（《簡莊文鈔》，卷二，頁四）是其書乃通考歷代石經之作。陳鱣《簡莊疏記》稱「《石經考》」（《續修四庫全書》本，卷二，頁七），當同一書。

42 丁丙藏，丁立中編《八千卷樓書目》，《續修四庫全書》本，卷二，頁七。

43 劉錦藻纂《清朝續文獻通考》卷二五八〈經籍考二〉著錄「《蜀石經毛詩殘本考異》一卷　吳騫撰」（民國二十五年，上海：商務印書館《十通》本，頁一〇〇二七）；次頁又著錄「《蜀石經毛詩考異》二卷　陳鱣撰」。

光緒十四年，羊復禮於粵東校刻《簡莊文鈔》、《文鈔續編》、《河莊詩鈔》三書，卷後〈跋〉文歷記仲魚所著各書，末言：其未刊者，又有「《鄭君年紀》一卷、《詩集》十卷、《兩漢金石記》、《松硯齋隨筆》各若干卷，皆泯沒不復睹。」[44]吳晗《江浙藏書家史略》、顧志興《浙江藏書家藏書樓》述仲魚小傳，並沿其說，俱言陳鱣著《兩漢金石記》一書。[45]按仲魚深於許、鄭文字故訓之學，金石雖或及之，究非專擅；且翁方綱著《兩漢金石記》二十二卷，擅名當代，仲魚曾經從游，豈復更著一書以相抗衡？

按錢泰吉《海昌備志》卷四十〈藝文志〉，已著錄仲魚著《兩漢金石記》及《松硯齋隨筆》，原注云「並見《金石學錄》」。[46]然通檢李遇孫《金石學錄》全書，並無陳鱣著《兩漢

---

44 羊復禮〈跋〉，見所刻《河莊詩鈔》卷末，《續修四庫全書》有影印本。按羊〈跋〉謂仲魚《鄭君年紀》一卷，書稿已佚，其說非是。嘉慶間，袁鈞纂《鄭氏佚書》，取仲魚此譜附刻書後，其書見存，固未亡也。《清史稿・藝文志》著錄「《鄭康成紀年》一卷，袁鈞撰」（頁四二八四），此誤以仲魚之書為袁鈞撰也，今附正於此。又，阮元所纂《鄭司農年譜》（《高密遺書》本），即據陳鱣、洪頤煊兩家之譜參訂而成，說詳拙稿〈洪頤煊年譜〉嘉慶十四年條，二〇〇九年，《中央研究院歷史語言研究所集刊》八十本第四分。

45 吳晗《江浙藏書家史略》，一九八一年，北京：中華書局，頁七十九；顧志興《浙江藏書家藏書樓》，一九八七年，杭州：浙江人民出版社，頁二〇一。

46 錢泰吉《海昌備志》，道光二十七年原刊本，卷四十，頁十四。

金石記》之說，惟卷四其一條言：

陳鱣精考證之學，築果園於硤石山麓，藏經籍、金石數百種，著《松研齋隨筆》；《兩漢金石記》錄其〈吳國山碑跋〉。同時海昌之言金石者有陳均，能識鐘鼎篆文。[47]

文中所稱《兩漢金石記》自是翁方綱之書，檢翁氏《兩漢金石記》卷十八〈吳禪國山碑〉條正引仲魚之說：

陳鱣《松研齋隨筆》曰：玉峰顧氏論「甲子古人用以紀日，歲則自有歲陽、歲名。以甲子名歲，雖自東漢以下，然未嘗正用；自三國鼎立，天光分曜，而後文人多舍年號而稱甲子。吳後主〈國山封禪文〉：『旃蒙協洽之歲，月次陬訾之舍，日惟重光大淵獻。』日當言辛亥，而冒用歲陽、歲名，則又失之。」鱣按〈國山碑〉「陬訾之口」，非「舍」字，驗之拓本，正與《左傳》、《爾雅》合，顧氏蓋猶踵《雲麓漫鈔》之譌耳。[48]

---

47 李遇孫《金石學錄》，《續修四庫全書》本，卷四，頁七。

48 翁方綱《兩漢金石記》，《續修四庫全書》本，卷十八，頁二十四——二十五。森按：顧說首句「甲子古人用以紀日」，「日」字原誤「歲」，今以意校改。

據此，則《兩漢金石記》非仲魚所著審矣。《海昌備志・藝文志》由管庭芬分纂，[49]知此誤蓋由管君誤讀《金石學錄》所致也。《海寧州志稿・藝文志》復沿《備志》之誤，[50]羊復禮、吳晗、顧志興諸家未能辨正，遞相沿誤，世益莫知其非矣。

五

葉昌熾《藏書紀事詩》卷六陳鱣條云：

新坡墺上各收藏，辛苦求書鬢已霜。

吳越浮家津逮舫，宋元插架士鄉堂。

原注：「……吳壽暘〈過簡莊徵君紫薇講舍〉詩云云，注：『士鄉堂，先生墺上藏書處。』昌熾案：先生〈南部新書跋〉自署『新坡陳鱣記於六十四硯齋』。」[51]

49 管庭芬著《海昌經籍志略》，前後二十餘年，稿凡七易，成書二十二卷，定名《海昌經籍著錄考》。道光二十五年，州學訓導錢泰吉修《海昌備志》，管君分纂〈藝文〉一門，即以《著錄考》增訂成之，今《備志》所收〈藝文〉，即其本書。其後，蔣學堅續有增補。光緒二十三年，知州李圭重修《州志》，庭芬族孫管元耀與修〈藝文志〉，乃據蔣君增訂本，與費寅廣事蒐訪，補其缺漏，成書二十四卷，今《海寧州志稿》所收〈藝文志〉者是。管元耀復將《州志稿・藝文志》抽印單行，更名《海昌藝文志》。

50 許傳霈等纂《海寧州志稿》，卷十四〈典籍十四〉，頁十。

51 葉昌熾《藏書紀事詩》，附王欣夫《補正》，一九八九年，上海古籍出版社，頁五八七—五八八。

葉氏蓋以六十四硯齋為仲魚藏書之所，故而陳乃乾編《室名別號索引》，楊廷福、楊同甫編《清人室名別稱字號索引》，俱以六十四硯齋為仲魚室名；[52]近人著述，如鄭偉章、李萬健《中國著名藏書家傳略》，顧志興《浙江藏書家藏書樓》、《浙江藏書史》，鄭偉章《文獻家通考》，任繼愈主編《中國藏書樓》，來新夏〈海寧藏書家淺析〉，陳心蓉《嘉興藏書史》並同。[53]諸家遞相沿誤，莫覺其非。

按仲魚《河莊詩鈔》有〈觀六十四研齋所藏時壺率成一絕〉，[54]據此詩題，即知六十四研齋非仲魚書室矣。王國維《觀堂集林》卷二十三〈敬業堂文集序〉云：「他山先生冢孫岧門（岐昌）輯此集，稿藏花溪倪氏六十四硯齋，陳簡莊首錄一本，張滬舫從之傳錄，吳氏（騫）又錄張本。」[55]而吳騫〈敬業堂文集跋〉言：「鄉先輩查初白內翰，……文集未經授梓，故

---

52 陳乃乾編《室名別號索引》，一九八二年，北京：中華書局，頁十一；楊廷福、楊同甫編《清人室名別稱字號索引》，二〇〇一年，上海古籍出版社，上冊，頁七十八。

53 鄭偉章、李萬健《中國著名藏書家傳略》，一九八六年，北京：書目文獻出版社，頁一二〇；顧志興《浙江藏書家藏書樓》，頁一九九；又《浙江藏書史》，二〇〇六年，杭州出版社，頁四一三；鄭偉章《文獻家通考》，一九九九年，北京：中華書局，頁四九九；任繼愈主編《中國藏書樓》，二〇〇一年，瀋陽：遼寧人民出版社，頁一四七八；來新夏〈海寧藏書家淺析〉，收於天一閣博物館編《天一閣文叢》第一輯，二〇〇四年，寧波出版社，頁七十四；陳心蓉《嘉興藏書史》，二〇一〇年，北京：國家圖書館出版社，頁一三九。

54 陳鱣《河莊詩鈔》，《續修四庫全書》本，頁七。

55 王國維《觀堂集林》，二〇〇一年，石家莊：河北教育出版社，頁七一八—七一九。

傳本尤少，予昔於倪敏修大令六十四硯齋見之。」[56]則六十四研齋為倪氏室名可知也。按《海昌藝文志》卷十二，倪學洙字敏修，乾隆二十二年進士，曾官江蘇沭陽縣知縣，著有《備忘錄》十卷。[57]倪氏富收藏，仲魚嘗館其家，〈北海經學七錄題識〉云：「是歲（乾隆四十九年）閏三月，鱣又從槎客先生借得，校錄於武原倪氏六十四硯齋」，[58]斯其證也。今繹仲魚〈南部新書跋〉云：

此吳槎客先生手校本也。乾隆四十九年三月海鹽館中，有茗人持鈔本見示，乃家宋齋先生書巢舊藏。會予以寒食解館，歸語槎客先生。先生出此本屬為覆勘，因復攜至館中，自三月二十五日至二十七日夜半勘畢，凡紫筆者皆是。合諸先生所校，是書可稱善本矣。新坡陳鱣記于六十四硯齋。[59]

細繹此文，明係仲魚館於海鹽時所記，葉氏未考其實，誤以六十四硯齋為仲魚書室，諸家莫能諟正，馴至積非成是矣。

又，《藏書紀事詩》卷六馬瀛條，原注云：

56 吳騫《愚谷文存》，卷六，頁九。
57 管庭芬輯，蔣學堅續輯《海昌藝文志》，民國十年鉛印本，卷十二，頁六。
58 陳鱣《簡莊文鈔續編》，卷二，頁十。
59 吳壽暘輯《拜經樓藏書題跋記》，二〇〇七年，上海古籍出版社郭立暄標點本，頁五十三；又陳鱣《簡莊文鈔續編》，卷二，頁十一。

《持靜齋書目》，《桂苑筆耕錄》有「二槎秘笈」、「馬氏吟春仙館收藏」印。又曾肇《曲阜集》，有「馬氏收藏」、「二槎藝文」、「宋臨安三志人家」諸印。昌熾案：三志者，宋周淙《〔乾道〕臨安志》三卷、施諤《〔淳祐〕臨安志》六卷、潛說友《〔咸淳〕臨安志》九十五卷，皆相傳孤本也。[60]

按此注語，葉氏據丁日昌《持靜齋書目》所載藏印，以「宋臨安三志人家」為馬二槎藏書章。比閱蔣復璁〈兩浙藏書家印章考〉，亦以此印系馬瀛條下。[61]惟余考之，此印當為陳鱣藏書章，非馬氏藏印也。按仲魚〈淳祐臨安志跋〉言：「《乾道志》十五卷久佚，同郡孫晴崖從都下得宋槧本，止三卷，余曾錄副本。」[62]其後，仲魚又購得盧文弨鈔本《咸淳志》九十五卷，係從吳騫拜經樓借鈔者，前引〈淳祐臨安志跋〉下文云：

《咸淳志》百卷，秀水朱竹垞從海鹽胡氏、常熟毛氏先後購得宋刻八十卷；又借鈔十三卷，尚缺七卷。後歸吾鄉馬氏道古樓收藏。……乾隆三十八年，歙鮑綠飲從平湖高氏得宋槧本二十二冊，……而六十五、六兩卷又竹垞所未見也。因斥去季氏補鈔施《志》六卷，就趙本補錄，通得九十五卷。未幾，歸於吾鄉吳氏拜經樓。餘姚盧

60 葉昌熾《藏書紀事詩》，頁六三三。

61 蔣復璁〈兩浙藏書家印章考〉，民國二十六年，《文瀾學報》第三卷第一期。

62 陳鱣《簡莊文鈔續編》，卷二，頁一。

氏抱經堂嘗從吳氏借鈔，今為余所得者也。[63]

嘉慶十四年冬，仲魚復於吳門購得《淳祐志》舊鈔殘本六卷：

近客吳中，有持書目來者，云平湖韓氏出售。中有《臨安志》四冊，因與黃君蕘圃亟取觀之，書凡六卷，所列〈山川〉、〈城府〉二門，雖編為卷一至六，然前尚有缺卷。其紀載至淳祐十一、二年止，避諱亦僅及理宗，其為《淳祐志》無疑，殆即從季氏本轉錄者，乃以厚價購之。[64]

仲魚偶得《淳祐志》鈔本，喜甚，「書雖不全，良足寶貴，遂與《乾道》、《咸淳》二志共藏，目為『宋臨安三志』，並賦詩紀事」。[65]《河莊詩鈔》有〈偶從吳市購得宋《淳祐臨安志》六卷，雖非全本，然自來著錄家多未見，喜而有作，寄槎客先生〉詩：

輸錢吳市得書誇，道是西施入館娃。宋室江山存梗概，鄉邦風物見繁華。關心志乘忘全帙，屈指收藏又一家。（元注：同郡孫氏壽松堂舊藏宋本《乾道臨安志》三卷；先生書庫有宋本《咸淳臨安志》九十五卷，嘗刻一印曰「臨安志百卷人家」。）況有《會稽》嘉泰本，賞奇

---

63 同上注。

64 陳鱣〈淳祐臨安志跋〉，《簡莊文鈔續編》，卷二，頁二。按此〈跋〉末繫嘉慶十四年冬十二月，則仲魚購得《淳祐志》殆在是年冬。

65 同上注。

差足慰生涯（元注：同時購得《嘉泰會稽志》）。[66]

吳騫購得《咸淳臨安志》九十五卷，嘗刻一印曰「臨安志百卷人家」；[67] 仲魚既藏臨安三志，因仿之別鐫一印曰「宋臨安三志人家」，此其事之始末也。王文進《文祿堂訪書記》卷二著錄盧文弨、陳鱣遞藏本《咸淳臨安志》，有仲魚嘉慶十四年冬手跋，並鈐「海寧陳氏向山閣」、仲魚圖像、「宋臨安三志人家」諸印，[68] 斯其確證也。

《海寧州志稿》卷二十九〈文苑傳〉：「馬瀛，字二槎，監生。好藏舊籍，陳徵君鱣向山閣遺書大半歸之，其《吟香仙館書目》，多世所未見之本。」[69] 蔣光煦《東湖叢記》卷四〈馬二槎藏書〉條亦言：「吾鄉陳仲魚徵君向山閣藏書，大半歸馬二槎上舍瀛。上舍，余中表行

---

66 陳鱣《河莊詩鈔》，頁七—八。

67 按《藏書紀事詩》吳騫條，引錢泰吉《海昌備志》吳氏本傳云：「得宋本《咸淳臨安志》九十一卷、《乾道志》三卷、《淳祐志》六卷，刻一印曰『臨安志百卷人家』，其風致如此。」（頁五四二）錢氏《曝書雜記》亦載此說（錢泰吉《曝書雜記》，《續修四庫全書》本，卷中，頁十三），顧志興《浙江藏書家藏書樓》（頁一九六）、鄭偉章《文獻家通考》（頁三七五）並襲其說。實則吳騫所得《咸淳志》凡九十五卷，錢泰吉為曲合百卷之數，臆改其書作「九十一卷」，殊非其實。據陳鱣詩中注語，知其稱「百卷」者，乃據《咸淳志》原書卷帙而言，印文「臨安志百卷人家」，猶言家藏《咸淳臨安志》耳，非合三志為百卷也。知者，吳騫鐫此印時，仲魚尚未得《淳祐志》六卷，渠焉能預知其事合《淳祐志》殘本卷數而計之？葉氏漫引《備志》之說，未加辨正，致顧、鄭諸君復踵其誤也。

68 王文進《文祿堂訪書記》，民國三十一年，北平：文祿堂排印本，卷二，頁三十四—三十五。

69 許傳霈等纂《海寧州志稿》，卷二十九，頁四十三。

也，時得借觀。」70 然則馬瀛所藏曾肇《曲阜集》，鈐「宋臨安三志人家」印者，明係仲魚舊物，後歸馬氏吟香仙館耳。

葉昌熾、王欣夫二氏皆晚近藏書、版本名家。葉氏《藏書紀事詩》，素有「書林掌故，藏家詩史」之譽，然其書記仲魚書室、藏印，並失考核，而欣夫先生《藏書紀事詩補正》亦未能考其事而正其誤，信乎考據之難言也。

本文原載二〇〇六年上海社會科學院《傳統中國研究集刊》創刊號

70 蔣光煦《東湖叢記》，《續修四庫全書》本，卷四，頁二十三。